건축 인테리어 3D 입문

스케치업 2023

with V-Ray + Twinmotion

▎머리말

지난 10여 년 전까지만 해도 건축/인테리어 분야에서 3D 모델링의 대부분은 오토데스크사의 3DS-MAX를 사용했습니다. 하지만 학습 난이도가 높고 라이선스 비용에 대한 부담으로 기업이나 개인, 입문자가 활용하기에 어려움이 많았습니다. 반면 스케치업은 간단한 인터페이스로 짧은 시간에 학습이 가능하고, 비용 또한 다른 소프트웨어보다 저렴하다는 장점이 있습니다.

스케치업은 새로운 버전이 출시될 때마다 신속한 모델링과 다양한 플러그인의 지원으로 많은 학생과 실무자들이 사용하게 되었고, 현재 대부분의 교육기관과 기업에서 없어서는 안 될 소프트웨어로 자리잡고 있습니다. 또한 뛰어난 편의성으로 인해 건축/인테리어는 물론 조경, 도시계획, 토목, 웹툰, 게임 등 다양한 산업에 활용되고 있습니다.

현재 건축/인테리어 분야에서 스케치업은 오토캐드와 더불어 필수로 익혀야 할 소프트웨어입니다. 스케치업은 짧은 시간에 학습이 가능한 툴이지만 대부분의 학생, 입문자, 실무자들은 추가 비용과 시간을 들여 학원 수강을 하거나 많은 시행착오로 오랜 시간 어렵고 비효율적으로 학습하는 경우가 많습니다. 이에 필자는 스케치업 사용자들이 프로그램 학습 시간을 줄이고 좀 더 효율적으로 활용할 수 있도록 도움을 줄 수 있는 교재가 필요하다고 생각하였습니다.

:: 본 교재의 특징 ::

01 건축 및 인테리어 관련 직종에 입문하거나 3D 디자인을 처음 시작하는 학습자들을 위해 따라하기 과정을 설명하였습니다.

02 단순 매뉴얼식 기존 교재를 벗어나 각 기능에 따른 실습 예제를 토대로 진행하여 학습자가 직접 문제를 해결할 수 있도록 유도합니다.

03 3D 모델링의 기초를 탄탄히 하면서 다양한 실무활용이 가능한 내용으로 구성하였습니다.

04 모델링 자료를 활용한 렌더링 학습은 물론 실무에 필요한 레이아웃 과정을 학습하고 프레젠테이션 자료까지 작성할 수 있습니다.

이 책은 필자의 오랜 강의 경력과 실무 경험을 바탕으로 3D 모델링의 개념을 쉽게 이해하고, 스케치업의 운용 시스템과 모델 과정을 정확히 파악할 수 있도록 집필하였습니다. 또한 스케치업 모델링 학습과 시각화에 필요한 V-Ray, 트윈모션의 활용 방법을 함께 구성하였습니다. 모쪼록 많은 3D 입문자를 비롯한 여러분의 학습이나 업무에 조금이나마 도움을 주는 교재가 될 수 있기를 바랍니다.

마지막으로 20여 년이 넘는 필자의 경험과 지식을 한 권의 책에 담아 출판될 수 있도록 발판을 마련해주시고 이끌어주신 시대인 염병문 부장님께 감사드립니다. 그리고 집필 기간 중 가정에 소홀했지만 부족한 필자를 응원하고 격려해주며, 곁에서 힘이 되어준 사랑하는 아내와 가족에게 감사의 마음을 전합니다.

목차

Part 1   스케치업의 시작

Chapter 1
스케치업 준비

Step 1	'스케치업'이란?	16
Step 2	스케치업 다운로드	18
Step 3	스케치업 설치	20
Step 4	2022, 2023 버전에서 추가된 기능	21

Chapter 2
작업환경 설정

Step 1	화면구성 살펴보기	24
Step 2	사용자 환경 구성 및 템플릿 설정	28
Step 3	재질(Materials) 추가 설치	33
Step 4	컴포넌트(Component) 추가 설치	36

Chapter 3
작업화면 조작과 제어

Step 1	자유롭게 살펴보기	41
Step 2	카메라 및 뷰의 유형	43
Step 3	단축키(Shortcuts)	47

Chapter 4
모델링 과정의 이해

Step 1	면을 밀고 끌기	50
Step 2	평면 작성 후 높이 적용	51
Step 3	입면 작성 후 깊이 적용	51
Step 4	절단면 작성 후 회전 적용	52
Step 5	절단면 작성 후 경로 적용	52
Step 6	CAD 도면 활용	53

Part 2

모델링 기본편 | 주요 도구 익히기 |

Chapter 1

테이블, 건물 매스 만들기

| Step 1 | 테이블 만들기 | 56 |
| Step 2 | 건물 매스 만들기 | 66 |

Chapter 2

벤치 만들기

| Step 1 | 입면 스케치 | 73 |

Chapter 3

벽 장식 디자인

Step 1	바닥, 벽, 걸레받이 만들기	92
Step 2	원형 장식 만들기	100
Step 3	재질 넣기	111
Step 4	가구 삽입하기	113

Chapter 4

소극장 디자인

Step 1	공간 구성하기	118
Step 2	천장 디자인	121
Step 3	관람석, 단상 디자인	126
Step 4	재질 넣기	132
Step 5	결과물 출력	137

Chapter 5

계단실 만들기

Step 1	난간 만들기	142
Step 2	난간 두겁(손스침) 만들기	150
Step 3	따라가기(Follow Me)로 두겁 만들기	153
Step 4	각 층으로 복사하기	158
Step 5	좌표축을 활용한 모델링	159

Chapter 6

버스 정류장 만들기

Step 1	정류장 구조물 만들기	166
Step 2	의자 모델링	172
Step 3	창문 모델링	180
Step 4	3D 텍스트 만들기	186
Step 5	주변 요소 가져오기	190

Part 3

모델링 활용편 | 판스워스 하우스 모델링 |

Chapter 1

구조 모델링

Step 1	바닥, 지붕 만들기	198
Step 2	기둥 만들기	205
Step 3	계단 만들기	214
Step 4	유리벽 만들기	225

Chapter 2

**컴포넌트를 활용한
내부 모델링
(3D Warehouse)**

Step 1	단면(Section Plane)으로 시야 확보하기	231
Step 2	가구(구성 요소) 배치하기	237

Chapter 3

재질 및 배경 표현

Step 1	재질 표현	244
Step 2	배경 표현	248

Chapter 4

**Scenes(장면) 설정과
애니메이션**

Step 1	장면 설정	257
Step 2	이미지(JPEG) 파일로 내보내기	265
Step 3	애니메이션으로 동영상 만들기	269

Chapter 5

**모델링에 유용한
기능과 실무자 TIP**

Step 1	스케치 기준면 지정	272
Step 2	올가미 선택과 반전 선택	274
Step 3	줄자로 객체 크기 변경	275
Step 4	회전축 지정	277
Step 5	단면(종단)+단면(횡단)	278
Step 6	제자리 붙여넣기(Paste In Place)의 활용	279

Part 4

모델링 실무편 | 아이소메트릭, 투시도 |

Chapter 1
아이소메트릭

Step 1	바닥과 벽체 만들기	286
Step 2	개구부 오픈하기	292
Step 3	문 만들기	295
Step 4	창 만들기	305
Step 5	걸레받이 만들기	312
Step 6	바닥, 벽의 재질 적용	315
Step 7	가구 배치 및 이미지 출력	318

Chapter 2
투시도

Step 1	캐드도면 불러오기	322
Step 2	바닥과 벽체 만들기	324
Step 3	개구부 오픈하기	326
Step 4	창호 배치(기본 컴포넌트 사용)	332
Step 5	옥상	334
Step 6	대지 및 경관 조성	338
Step 7	이미지 출력	341

Part 5

렌더링(Rendering)

Chapter 1
V-Ray 기본 설정

Step 1	V-Ray 설치하기	346
Step 2	V-Ray의 기본 사용법 익히기	348
Step 3	V-Ray의 기본 설정 익히기	349

Chapter 2
V-Ray 주요 도구

Step 1	V-Ray의 재질 효과 익히기	354
Step 2	V-Ray의 조명 효과 익히기	376
Step 3	아이소메트릭 렌더링	385

Chapter 3
Twinmotion 활용하기

Step 1	Twinmotion 2022 시스템 요구사항 확인	387
Step 2	Twinmotion 무료 버전 설치	388
Step 3	Twinmotion 인터페이스 및 환경설정	389
Step 4	Twinmotion 주요 도구 익히기	393

Part 6

LayOut 2023 활용 | 프레젠테이션 |

Chapter 1

프레젠테이션
자료 작성

Step 1   첨부 이미지 준비   433

Step 2   겉표지 작성   433

Step 3   이미지 자료 레이아웃   436

Step 4   도면 작성(스케치업 모델링 파일 활용)   449

Step 5   PDF 출력   461

예제파일 다운로드 방법

❶ 인터넷을 실행하여 시대인 홈페이지에
접속합니다.
(www.sdedu.co.kr/book)

❷ [로그인]을 합니다.
※ '시대' 회원이 아닌 경우, [회원가입]을 클릭하여
가입한 후 로그인합니다.

❸ 화면 위쪽의 [프로그램]을 클릭합니다.

❹ 목록에서 학습에 필요한 자료 파일을
찾아 선택합니다.
※ 검색란을 이용하면 목록을 줄일 수 있습니다.

❺ 첨부된 zip(압축 파일) 파일을 클릭하여
사용자 컴퓨터에 저장하고, 다운로드된
파일의 압축을 풀어 실습 시 활용합니다.

SketchUp 2023

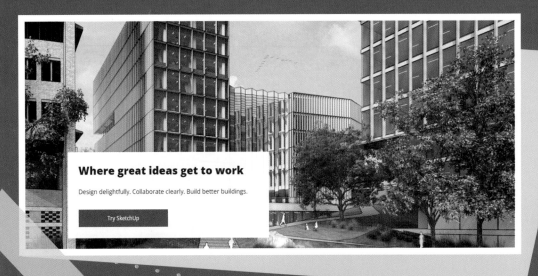

Where great ideas get to work

Design delightfully. Collaborate clearly. Build better buildings.

Try SketchUp

Chapter 01   스케치업 준비
Chapter 02   작업환경 설정
Chapter 03   작업화면 조작과 제어
Chapter 04   모델링 과정의 이해

Part

01

스케치업의 시작

01 스케치업 준비

STEP 1 '스케치업'이란?

스케치업(Sketchup)은 트림블사(Trimble Inc.)의 3D 모델링 프로그램으로 기존에 복잡하고 어려운 3D 모델링 프로그램보다 더 빠르게 배워 디자인 업무에 적용할 수 있는 비교적 가벼운 프로그램입니다. 건축 및 인테리어는 물론 영화, 게임, 웹툰 등 다양한 직종에서 폭넓게 사용되고 있으며, 스케치업 홈페이지(https://www.sketchup. com)를 방문하면 프로그램 다운로드, 학습, 구매 등 다양한 정보를 확인할 수 있습니다.

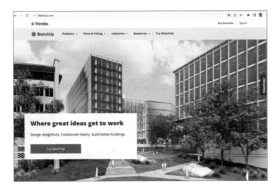
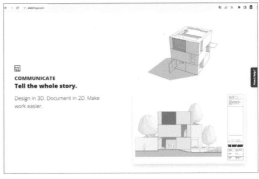

▲ 스케치업 홈페이지(https://www.sketchup.com)

1 장점

① 다른 3D 설계 프로그램에 비해 저렴합니다.
- 웹 기반 연간 사용료(일반 사용자용) : 119$
- 데스크톱 및 웹 기반 연간 사용료(전문가용) : 299$
- ※ 2023년 기준 가격

② 모델링에 필요한 라이브러리(가구 등 디자인 소스)가 무료입니다.

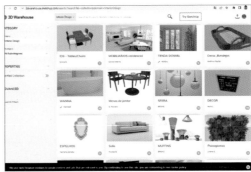

▲ 누구나 무료로 사용할 수 있는 3DWarehouse의 라이브러리(https://3dwarehouse.sketchup.com)

③ 인터페이스가 단순하고 모델링에 필요한 명령이 적습니다.

④ 모델링 방법과 과정이 직관적입니다.

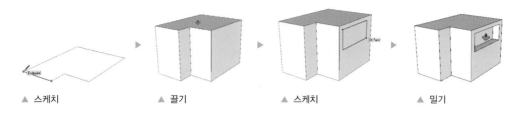

▲ 스케치   ▲ 끌기   ▲ 스케치   ▲ 밀기

⑤ 학습 기간이 짧고, 배우기 쉽기 때문에 즐겁게 공부할 수 있습니다.

　스케치업의 학습 기간은 30~40시간 정도로 학습자 성향과 목적에 따라 차이가 있을 수 있습니다.

⑥ CAD, Revit, 3d-Max 등 디자인 툴과의 호환성이 우수하며, Lumion, V-Ray, Twinmotion 등 다양한 서드파티 렌더러를 활용할 수 있습니다.

⑦ 기본도구 외에 사용자가 필요한 도구를 손쉽게 추가할 수 있습니다.

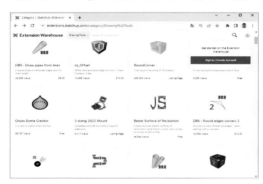 

▲ 스케치업의 부족한 기능을 보완하는 Extension Warehouse(https://extensions.sketchup.com)

2 단점

① 곡면을 활용한 디자인에 한계가 있습니다.

② 개체 수가 많아지면 현저하게 느려집니다.

③ 자체 렌더링을 지원하지 않아 V-Ray, Podium, Twinmotion 등 별도의 플러그인 방식의 렌더러를 추가로 설치해야 합니다.

▲ V-Ray for SketchUp, 출처 : 카오스그룹 홈페이지(https://www.chaosgroup.com)

▲ SU Podium, 출처 : 포디움 홈페이지(https://suplugins.com)

▲ Twinmotion, 출처 : 트윈모션 홈페이지(https://www.twinmotion3d.co.kr)

STEP · 2 스케치업 다운로드

스케치업(30일 무료 버전)은 트림블사 홈페이지에서 다운로드할 수 있습니다.

01 웹브라우저 크롬(Chrome)을 실행하고 구글 계정으로 로그인합니다.

02 https://www.sketchup.com/download/all을 인터넷 주소 창에 입력하고 Enter를 눌러 다운로드 페이지에 접속합니다.

크롬이 아닌 다른 웹브라우저를 사용할 경우 홈페이지 접속 후 [Sign in with Google]을 클릭하고 구글 계정으로 로그인합니다.

03 설치된 운영체제에 맞는 SketchUp 2023 버전의 [Download]를 클릭합니다.

운영체제가 Mac OS인 경우 Mac OS X 버전을 다운로드합니다. 웹 페이지를 아래로 스크롤하면 한국어 및 다른 언어의 버전도 확인할 수 있습니다. 본 교재는 Sketch Up 2023 Windows 영문 버전을 기준으로 진행되며, 2022 이하 버전과의 차이점은 별도로 설명합니다.

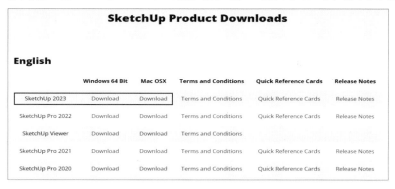

04 화면 좌측 하단에 다운로드 진행상태가 표시됩니다. 다운로드가 완료되면 자동으로 SketchUp 2023의 설치가 시작됩니다.

다운로드의 진행상태 표시는 웹브라우저의 종류에 따라 다르게 나타납니다.

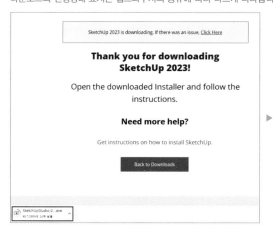 

05 자동으로 설치 시작이 되지 않는 경우 '내 PC'의 다운로드 폴더를 클릭하고 다운로드한 설치파일을 더블 클릭합니다.

STEP · 3 스케치업 설치

01 설치 준비를 마치면 언어 선택 창이 나타납니다. [설치]를 클릭합니다.

2023 버전부터는 패키지 유형(SketchUp Studio)에 따라 V-Ray를 포함합니다.

 2022 버전 이하의 언어 설정

2022 버전 이하 일부 버전의 경우 기본 언어가 영어와 한국어로 설정되어 있으므로 [변경]을 클릭하고, 한국어를 해제해 영어만 선택되도록 합니다. [확인]을 클릭하고 [설치]를 클릭합니다.

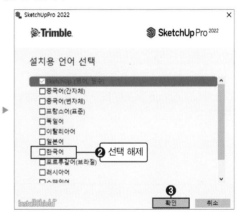

02 선택한 언어로 설치가 끝나면 [Finish]를 클릭합니다.

03 바탕화면에 'SketchUp Pro 2023'와 'LayOut 2023', 'Style Builder'의 단축 아이콘을 확인합니다.

STEP **4** 2022, 2023 버전에서 추가된 기능

도구를 검색하는 Search, 올가미로 선택하는 Lasso, 연속으로 복사하는 Stamp 등 다양한 기능이 추가되고 개선되었습니다.

01 도구 검색기능 추가(2022 버전)

찾고 싶은 기능의 이름이나 설명을 검색창에 입력하면 너무 쉽게 원하는 기능을 찾을 수 있습니다. 작업 도중 Shift + S 를 누르고 찾고자 하는 도구와 관련된 단어를 입력하면 해당 도구를 선택해 사용할 수 있습니다.

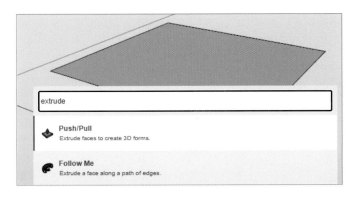

02 선택도구 강화(2022 버전)

사각형 영역을 지정한 범위 선택 외에 자유롭게 선택영역을 지정할 수 있는 올가미(Lasso) 툴이 추가되었습니다. 선택해야 할 객체가 군집해 있을 때 사용하면 편리합니다. 단축키는 [Shift] + [Space Bar]를 사용합니다.

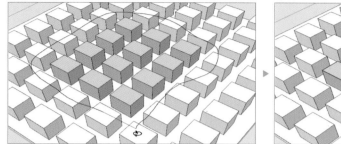 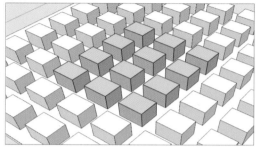

03 복사기능 강화(2022 버전)

Move 도구를 사용한 복사기능이 일회성이 아닌 연속적으로 작업이 가능해졌습니다. Move([M])를 실행하고 [Ctrl]을 누르면 복사, [Ctrl]을 한 번 더 누르면 스템프가 적용되어 연속복사가 가능합니다.

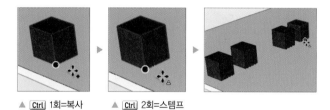

▲ [Ctrl] 1회=복사   ▲ [Ctrl] 2회=스템프

04 장면검색 도구(2022 버전)

장면이 2개 이상 저장되면 좌측 끝에 검색 도구가 생성됩니다.

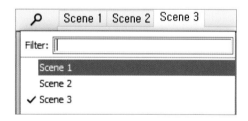

05 태그(레이어) 지정 강화(2022 버전)

태그의 색상 전환 및 객체의 태그 지정 도구가 추가되었습니다.

06 프리핸드 스케치 강화(2022 버전)

프리핸드 기능이 스케치 면을 추적하여 입체적으로 그리기가 가능하고 작성 직후 [Ctrl] + [+], [Ctrl] + [-]로 선의 세그먼트를 조절할 수 있습니다. 이 외에도 줄자(Tape measure), 분해(Explode), 선택옵션(Select) 도구 등의 성능이 개선되었습니다. 특히 분해 도구는 이전 2021 버전 대비 처리속도가 2배 이상 빨라졌습니다.

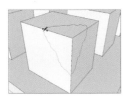 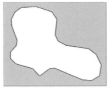 

▲ [Ctrl] + [-]로 세그먼트 제거   ▲ [Ctrl] + [+]로 세그먼트 추가

07 면의 앞면과 뒷면(2022 버전)

스케치업에서 작성되는 면은 앞면(흰색)과 뒷면(푸른색)으로 나누어집니다. 면이 만들어지면서 보이는 앞뒤의 방향이 버전별로 상이합니다. 2022 버전 이상에서는 모든 면이 그려지는 시점에 앞면이 나타나도록 변경되었습니다.

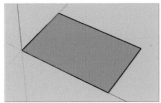 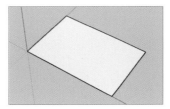

▲ 2021 버전 이하의 평면(XY) 스케치 면은 뒷면(푸른색)   ▲ 2022 버전 이상의 평면(XY) 스케치 면은 앞면(흰색)

08 플립(Flip) 도구(2023 버전)

2022 버전까지는 대칭으로 복사하는 도구가 없었으나 2023 버전부터는 플립 도구를 사용해 일반 객체 및 컴포넌트를 쉽게 대칭으로 복사할 수 있습니다.

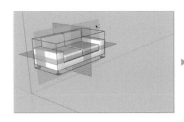 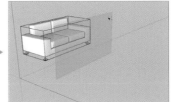 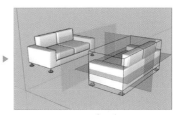

09 저면(Bottom) 보기(2023 버전)

2023 버전부터는 아랫면을 보는 저면 보기가 추가되었습니다. View 도구 막대에서 사용할 수 있습니다.

저면 추가

10 레빗 가져오기(2023 버전)

스케치업 스튜디오에 포함된 Revit Importer는 대표적인 BIM 툴인 레빗의 모델링 데이터를 쉽고 정확하게 스케치업으로 가져올 수 있습니다.

02 작업환경 설정

1 작업화면 알아보기

SketchUp 2023을 시작하기 위해 바탕화면에서 실행 아이콘(SketchUp 2023📦)을 더블 클릭하고, 시작 템플릿 목록에서 'Architectural-Millimeters'를 클릭합니다.

설치된 SketchUp 2023이 30일 평가판인 경우 구글 계정으로 로그인 과정을 거쳐야 합니다.

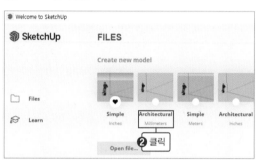

스케치업의 화면은 크게 Menu, Tool Bar, Status Bar, VCB, Tray로 구성됩니다.

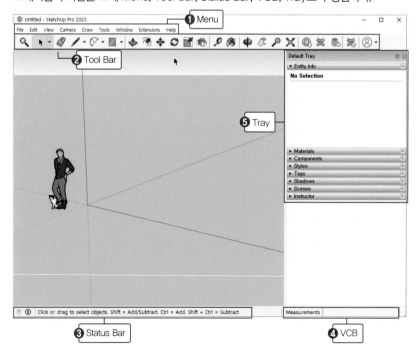

① Menu

작업에 필요한 기능들을 분류해 묶어 놓았습니다.

- File : 저장하기, 가져오기, 내보내기 및 출력 관련 메뉴
- Edit : 잘라내기, 숨기기, 그룹 등 편집 메뉴
- View : 좌표, 그림자, 도구막대 등 스케치업 작업화면 메뉴
- Camera : 시점, 투시도 설정 및 화면의 줌 메뉴
- Draw : 선, 사각형, 호, 원 등 그리기 메뉴
- Tools : 이동, 복사, 회전, 문자, 치수, 밀기/당기기 등 주요 모델링 메뉴
- Window : 트레이, 환경설정 및 확장 메뉴
- Help : 도움말, 라이선스, 업데이트 관련 메뉴

② Tool Bar

일부 Menu의 기능을 막대 모양의 아이콘으로 표시합니다.

③ Status Bar

현재 상태를 표시하고, 진행 중인 작업의 도움말을 표시합니다.

④ VCB

작업에 필요한 수치, 수량, 세그먼트 등을 입력합니다.

⑤ Tray

작업에 필요한 객체정보, 재질, 구성요소 등 세부 기능들이 숨어있습니다.

- Entity Info 패널 : 선택된 객체의 정보를 표시

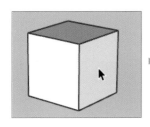 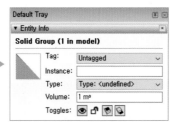

• Materials 패널 : 재질의 선택 및 편집

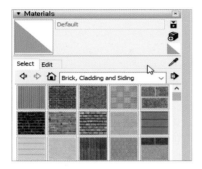

• Components 패널 : 모델링 요소(환경, 가구, 소품 등)의 삽입 및 편집

• Styles 패널 : 모델링의 표현 스타일을 설정 및 편집

• Tags 패널 : 도면층 생성 및 관리(2019 버전까지는 Layer로 표시)

• Shadows 패널 : 그림자 설정

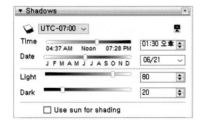

• Scenes 패널 : 장면의 설정 및 편집

• Instructor 패널 : 모델링 도움말

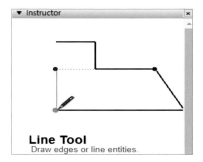

2 영문 버전과 한글 버전의 비교

① Menu

▲ 영문 버전

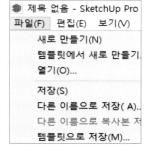

▲ 한글 버전

② Tool Tip

▲ 영문 버전

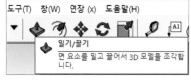

▲ 한글 버전

③ Status Bar(선 그리기 사용 시)

 Click to set first endpoint. | Arrow Keys = Toggle Lock Inference Direction.

▲ 영문 버전

클릭하여 첫 번째 끝점을 설정합니다. | 화살표 키 = 추정 방향 잠그기를 전환합니다.

▲ 한글 버전(선 그리기 사용 시)

④ VCB

▲ 영문 버전   ▲ 한글 버전

⑤ Tray

▲ 영문 버전   ▲ 한글 버전

대부분 처음 배우는 사용자들은 한글 버전을 선호합니다. 하지만 현업 종사자, 블로거, 전문서적 등은 대부분 영문 버전을 사용하고 있습니다. 학습 정보 등 다양한 고급 스킬을 공유하고 커뮤니케이션하는 데 있어 영문 버전 사용을 권장합니다. 본 교재는 Sketchup 2023 영문 버전을 사용합니다.

STEP 2 사용자 환경 구성 및 템플릿 설정

스케치업은 사용자가 작업환경을 구성해 시작 템플릿에 추가할 수 있습니다. 효율적인 학습 및 작업을 위해 기본 설정을 변경하고 템플릿을 추가해 보겠습니다.

01 스케치업을 실행하고 'Architectural-Millimeters'를 클릭합니다.

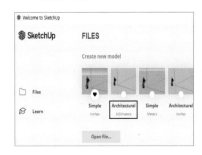
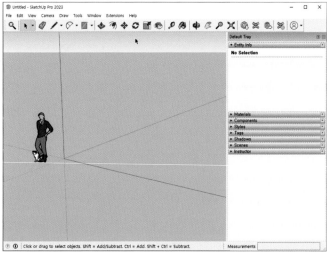

02 헤더(Heather) ❶를 클릭하고 Delete를 눌러 삭제합니다. 트레이를 Auto Hide로 설정하기 위해 🔳버튼 ❷를 클릭합니다.

숨겨진 트레이는 우측 'Default Tray'로 커서를 이동하면 나타납니다. 사용이 불편한 사용자는 다시 🔳버튼을 클릭해 Auto Hide를 끕니다.

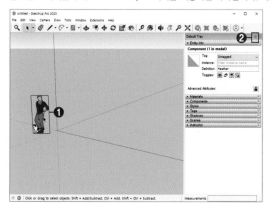 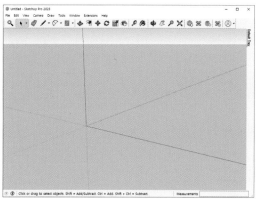

03 메뉴에서 [View]를 클릭하고 [Toolbars]를 클릭합니다. 그림과 같이 Toolbars 항목을 체크하고 [Close] 버튼을 클릭합니다.

체크 항목 : Large Tool Set / Tags / Sandbox / Section / Solid Tools / Standard / Styles / Views / Warehouse

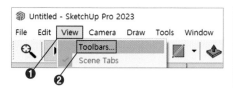 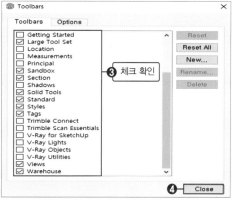

Tip Toolbars 크기 설정

① Toolbars 설정에서 Options 탭을 선택하면 아이콘의 크기를 설정할 수 있습니다.
② Large Icons 항목을 해제하면 작업화면을 좀 더 넓게 사용할 수 있습니다.

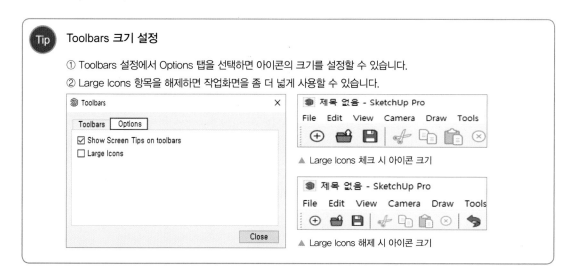

▲ Large Icons 체크 시 아이콘 크기

▲ Large Icons 해제 시 아이콘 크기

04 도구막대의 푸른색 부분을 클릭한 후 드래그하여 상단으로 보기 좋게 배치합니다.

도구막대는 사용자의 성향과 컴퓨터 해상도에 따라 달라질 수 있습니다.

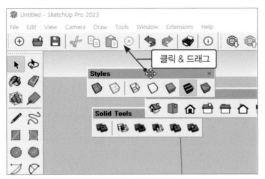 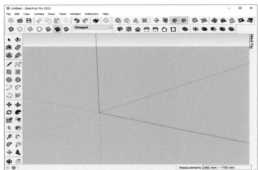

05 모델 설정을 위해 [Window]를 클릭하고 [Model Info]를 클릭합니다. 좌측 카테고리에서 [Units]을 선택하고 그림과
같이 Decimal(십진법)으로 설정합니다.

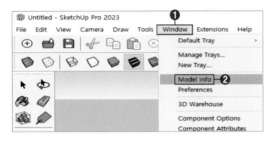 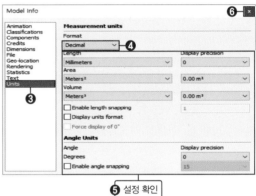

 Tip SketchUp의 Units 옵션

2019 버전까지는 Units(단위)과 Precision(정밀도) 설정이 하나로 묶여 있었으나 2020 버전 이상부터는 Format 이
외에 Length(길이), Area(면적), Volume(부피) 항목을 세부적으로 설정하고 각 객체의 해당 정보를 확인할 수 있습
니다.

06 시스템 설정을 위해 [Window]를 클릭하고 [Preferences]를 클릭합니다. 좌측 카테고리에서 [Graphic]을 선택하고
그림과 같이 설정합니다. 2022 버전까지는 [Graphic] 항목이 [OpenGL]로 표시됩니다.

16x Multisample anti-aliasing / Use fast feedback, Use maximum texture size 체크

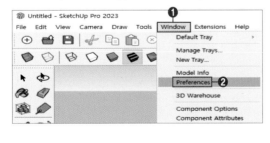 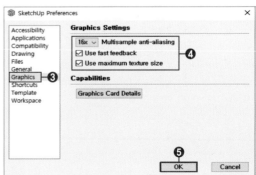

Tip anti–aliasing 설정

기본 설정 값 4x와 16x는 작업화면에서 육안으로 확인할 수 있을 만큼의 차이가 있습니다.

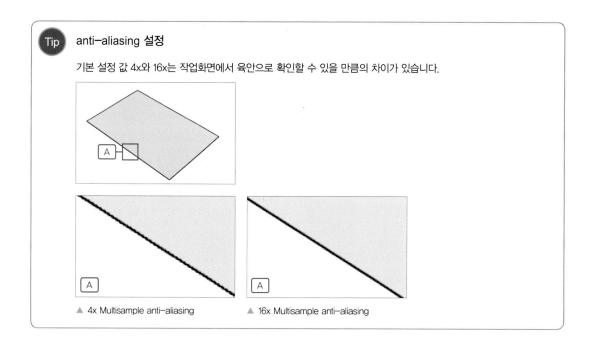

▲ 4x Multisample anti–aliasing   ▲ 16x Multisample anti–aliasing

07 트레이 설정을 위해 [Window]를 클릭하고 [Default Tray]를 클릭합니다. [Instructor]는 해제하고 [Outliner]는 체크합니다.

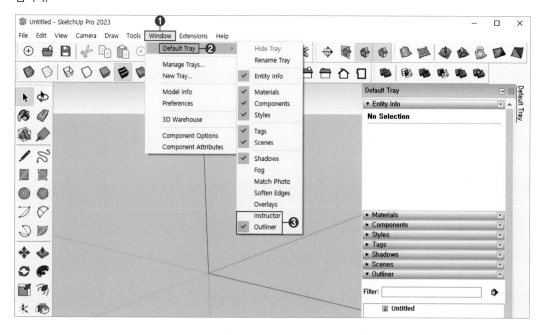

08 변경된 환경을 템플릿으로 저장하기 위해 [File]을 클릭하고 [Save As Template]을 클릭합니다. 템플릿 정보를 그림과 같이 입력하고 [Save] 버튼을 클릭합니다.

Name : study / Description : 기본(mm) / File Name : study.skp / Set as default template 체크

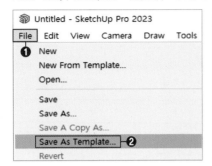
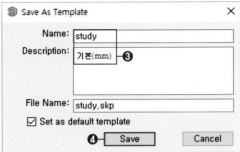

09 스케치업을 종료하고 다시 실행합니다. 저장된 'study' 템플릿을 클릭해 설정된 환경을 확인합니다. 템플릿은 각종 스타일 등 프로그램 전반을 학습 후 모델링 목적에 따른 템플릿을 작성하여 사용합니다.

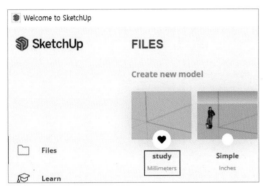
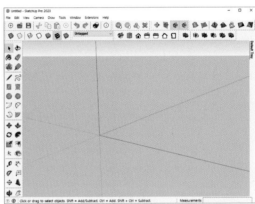

템플릿 설정은 사용자의 성향, 업무 내용 등에 따라 달라질 수 있습니다.

> **Tip** 템플릿 파일 삭제 및 편집
>
> ① 필자의 템플릿 파일은 C:₩Users₩rh3₩AppData₩Roaming₩SketchUp₩SketchUp 2023₩SketchUp₩ Templates 폴더에 저장됩니다. 템플릿 파일이 저장된 폴더로 이동하는 방법은 메뉴 [Window]의 [Preferences] 에서 [Files]을 선택하고 Templates의 폴더 아이콘 📁을 클릭합니다.
>
>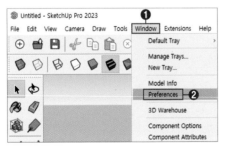
>

② 저장된 템플릿 파일을 열어 수정할 수 있습니다.

스케치업은 기본적인 재질이 저장되어 있지만 학습 및 작업을 하기에는 부족함이 있습니다. 원만한 학습을 위해 재질을 추가해 보겠습니다.

01 작업화면 우측 상단 'Default Tray'에서 'Materials'를 클릭합니다. 재료 항목 Stone ❷을 클릭해 각 재료의 종류를 확인하면 종류가 많지 않음을 알 수 있습니다. 닫기 버튼 ❸를 클릭해 프로그램을 종료합니다.

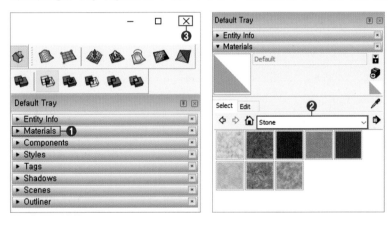

02 재질을 추가하기 위해 [예제파일/P01/Ch02/materialwen.exe] 파일 ❶을 더블 클릭하고 [Next] 버튼 ❷를 클릭합니다. 앱 디바이스 변경 메시지가 나타나면 [예]를 클릭합니다.

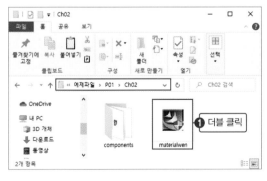

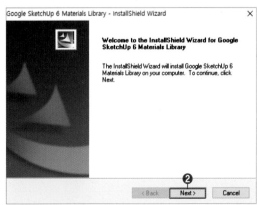

03 'I accept the terms of the license agreement' 항목 **❶**을 선택하고 [Next] 버튼 **❷**를 클릭합니다. 설치 경로 설정 창에서 [Change] 버튼 **❸**을 클릭합니다.

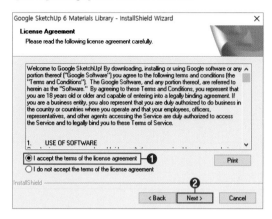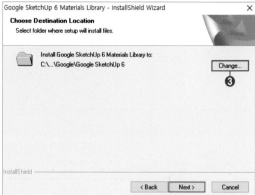

04 설치 경로를 그림과 같이 'C:₩ProgramData₩SketchUp₩SketchUp 2023₩SketchUp'으로 변경하고 [확인] 버튼 **❷**를 클릭합니다. 경로 지정이 올바르지 않으면 재료가 추가되지 않습니다.

사용 버전에 맞는 폴더를 선택하여 설치합니다. 2021(2022) 버전의 경우 설치 경로는 'C:₩ProgramData₩SketchUp₩SketchUp 2021(2022) ₩SketchUp' 입니다.

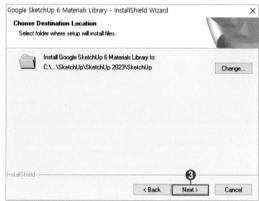

Tip **C: 드라이브에서 ProgramData 폴더가 보이지 않을 때**

[내 PC]를 더블 클릭하고 메뉴에서 [보기]를 클릭합니다. [표시/숨기기] 패널에서 '숨긴 항목'을 체크하고 다시 설치를 진행합니다.

05 [Install] 버튼 ❶을 클릭하고 설치가 끝나면 [Finish] 버튼 ❷를 클릭합니다.

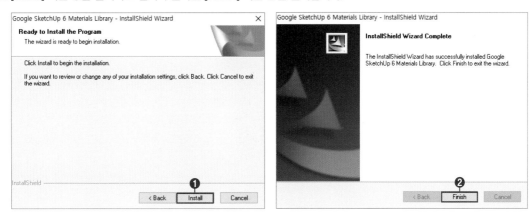

06 스케치업을 실행하고 'study' 템플릿을 클릭합니다. 'Default Tray'에서 'Materials'를 클릭하면 추가된 재질을 확인할 수 있습니다. Stone, Tile, Wood 등 각 카테고리에 추가된 재료를 살펴봅니다.

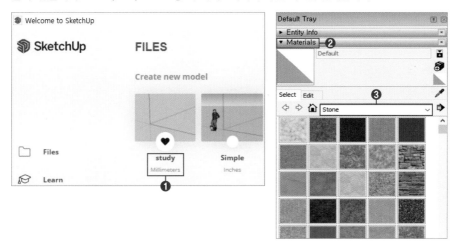

07 [File]에서 [Open]을 클릭합니다. [예제파일/P01/Ch02/상자]를 클릭하고 [열기] 버튼을 클릭합니다. 버전 체크 메시지가 나오면 하단에 ❺를 체크하고 버튼 ❻을 클릭합니다.

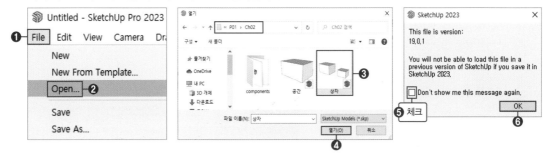

08 트레이의 'Materials'를 클릭하고 Brick and Cladding 재료를 클릭합니다.

사용할 재질을 클릭하고 적용할 상자의 면을 클릭합니다. 재질 넣기에 대한 자세한 내용은 Part 2에서 진행됩니다.

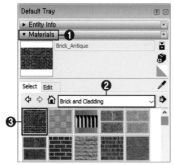 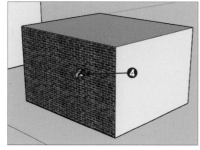

STEP · 4 컴포넌트(Components) 추가 설치

스케치업은 기본적인 컴포넌트가 저장되어 있지만 공간의 성격을 표현하기에는 다소 부족합니다. 순조로운 학습을 위해 컴포넌트를 추가하겠습니다. 설치과정은 STEP 3 의 재질과 동일하게 진행됩니다.

01 작업화면 우측 상단 'Default Tray'에서 'Components'를 클릭합니다. 컴포넌트 항목 화살표 ❷를 클릭하고 'Components' ❸을 클릭합니다. 모델링에 필요한 컴포넌트(가구, 인물, 차량 등)가 유형별로 구분되지 않고 종류 또한 많지 않습니다. 닫기 버튼(×)을 클릭해 스케치업을 종료합니다.

 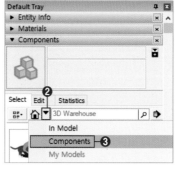

> **Tip** 컴포넌트는 모델링에 사용되는 소품이나 가구, 차량 등 구성요소를 미리 만들어 저장한 것을 이야기합니다. 오토캐드의 라이브러리(블록), 레빗아키텍쳐의 패밀리와 유사한 용도로 사용됩니다.

02 Components를 추가하기 위해 [예제파일/P01/Ch02/components/CAW6.0.0.01ENA.exe] 파일 ❶을 더블 클릭하고 [Next] 버튼 ❷를 클릭합니다.

파일명이 비슷하므로 다시 확인하고, 앱 디바이스 변경 메시지가 나타나면 [예]를 클릭합니다.

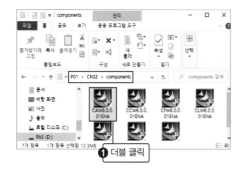 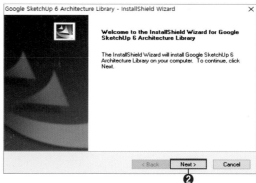

03 'I accept the terms of the license agreement' 항목 ❶을 선택하고 [Next] 버튼 ❷를 클릭합니다. 설치 경로 설정 창에서 [Change] 버튼 ❸을 클릭합니다.

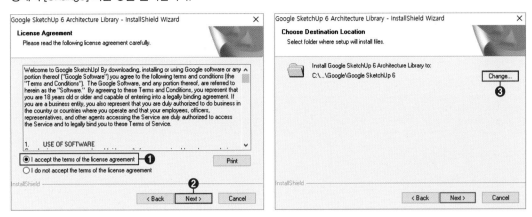

04 설치 경로를 'C:₩ProgramData₩SketchUp₩SketchUp2023₩SketchUp'으로 변경하고 [확인] 버튼 ❸을 클릭 합니다.

유형별로 6가지를 추가로 설치해야 하므로 경로 ❷를 블록으로 지정하여 Ctrl + C로 복사합니다.
2021(2022) 버전의 설치 경로는 'C:₩ProgramData₩SketchUp₩SketchUp 2021(2022)₩SketchUp'입니다.

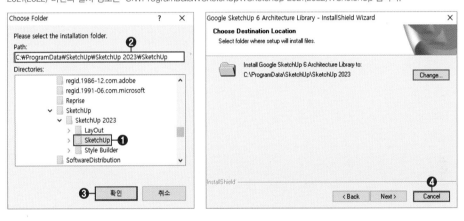

05 [Install] 버튼 ❶을 클릭하고 설치가 끝나면 [Finish] 버튼 ❷를 클릭합니다.

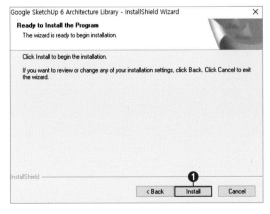
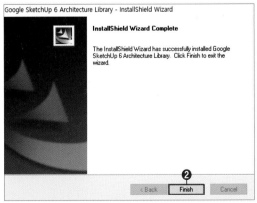

06 나머지 6개 파일도 **02**~**05**번 과정과 동일한 방법으로 설치하고, 설치 경로를 변경할 때 Ctrl + V 로 경로를 붙여넣으면 편리합니다.

07 스케치업을 실행하고 'study' 템플릿을 클릭합니다. 컴포넌트 트레이로 이동합니다.

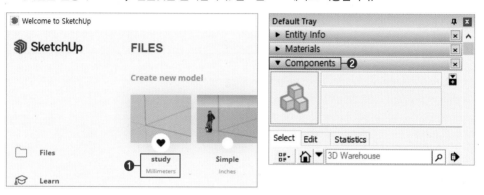

08 컴포넌트 항목에서 화살표 ❶을 클릭하고 'Components' ❷를 클릭합니다. 표시 방법 ❸을 클릭하고 'Large Thumbnails' ❹를 클릭합니다.

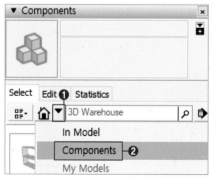
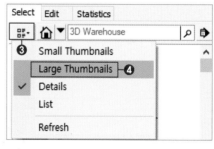

09 기본 컴포넌트 폴더 2개와 추가로 설치한 7개를 포함해 총 9개의 폴더에서 컴포넌트를 사용할 수 있습니다.

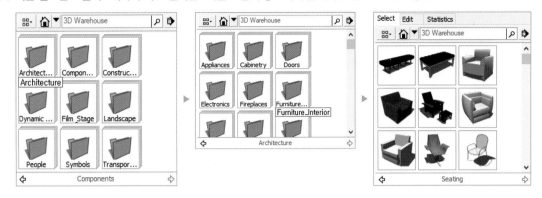

10 [File]에서 [Open]을 클릭합니다. [예제파일/P01/Ch02/공간]을 클릭하고 [열기] 버튼을 클릭합니다.

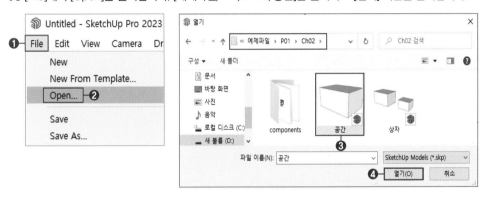

11 트레이의 'Components'에서 화살표 ❷를 클릭하고 'Components' ❸를 클릭합니다. 'Architecture'를 클릭하고 'Door'를 클릭합니다.

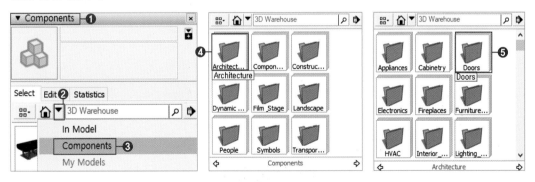

12 Door 컴포넌트 중 'Door_Glass_Automatic_15-0x7-8'을 클릭하고 삽입점 ❷지점을 클릭합니다. 다른 문을 선택해
우측면도 삽입해 봅니다.

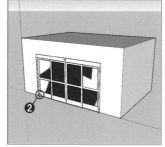
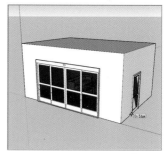

Tip **트레이 추가하기**

① 트레이는 작업 내용과 작업자의 성향에 따라 자주 사용하는 패널의 종류가 다릅니다. Window의 New Tray를 클
릭하면 트레이를 추가해 기본 트레이와 병행하여 사용할 수 있습니다. 추가할 트레이에서 사용할 패널을 선택하
고 [Add] 버튼을 클릭합니다.

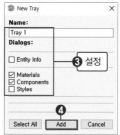

② 추가된 트레이 'Tray1'은 트레이 하단에 탭으로 표시됩니다. Tray1 탭을 클릭하면 추가한 패널만 표시됩니다. 탭을
마우스 오른쪽 버튼으로 클릭해 Manage Tray를 클릭하면 불필요한 트레이를 삭제할 수 있습니다.

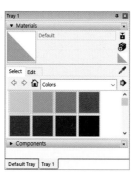

03 작업화면 조작과 제어

마우스와 줌 관련 도구를 사용하여 모델링 작업을 도와주는 화면의 조작 및 제어 기능을 다뤄보겠습니다.

STEP 1 자유롭게 살펴보기

01 [예제파일/P01/Ch03/살펴보기.skp] 파일을 더블 클릭하면 스케치업이 실행되고 파일이 열립니다.

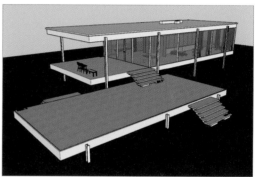

02 뷰(View)의 확대와 축소

커서를 작업화면 중앙 ❶지점으로 이동한 후 마우스 휠을 아래쪽으로 돌리면 축소되고 위쪽으로 돌리면 확대됩니다.

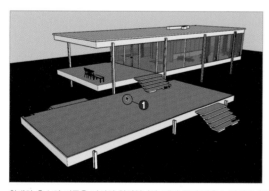
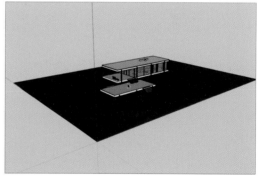

확대와 축소의 기준은 커서의 위치입니다. 계단 쪽에 마우스 커서를 위치시키고 휠을 위로 돌리면 계단이 확대되고 의자에 커서를 두고 휠을 위아래로 돌리면 의자가 확대/축소됩니다.

03 뷰의 이동(Pan)

Shift 를 누른 상태에서 마우스 휠을 꾹 누르면 마우스 커서의 모양이 손바닥(🖐) 모양으로 변경됩니다. 이때 마우스를 움직이면 마우스가 이동하는 방향으로 화면이 이동됩니다. 상하좌우로 화면을 이동해 봅니다.

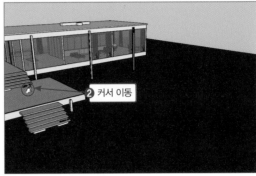

04 전체 보기(Zoom Extents)

의자나 계단 등 특정 부분을 그림과 같이 확대합니다. Shift 를 누른 상태에서 Z 를 누르면 Zoom Extents가 적용되어 작성된 모든 객체가 화면에 꽉 차게 변경됩니다. 반대로 뷰를 작게 축소한 후 Shift + Z 를 눌러도 모든 객체가 화면에 표시됩니다.

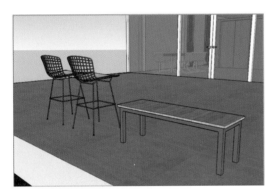
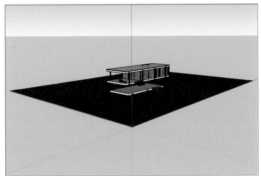

05 뷰의 회전(Orbit)

마우스 휠을 꾹 누르고 있으면 커서의 모양이 회전(✥) 모양으로 변경됩니다. 이때 마우스를 움직이면 마우스가 이동하는 방향으로 화면이 회전됩니다. 상하좌우로 화면을 회전해 봅니다.

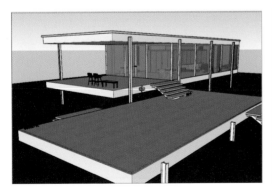
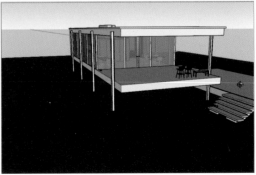

STEP **2** 카메라 및 뷰의 유형

카메라(투시도)의 유형과 뷰 스타일에 따른 특징을 배워봅니다.

01 [예제파일/P01/Ch03/카메라 뷰.skp] 파일을 더블 클릭합니다.

기본 설정 뷰는 1소점인 Perspective입니다.

 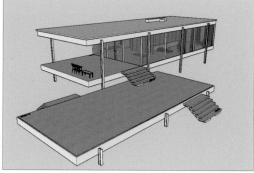

02 카메라 유형 변경

메뉴에서 [Camera]의 [Parallel Projection]을 클릭합니다. 'Perspective', 'Two-Point Perspective'도 선택해서 차이점을 확인합니다.

① **Parallel Projection** : 평행 투시도로 원근감이 없는 뷰(A와 B의 길이가 같게 나타남)

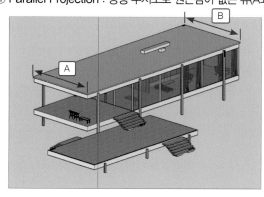

② Perspective : 1소점 투시도로 원근감이 있는 뷰(A와 B의 길이가 다르게 나타남)

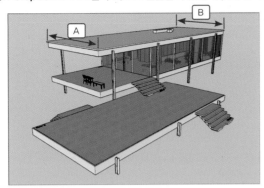

③ Two-Point Perspective : 2소점 투시도이며, 최종 결과물에 사용되는 뷰로 기둥과 같은 수직 요소가 나란히 직각
으로 정렬

Two-Point Perspective는 마우스 휠을 꾹 눌러 화면을 회전하면 1소점 투시도인 Perspective로 전환됩니다.

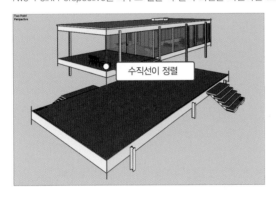

03 뷰의 유형(Style)

작업화면 상단에서 Style 도구막대()의 첫 번째 아이콘 'X-ray'를 클릭합니다. 다시 클릭하면
선택이 해제됩니다.

① X-Ray : 가려진 부분까지 투영하는 반투명 뷰(On/Off 가능)

② Back Edges : 가려진 부분을 파선으로 표시하는 뷰(On/Off 가능)

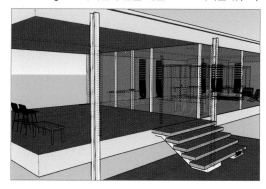

③ Wireframe : 객체를 선으로만 표현하는 뷰

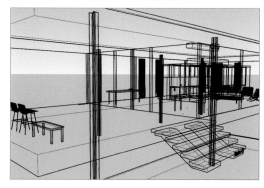

④ Hidden Line : 가려진 부분과 면의 재질 색상을 숨기는 뷰

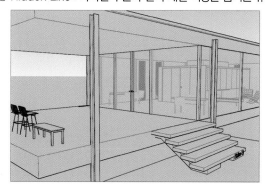

⑤ Shaded : 재질을 단색으로 표현하는 뷰

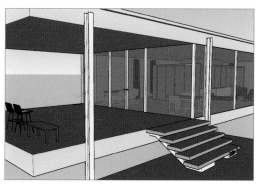

⑥ Shaded With Textures : 재질의 패턴과 색상을 자세히 표현하는 뷰(기본값)

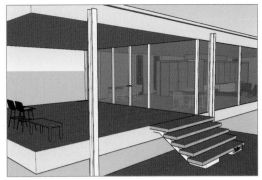 

⑦ Monochrome : 면의 앞면(흰색), 뒷면(하늘색) 색으로만 표현하는 뷰

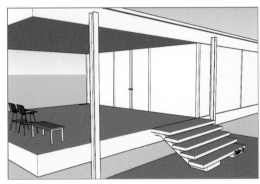 

04 다양한 스타일을 확인한 후 기본 설정인 'Shaded With Textures'로 변경합니다.

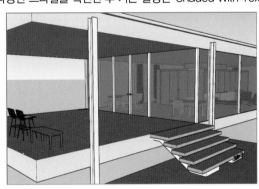 

단축키는 신속한 작업을 위한 필수 요소입니다. 모든 단축키를 암기하는 것도 좋지만 사용 빈도가 높은 단축키 10개 정도만 숙지해도 작업의 효율이 상당히 높아집니다. 학습 전 스케치업 단축키를 정리해 책상이나 모니터 주변에 붙여 놓고 자주 확인하면서 학습할 것을 권합니다.

01 단축키 다운로드(Quick Reference Card)

스케치업 홈페이지(www.sketchup.com)의 'Help Center'에서 단축키가 정리된 PDF 파일을 다운로드하거나 [예제 파일/P01/Ch03/단축키 카드] 폴더의 PDF 파일을 출력해서 사용합니다.

단축키 다운로드 주소: https://help.sketchup.com/fr/sketchup/getting-started-sketchup#qrc

02 입문자 단축키

학습 전 Quick Reference Card를 출력하거나 스케치업 단축키를 다음과 같이 정리하여 컴퓨터 주변에 붙여 놓고 학습하는 것이 좋습니다.

도구(단축키)	내용	도구(단축키)	내용
Line (L)	선	Select (Space Bar)	선택
Rectangle (R)	사각형	Eraser (E)	지우기
Circle (C)	원	Push/Pull (P)	밀기/끌기
2 Point Arc (A)	호(2Point)	Offset (F)	간격 띄우기
Move (M)	이동 및 복사	Search (Shift + S)	도구 검색
Rotate (Q)	회전 및 회전복사	Zoom Extents (Shift + Z)	전체화면에 맞춤
Scale (S)	배율 및 신축	Tape Measure (T)	줄자(측정/보조선)
Paint Bucket (B)	페인트(재질)	Scroll — Zoom Click-Drag — Orbit Shift+Click-Drag — Pan Double-Click — re-center view	

01 제시된 조건으로 환경을 설정하고 템플릿 파일로 저장하시오.

① 시작 템플릿 : Interiors(mm)

템플릿 선택 창 우측 상단 [More templates]을 클릭하면 Interiors(mm) 템플릿 및 더 많은 기본 템플릿을 선택할 수 있습니다.

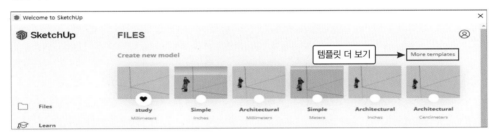

② 샘플 인물 삭제

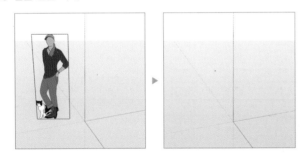

③ 도구막대(Toolbars) 사이즈를 작게 설정

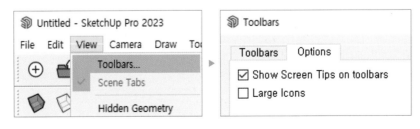

④ Model Info에서 단위 설정

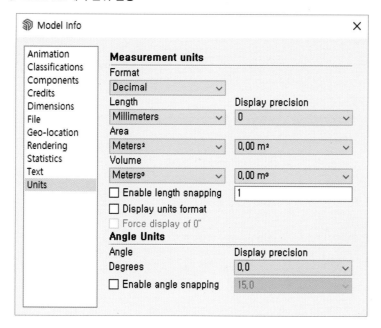

⑤ 템플릿 파일로 저장

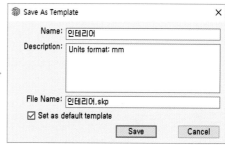

04 모델링 과정의 이해

스케치업의 주요 모델링 방법은 면을 스케치하고 밀기, 회전, 따라가기 등으로 입체적인 형태를 만들어 나갑니다. 각 STEP 의 내용을 확인하고 기본적인 모델링 방법을 이해할 수 있도록 합니다.

STEP · 1 면을 밀고 끌기

스케치업 모델링의 핵심은 그리기 도구로 닫힌 면을 만들어 밀기/끌기로 3D 객체로 만드는 것입니다.

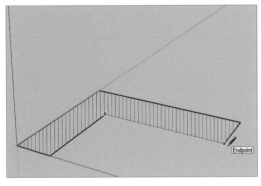
▲ 면 스케치

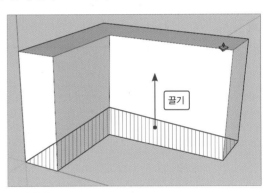
▲ 면 끌기

선이나 도형을 그려서 면을 분할해 밀거나 끌 수 있습니다.

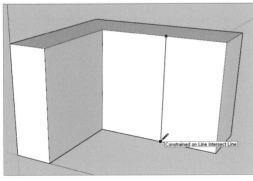
▲ 면 나누기

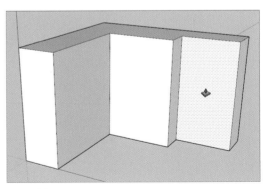
▲ 면 밀기

면을 끝까지 밀면 따내거나 구멍을 낼 수 있습니다.

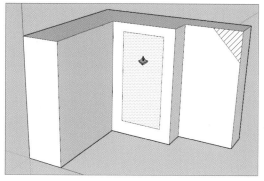 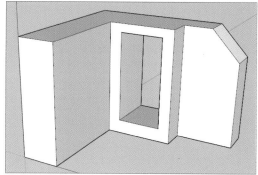

STEP 2 **평면 작성 후 높이 적용**

모델링에 있어 가장 많이 사용되고 3D 설계 프로그램이 익숙하지 않은 초보자도 쉽게 사용하는 방법입니다. 표현하고자 하는 형상의 평면을 스케치하여 높이값을 적용하는 과정으로 모델링합니다.

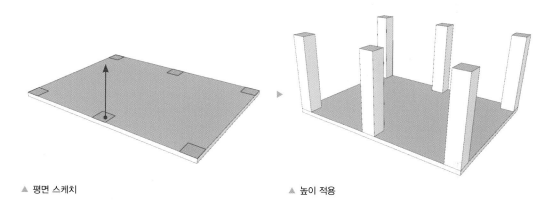

▲ 평면 스케치　　　　　　　　　　　　　　　　　▲ 높이 적용

STEP 3 **입면 작성 후 깊이 적용**

표현하고자 하는 형상의 입면(정면, 측면)을 스케치하여 깊이값을 적용하는 과정으로 모델링합니다. 각 부분의 높이가 다른 계단 같은 형상을 쉽게 모델링할 수 있습니다.

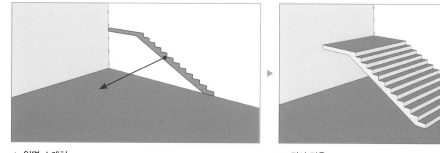

▲ 입면 스케치　　　　　　　　　　　　　　　　　▲ 깊이 적용

STEP·**4** 절단면 작성 후 회전 적용

표현하고자 하는 형상의 절단면을 스케치하여 회전축에 대한 회전 각도를 적용하는 과정으로 모델링합니다. 회전체와 같은 형상을 쉽게 모델링할 수 있으나 형상의 단면을 이해할 수 있어야 합니다.

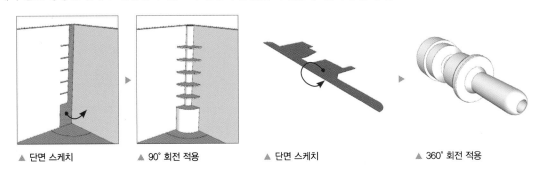

▲ 단면 스케치   ▲ 90° 회전 적용   ▲ 단면 스케치   ▲ 360° 회전 적용

STEP·**5** 절단면 작성 후 경로 적용

표현하고자 하는 형상의 절단면을 스케치하여 진행될 경로를 적용하는 과정으로 모델링합니다. 천장 몰딩, 난간의 두겁(손스침)과 같은 형상을 쉽게 모델링할 수 있습니다.

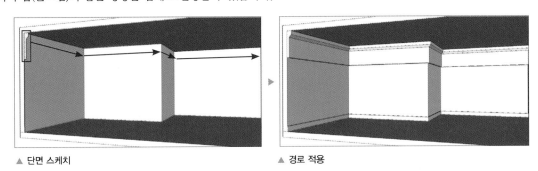

▲ 단면 스케치   ▲ 경로 적용

STEP **6** CAD 도면 활용

CAD로 작성된 2D 도면(평면도, 입면도)을 바탕으로 건축물의 실내 및 외관을 모델링할 수 있습니다.

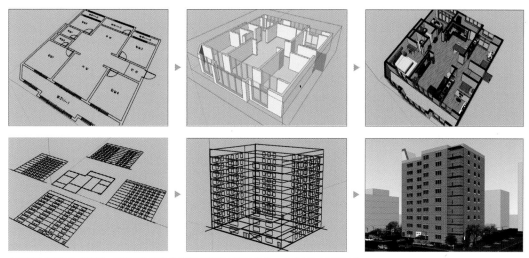

스케치업 모델링에 사용되는 대표적인 방법 6가지의 과정을 이해한 후 Part 2 학습을 시작합니다.

SketchUp 2023

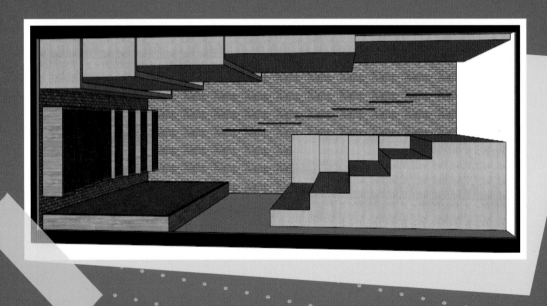

Chapter 01   테이블, 건물 매스 만들기
Chapter 02   벤치 만들기
Chapter 03   벽 장식 디자인
Chapter 04   소극장 디자인
Chapter 05   계단실 만들기
Chapter 06   버스 정류장 만들기

모델링 기본편

주요 도구 익히기

01 테이블, 건물 매스 만들기

모델링 도구 중 사용 빈도가 가장 높고 기본적인 도구인 Rectangle(직사각형), Circle(원), Push/Pull(밀기/끌기)를 활용해 모델링의 원리와 과정을 학습합니다.

STEP · 1 테이블 만들기

① **모델링에 필요한 주요 도구**

• 선 – 🖊(Line(L)), 원 – ⬤(Circle(C)), 사각형 – ▭(Rectangle(R)), 밀기/끌기 – 🔷(Push/ Pull(P))

② **운영 기능** : Orbit(궤도), Zoom(확대/축소) 등 화면 제어

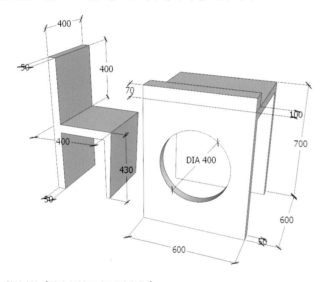

▲ 완성파일 : [예제파일/P02/Ch01/테이블]

01 스케치업을 실행하고 'study' 템플릿을 클릭합니다.

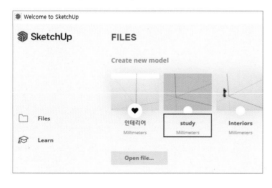

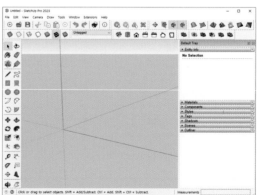

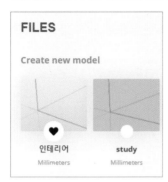
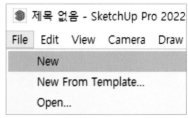
02 의자 만들기

사각형 그리기 R을 누르고 ❶지점을 클릭합니다. 커서를 ❷방향으로 이동한 상태에서 '400,400'을 입력하고 Enter 를 누르면 가로, 세로가 400mm인 사각형이 그려집니다.

400,400을 입력할 때 커서의 위치와 관계없이 키보드를 누르면 우측 하단에 있는 VCB 창에 입력됩니다.

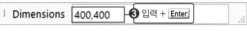

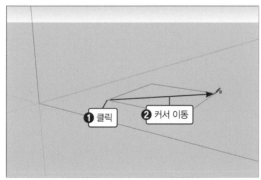

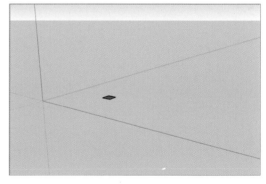

03 커서를 사각형 근처로 이동한 후 마우스 휠을 위로 돌려 적절히 확대합니다. 밀기/끌기 P를 누르고 ❶지점을 클릭합니다. 커서를 ❷방향으로 이동한 상태에서 '430'을 입력하고 Enter를 누르면 상자 모양이 만들어집니다.

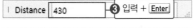

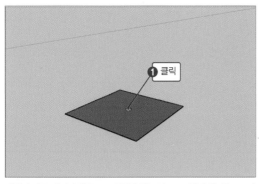

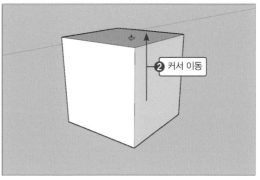

객체가 너무 작거나 한쪽으로 치우쳐 있으면 Zoom(확대/축소), Orbit(마우스휠), Pan(Shift + 마우스 휠)을 사용해 작업하기 편한 시점과 위치로 조정합니다.

04 시점을 조정한 후 사각형 그리기 R을 누르고 ❶지점을 클릭합니다. 커서를 ❷방향으로 이동한 상태에서 '50,400'을 입력하고 Enter를 누릅니다.

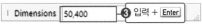

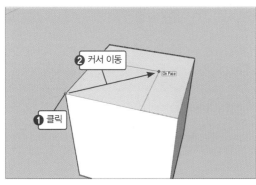

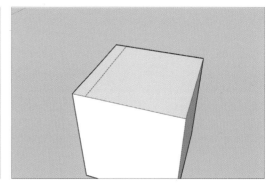

Tip 사각형 그리기에서 값 입력의 기준

1. 면에 그릴 경우

사각형이 시작되는 코너 점을 클릭하고 커서를 이동하면 파란색 미리보기 선이 나타납니다. 항상 이 파란색 미리보기 사각형의 긴 쪽 방향을 먼저 입력하고 짧은 쪽을 나중에 입력하면 됩니다. 확실한 방법은 사각형의 첫 번째 코너 점을 클릭하고 커서를 이동해 VCB 창에 표시되는 값의 비율을 보고 판단하는 것이 정확합니다.

예 동일한 위치에 동일한 값 '100,400'을 입력한 경우

| Dimensions | 100,400

① 미리보기 사각형이 긴 모서리 ❶방향으로 먼저 입력한 100이 적용됩니다.

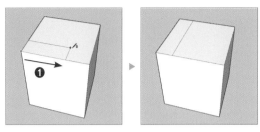

② 미리보기 사각형이 긴 모서리 ❶방향으로 먼저 입력한 100이 적용됩니다.

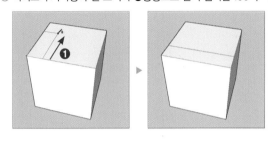

2. 그라운드에 그릴 경우
사각형을 그릴 때 먼저 입력되는 값은 length(X), 두 번째 입력되는 값은 width(Y)입니다.

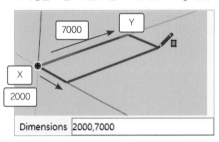

05 밀기/끌기 P를 누르고 ❶지점을 클릭합니다. 커서를 ❷방향으로 이동한 상태에서 '400'을 입력하고 Enter를 누르면 면이 당겨져 등받이 모양이 만들어집니다.

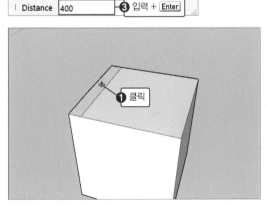
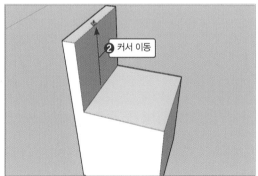

06 시점을 조정한 후 선 그리기 [L]을 누르고 ❶지점을 클릭합니다. 커서를 선이 그려지는 방향인 ❷방향으로 이동한 상태에서 '50'을 입력하고 [Enter]를 누릅니다.

선을 겹쳐 그리면 겹친 선의 끝 부분을 기준으로 선이 나누어집니다.

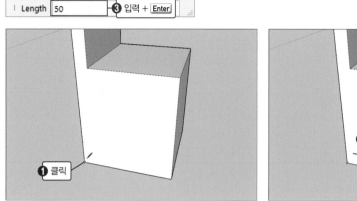
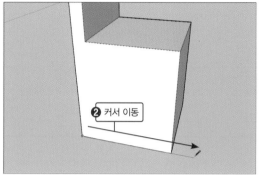

07 선 그리기 상태에서 ❶지점(Endpoint)을 클릭합니다. 커서를 선이 그려지는 방향인 ❷방향으로 이동한 상태에서 '380'을 입력하고 [Enter]를 누릅니다.

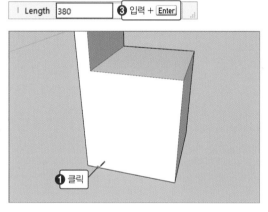

08 계속해서 커서를 선이 그려지는 방향인 ❶지점으로 이동한 상태에서 '300'을 입력하고 [Enter]를 누른 후 ❸지점(On Edge)을 클릭합니다.

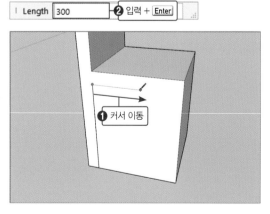
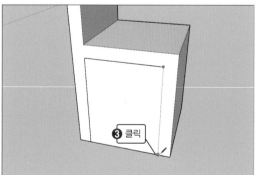

09 밀기/끌기 P를 누르고 ❶지점을 클릭합니다. 커서를 ❷방향으로 이동한 상태에서 '400'을 입력하고 Enter를 누르면 면이 밀려 사각의 구멍이 만들어집니다.

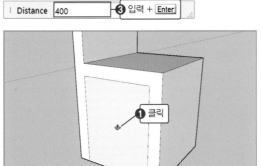

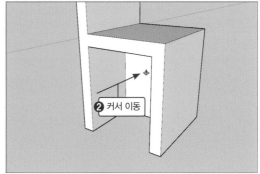

10 선 그리기 상태에서 ❶지점(Endpoint)을 클릭하고 ❷지점(Midpoint)을 클릭합니다. 밀기/끌기 P를 누르고 ❸지점을 클릭합니다. 면의 끝인 ❹지점을 클릭해 모서리를 따냅니다.

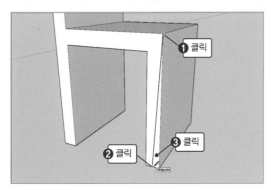

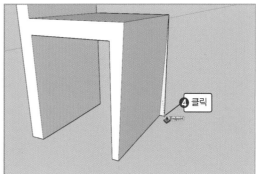

11 테이블 만들기

시점을 조정한 후 사각형 그리기 R을 누르고 ❶지점을 클릭합니다. 커서를 ❷방향으로 이동한 상태에서 '600,600'을 입력하고 Enter를 누릅니다.

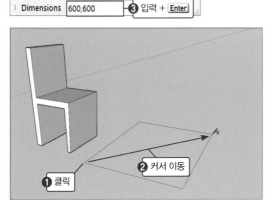

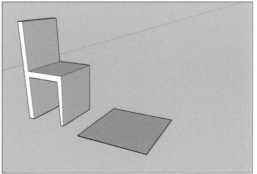

12 밀기/끌기 P를 누르고 ❶지점을 클릭합니다. 커서를 ❷방향으로 이동한 상태에서 '700'을 입력하고 Enter를 누르면
면을 당겨 상자 모양이 만들어집니다.

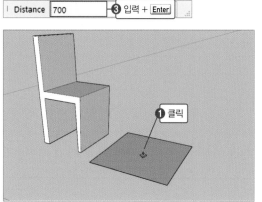
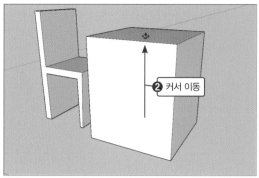

13 시점을 조정한 후 선 그리기 L을 누르고 ❶지점을 클릭합니다. 커서를 선이 그려지는 방향인 ❷방향으로 이동한 상
태에서 '50'을 입력하고 Enter를 누릅니다.

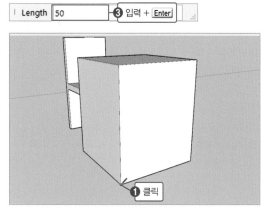
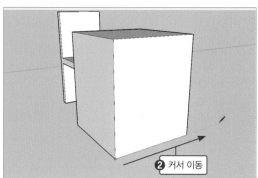

14 사각형 그리기 R을 누르고 ❶지점(Endpoint)을 클릭합니다. 커서를 ❷방향으로 이동한 상태에서 '500, 650'을 입
력하고 Enter를 누릅니다.

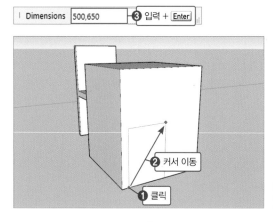
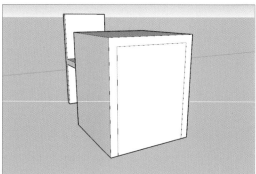

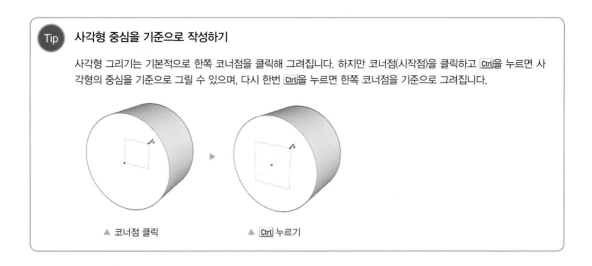
15 밀기/끌기 P를 누르고 ❶지점을 클릭합니다. 밀어낼 거리값과 동일한 위치인 ❷방향을 클릭하면 면이 밀려 사각 구멍이 만들어집니다.

❷방향과 동일한 거리를 나타내는 ❸이나 ❹지점을 클릭해도 결과는 동일합니다.

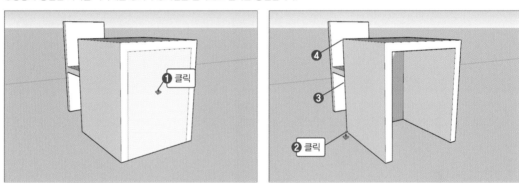

16 원 그리기 C를 누르고 커서를 ❶지점(Midpoint)으로 이동한 다음, 다시 커서를 ❷지점(Midpoint)으로 이동하고 축을 따라 ❸지점으로 천천히 이동하면 중앙에 From Point가 표시됩니다.

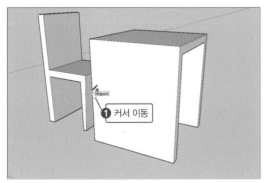
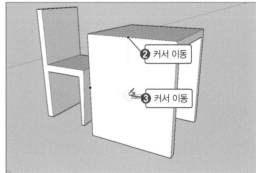

17 교차 부분인 ❶지점을 클릭하고 커서를 ❷방향으로 이동하면 원이 나타납니다. 반지름 '200'을 입력하고 Enter 를 누릅니다.

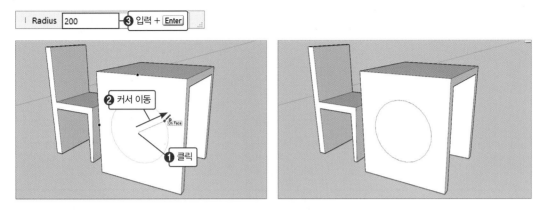

> **Tip** 원의 Sides
>
> ① 스케치업은 원이나 호를 표현할 때 완전한 곡선이 아닌 여러 개의 선으로 표현됩니다. 기본적인 원은 24각형이며, 원을 그리기 전에 Sides 값을 설정하여 거친 원이나 좀 더 부드러운 원을 그릴 수 있습니다. 크기가 작은 원은 기본값 24로 문제가 없으나 큰 원을 그리는 경우 변경합니다. Sides 값은 중심점을 클릭하기 전에 입력합니다.
>
>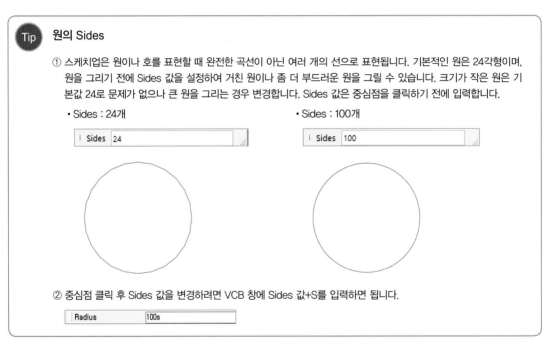
>
> ② 중심점 클릭 후 Sides 값을 변경하려면 VCB 창에 Sides 값+S를 입력하면 됩니다.

18 밀기/끌기 P 를 누르고 ❶지점을 클릭합니다. 커서를 ❷방향으로 이동해 On Face 표식이 나타났을 때 클릭하면 면이 밀려 원형 구멍이 만들어집니다.

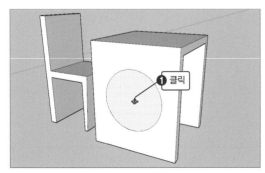
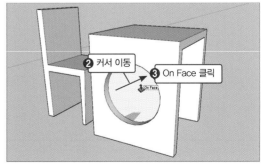

19 사각형 그리기 R을 누르고 ❶지점(Endpoint)을 클릭합니다. 커서를 ❷방향으로 이동한 상태에서 '600,100'을 입력하고 Enter를 누릅니다.

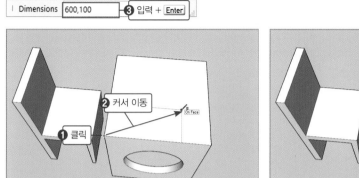
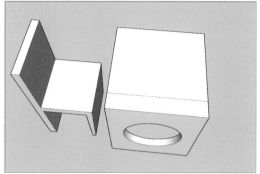

20 밀기/끌기 P를 누르고 ❶지점을 클릭합니다. 커서를 ❷방향으로 이동하면 면이 당겨지는 것을 확인할 수 있습니다. 이때 Ctrl을 누르면 경계가 생기면서 면이 추가되어 당겨집니다. '70'을 입력하고 Enter를 눌러 테이블을 완성합니다.

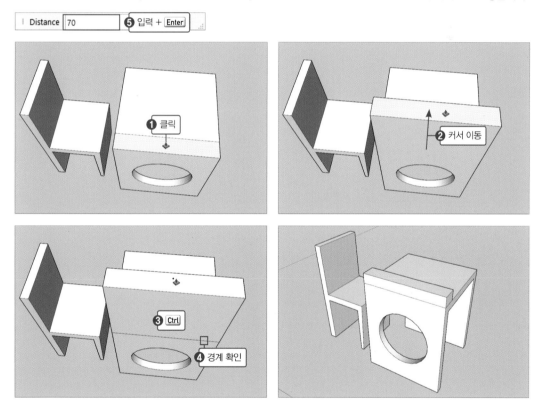

• 모델링 도구 : 사각형 – ▨ rectangle(R), 밀기/끌기 – ◆ push/pull(P)

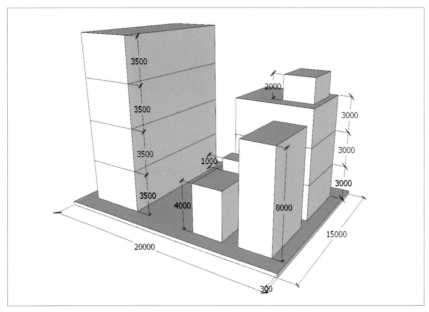

▲ 완성파일 : [예제파일/P02/Ch01/건물매스]

01 스케치업을 실행하고 'study' 템플릿을 클릭합니다.

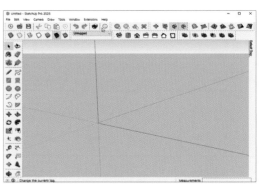

02 건물 매스 만들기

사각형 그리기 R 을 누르고 ❶지점을 클릭합니다. 커서를 ❷방향으로 이동한 상태에서 '20000,15000'을 입력하고
Enter 를 누릅니다.

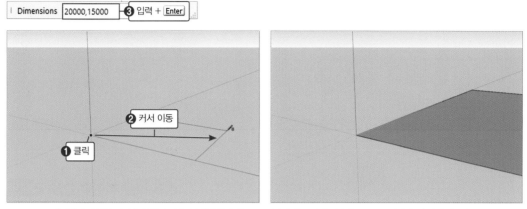

2022, 2023 버전에서 작성한 사각형의 위쪽 면은 앞면(흰색)이며 2021 버전까지는 뒷면(푸른색)으로 표시됩니다. 버전과 관계없이 작성된 면
을 밀기/끌기로 당긴 후 보이는 면은 앞면(흰색)입니다.

03 작성한 사각형이 작업화면에 들어오도록 시점을 조정한 후 밀기/끌기 P 를 누르고 ❶지점을 클릭합니다. 커서를
❷ 방향으로 이동한 상태에서 '300'을 입력하고 Enter 를 누릅니다.

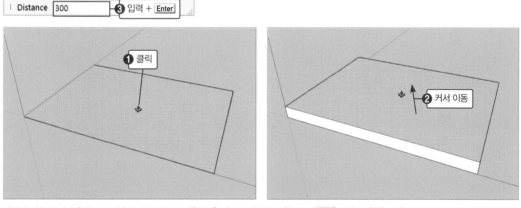

객체가 너무 작거나 한쪽으로 치우쳐 있으면 Zoom(확대/축소), Orbit(마우스 휠), Pan(Shift +마우스 휠)을 사용해 작업하기 편한 시점과 위치
로 조정합니다.

04 사각형 그리기 R 을 누릅니다. ❶지점 근처에서 클릭하고 ❷지점 근처에서 클릭합니다. 대략적인 크기로 작성하면 됩니다.

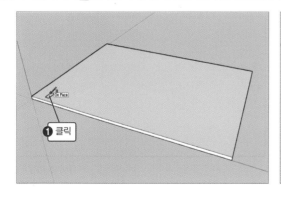
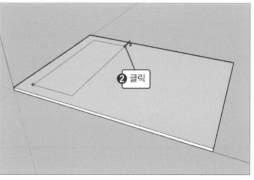

05 밀기/끌기 P를 누르고 ❶지점을 클릭합니다. 커서를 ❷방향으로 이동한 후 '3500'을 입력하고 Enter를 누릅니다.

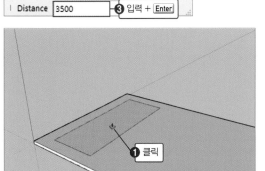

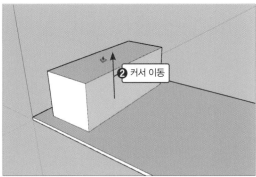

06 밀기/끌기가 실행 중인 상태에서 Ctrl을 누르면 커서의 모양이 ♣ 에서 더하기 표시가 붙은 ♣로 변경됩니다. ❷지점에서 더블 클릭하면 이전에 작업한 높이값 '3500'이 적용되어 면이 당겨집니다.

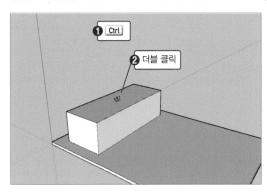

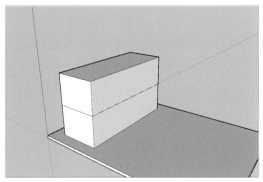

07 ♣상태로 ❶지점에서 더블 클릭합니다. 한 번 더 반복해 4층으로 표현합니다.

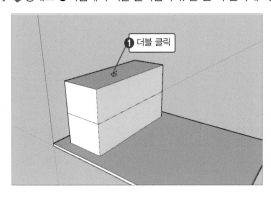

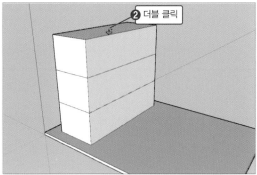

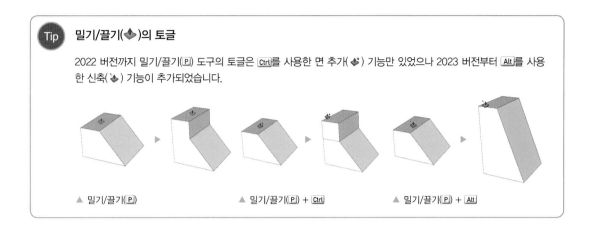

Tip **밀기/끌기(◆)의 토글**

2022 버전까지 밀기/끌기(P) 도구의 토글은 Ctrl를 사용한 면 추가(◆) 기능만 있었으나 2023 버전부터 Alt를 사용한 신축(◆) 기능이 추가되었습니다.

▲ 밀기/끌기(P)   ▲ 밀기/끌기(P) + Ctrl   ▲ 밀기/끌기(P) + Alt

08 다음과 같이 사각형을 그려 건물의 높이를 표현해 봅니다.

그림과 모양이 똑같지 않아도 관계없습니다. 건물의 위치와 가로, 세로의 치수는 임의로 하여 건물 패드 위에 보기 좋게 스케치한 후 높이만 맞춥니다.

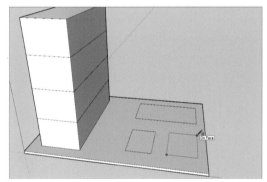

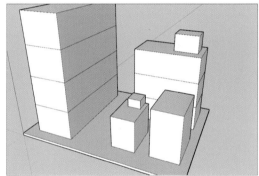

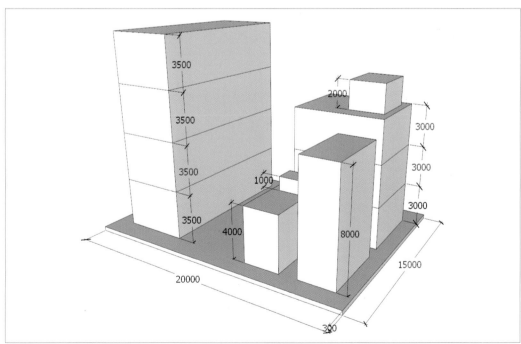

Tip 객체 스타일 설정

Styles 패널의 Edit 탭 Edge Settings에서 Profiles의 값을 설정해 윤곽선의 두께를 변경할 수 있습니다. 값을 높이면 윤곽을 두껍게 표시하며, 값을 낮추거나 항목을 해제하면 가늘게 표현합니다.

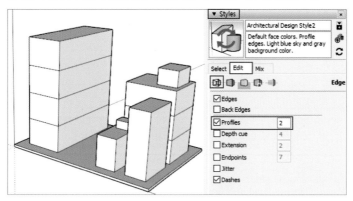

▲ Profiles : 2

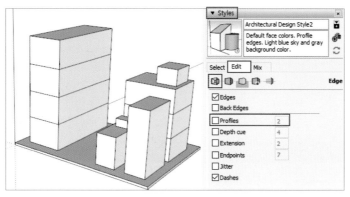

▲ Profiles : 1 또는 해제

VCB 창의 재입력

선(ㄴ), 원(ㄷ), 사각형(ㄹ) 등 VCB 창에 크기를 입력해 객체를 작성하게 됩니다. 스케치업에서는 입력된 값이 틀리거나 마음에 들지 않는 경우 재입력이 가능합니다.

예 R → 코너점 ❶ 클릭 → '2000, 1000' Enter → '1000, 2000' Enter

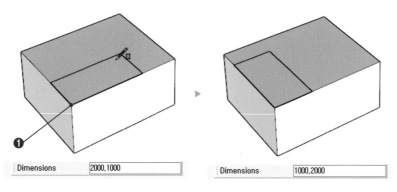

01 다음 모델을 작성하시오.

• 모든 벽과 홈의 두께는 200으로 작성

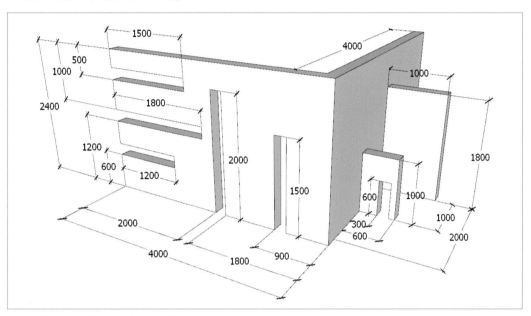

▲ 완성파일 : [예제파일/P02/Ch01/칸막이 벽]

모델링 과정

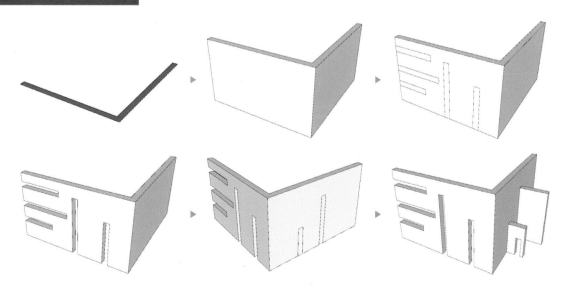

02 다음 모델을 작성하시오.

- 모델링 과정은 먼저 100×100×100 육면체를 작성 후 밀기/끌기 도구의 면 추가(Ctrl)를 활용합니다.

- 각 객체의 위치는 작업자가 임의로 설정합니다.

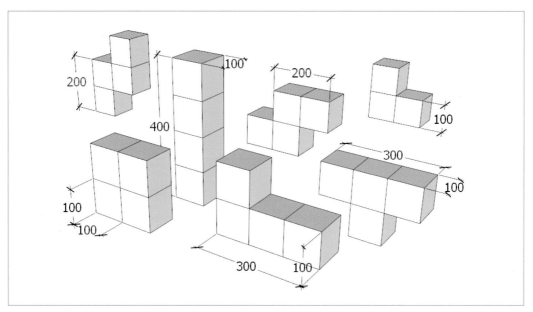

▲ 완성파일 : [예제파일/P02/Ch01/테트리스 블록]

02 벤치 만들기

Move(이동)의 확장 기능과 Views(뷰)를 활용한 스케치로 벤치를 만들어 보겠습니다. 모델링 과정에서 형태를 이루는 개체를 하나로 묶어 관리하는 Group의 개념을 이해할 수 있어야 합니다.

STEP 1 입면 스케치

① 모델링에 필요한 주요 도구 : 뷰 – (Views), 이동 – (Move(M))
② 운영 기능 : Group(그룹), Explode(개체 분해), Shortcut(단축키 설정)

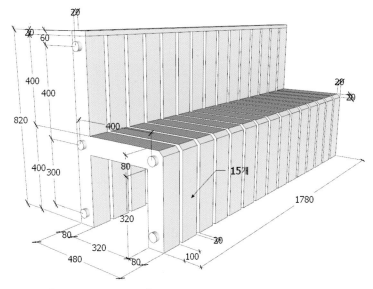

▲ 완성파일 : [예제파일/P02/Ch02/벤치]

01 스케치업을 실행하고 'study' 템플릿을 클릭합니다.

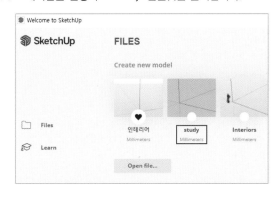

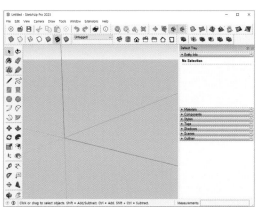

02 벤치의 측면 형태를 스케치하기 위해 Views의 Front ❶을 클릭하고, [Camera]의 [Parallel Projection]을 클릭해 원근감이 없도록 설정합니다.

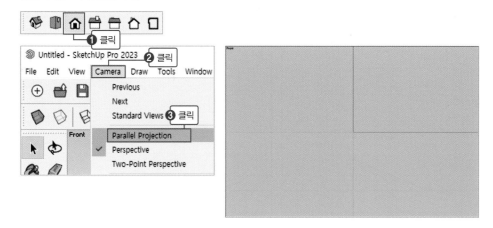

03 선 그리기 Ⓛ을 누르고 ❶지점(원점)을 클릭합니다. 커서를 ❷지점으로 이동한 상태에서 '800'을 입력하고 Enter를 누릅니다. 계속해서 우측 방향으로 그림과 같이 그려나갑니다. 처음 시작점인 ❶지점까지 선을 그리면 닫힌 영역이 되어 면이 생깁니다.

치수는 작성하지 않습니다.

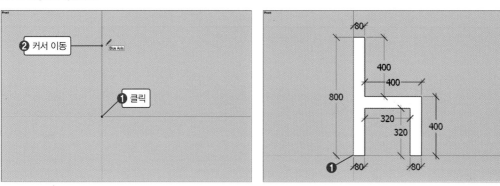

작업 중 시점이 틀어지면 다시 Vews의 Front를 클릭하면 됩니다.

04 오른쪽 위 모서리 부분을 확대하고 ❶지점에서 20씩 선을 그립니다. 다시 ❷지점(endpoint)에서 ❸지점(endpoint)으로 선을 그려줍니다.

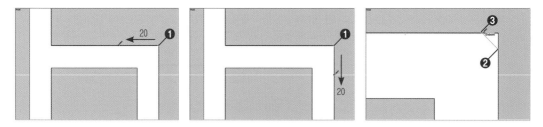

05 모서리를 편집하기 위해 지우기 E을 누릅니다. 불필요한 선분 ❶과 ❷를 차례로 클릭합니다.

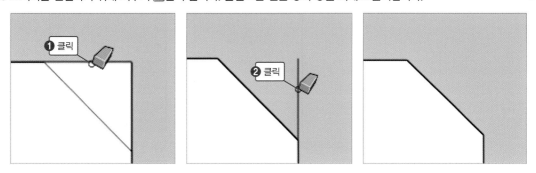

> **Tip** **지우개 사용법**
>
> 지우기할 때 하나하나 객체를 클릭해도 되지만 빈 영역에서 클릭 & 드래그로 지우개가 객체를 지나쳐도 삭제됩니다.
> 삭제할 객체가 많은 경우 클릭 & 드래그로 신속하게 지울 수 있습니다.
>
>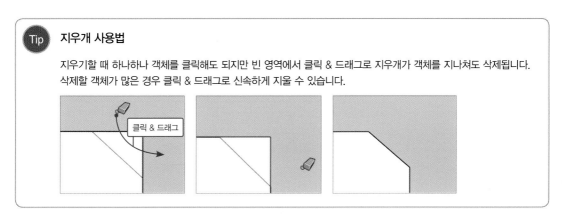

06 마우스 휠을 꾹 눌러 시점을 조정한 후 밀기/끌기 P를 누르고 ❶지점을 클릭합니다. 커서를 ❷방향으로 이동한 상
태에서 '100'을 입력하고 Enter를 누릅니다.

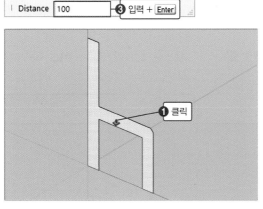

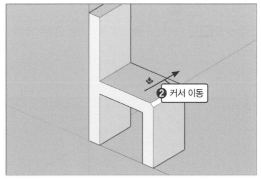

07 Make Group(그룹 지정)

작성된 객체를 하나의 그룹으로 설정하겠습니다. [Space Bar]를 눌러 선택 도구로 전환하고 ❶지점에서 트리플 클릭(연속 3번 클릭)합니다. 클릭한 부분과 연결된 모든 선과 면이 선택됩니다.

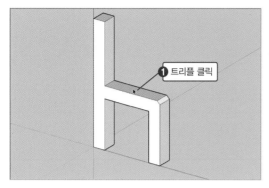
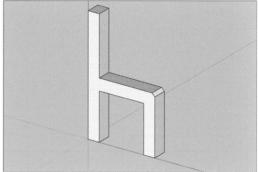

Tip **선택하기**

스케치업에서는 클릭, 더블 클릭, 트리플 클릭의 세 가지 방법으로 객체를 직접 선택할 수 있습니다.

① **클릭**

클릭한 선이나 면만 선택됩니다.

② **더블 클릭**

선을 더블 클릭하면 선과 접한 면까지 선택됩니다. 면을 더블 클릭하면 면과 접한 선까지 선택됩니다.

③ **트리플 클릭**

선이나 면을 트리플 클릭하면 연결된 모든 부분이 선택됩니다.

08 객체 위에서 마우스 오른쪽 버튼을 클릭하고 메뉴에서 [Make Group]을 클릭합니다. Group 설정 후 빈 영역 ❸지점을 클릭하고 ❹를 클릭하면 하나의 객체로 선택되는 것을 확인할 수 있습니다.

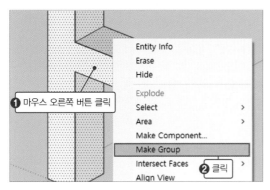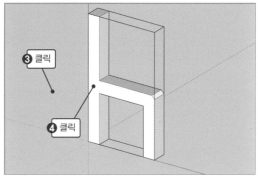

09 Space Bar를 눌러 선택 도구(▶)로 복사 대상 ❶을 클릭합니다. 이동하기 M을 누르고 ❷지점을 클릭합니다.

그룹으로 지정한 직후에서 그룹객체가 선택된 상태이므로 선택 과정 없이 M을 누르고 ❷지점을 클릭해도 됩니다.

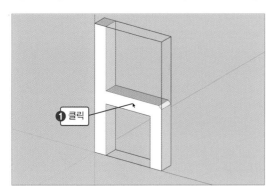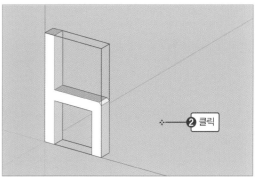

10 Ctrl을 누르면 커서가 ✛(이동)에서 ✛(복사) 모양으로 변경됩니다. 커서를 ❶방향(Y축 녹색)으로 이동한 상태에서 '120'을 입력하고 Enter를 누릅니다.

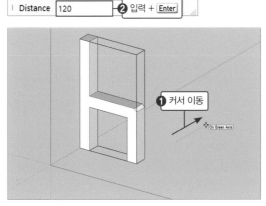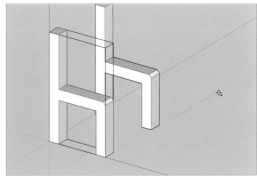

11 복사 후 계속해서 '*14'를 입력하고 Enter를 누르면 다중 복사가 적용됩니다.

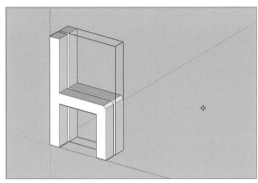
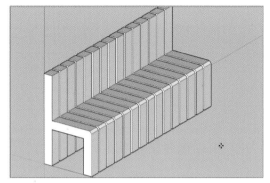

Tip **Move 도구의 다양한 기능**

① **이동(✛)** : 선택 ▶ → M 입력 → 기준점 클릭 → 목적지 클릭 또는 거리값 입력 후 Enter

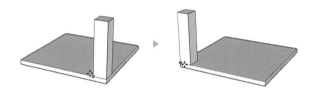

② **늘리기(✛)** : 선택 ▶ → M 입력 → 기준점 클릭 → 목적지 클릭 또는 거리값 입력 후 Enter

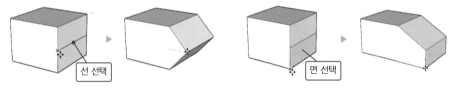

선 선택   면 선택

③ **복사(✛)** : 선택 ▶ → M 입력 → 기준점 클릭 → Ctrl → 목적지 클릭 또는 거리값 입력 후 Enter

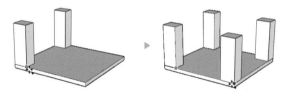

④ **연속복사(✛)** : 선택 ▶ → M 입력 → Ctrl → Ctrl → 기준점 클릭 → 목적지 클릭 또는 거리값 입력 후 Enter

연속복사는 2022 버전 이상부터 지원합니다.

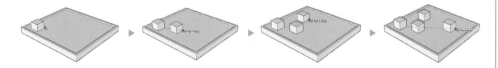

⑤ **다중복사** : 복사 후 *N(복사 수량) 입력 후 Enter

| Distance | *7 | 또는 | Distance | 7x |

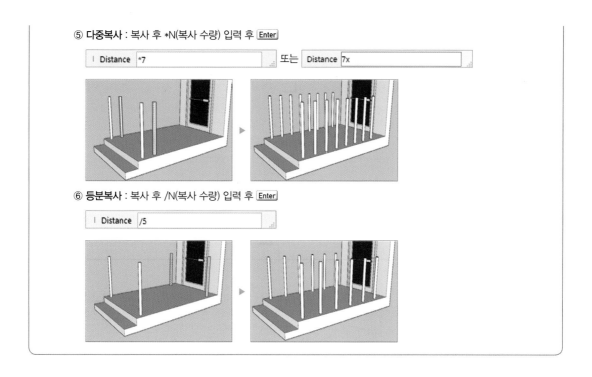

⑥ **등분복사** : 복사 후 /N(복사 수량) 입력 후 Enter

| Distance | /5 |

12 상부 지지대를 만들겠습니다. 사각형 그리기 R 을 누르고 ❶지점을 클릭하고 ❷지점을 클릭합니다.

면이 동일한 위치에 만들어져 겹쳐지면 화면상에 깨끗하게 표현되지 않습니다.

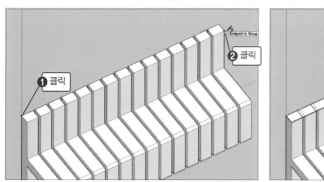

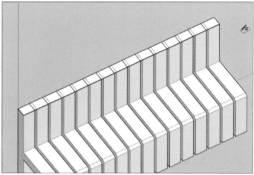

13 밀기/끌기 P 를 누르고 ❶지점을 클릭합니다. 커서를 ❷방향으로 이동한 상태에서 '20'을 입력하고 Enter 를 누릅니다.

| Distance | 20 | ❸ 입력 + Enter |

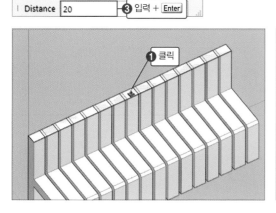

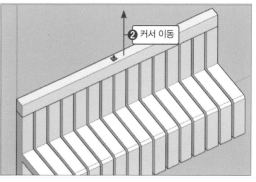

14 Space Bar 를 눌러 선택 도구로 전환하고 ❶지점에서 트리플 클릭(연속 3번 클릭)합니다. 마우스 오른쪽 버튼을 클릭하고 메뉴에서 [Make Group]을 클릭합니다.

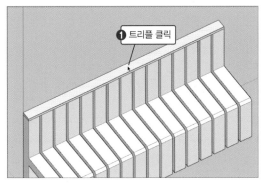

하나의 형태가 만들어지면 향후 편집 및 관리를 위해 습관적으로 Group을 하는 것이 좋습니다.

Tip Group 설정

① 모델링 과정에서 겹치게 되는 면과 선은 공유되어 독립적이지 못하고 하나로 합쳐지게 됩니다. 이러한 이유로 객체와 객체를 붙여서 만들 때 이전 객체를 그룹으로 작성 후 다음 객체를 만들어야 이동 및 편집에 영향을 받지 않습니다. 아래와 같은 큰 상자와 작은 상자가 이루는 객체가 하나의 덩어리로 재료가 동일한 객체라면 그룹으로 작성하지 않지만 서로 성격이 다른 독립적인 객체라면 첫 번째 상자를 만들고 그룹으로 작성한 후 두 번째 상자를 만들어야 합니다.

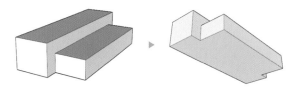

▲ 그룹으로 작성하지 않은 경우의 밑면

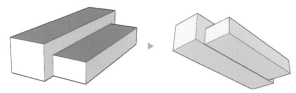

▲ 그룹으로 작성한 경우의 밑면

② 그룹객체를 마우스 오른쪽 버튼으로 클릭하면 다양한 옵션을 사용할 수 있습니다.

- Entity Info : 트레이의 Entity Info 패널을 오픈
- Erase : 그룹 삭제
- Hide : 그룹 숨기기
- Lock/Unlock : 그룹 잠금/해제
- Selection : 선택옵션 사용(반전, Tag)
- Edit Group : 편집모드 전환
- Explode : 그룹 분해
- Make Component : 컴포넌트 작성
- Unglue : 컴포넌트 부착면의 오픈 취소

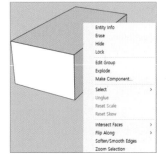

- Reset Scale : 배율적용 취소
- Reset Skew : 기울이기 취소
- Intersect Face : 교차 부분으로 면 분할

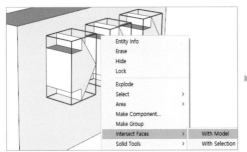 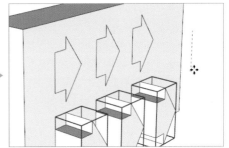

- Flip Along : 축을 사용한 대칭

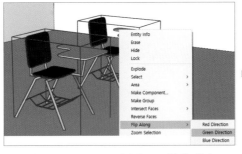 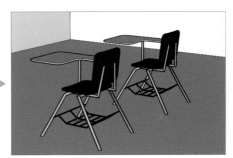

- Soften/Smooth Edge : 모서리의 부드러움을 설정
- Zoom Selection : 최대로 확대

15 선 그리기 ⌊L⌋을 누르고 ❶지점(Midpoint)을 클릭합니다. 커서를 선이 그려지는 방향인 ❷방향으로 이동한 상태에서 '60'을 입력하고 ⌊Enter⌋를 누릅니다.

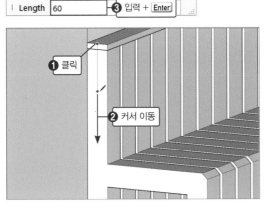 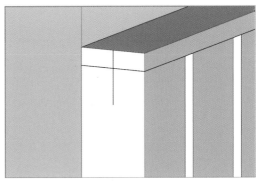

16 원 그리기 C 를 누르고 원의 중심 ❶지점(Endpoint)을 클릭합니다. 커서를 ❷방향으로 이동해 미리보기 원을 확인한 후 반지름 '20'을 입력하고 Enter 를 누릅니다.

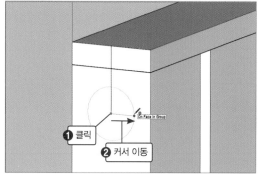
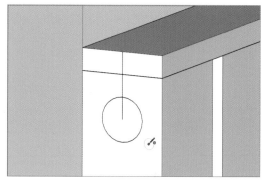

17 불필요한 선분을 삭제하기 위해 Space Bar 를 눌러 선택 도구로 전환합니다. 불필요한 선분 ❶을 클릭한 후 Shift 를 누른 상태로 ❷를 클릭하고 Delete 를 누릅니다.

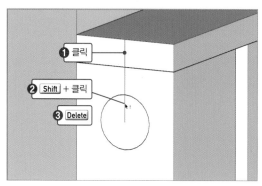
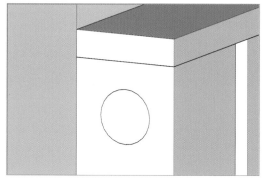

객체를 삭제하는 방법은 위의 **05**번 과정에서 사용한 지우기 E 와 Delete 를 사용하는 방법 중 편한 방법을 사용하면 됩니다.

Tip 다양한 선택 방법

Shift 를 누른 상태로 개체를 선택 도구(↖)로 클릭하면 선택을 추가하거나 해제할 수 있습니다. 이외에도 다음과 같이 다양한 선택 방법이 있습니다.

① Ctrl + A : 모든 대상을 선택
② Ctrl + T : 모든 대상을 선택 해제
③ Ctrl + **선택 도구(↖)**: 선택 추가
④ **영역으로 선택**

- **윈도우 선택** : 선택 도구(↖)를 이용해 왼쪽에서 오른쪽으로 클릭 & 드래그. 실선 사각형에 완전히 포함되는 선이나 면을 선택

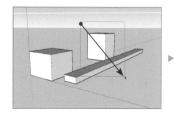
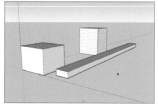

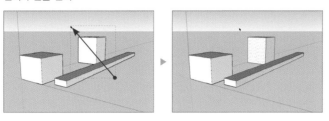

- **크로싱 선택** : 선택 도구(↖)를 이용해 오른쪽에서 왼쪽으로 클릭 & 드래그. 점선 사각형에 걸치거나 포함되는 선이나 면을 선택

18 밀기/끌기 P를 누르고 ❶지점을 클릭합니다. 커서를 ❷방향으로 이동한 상태에서 '1800'을 입력하고 Enter를 누릅니다.

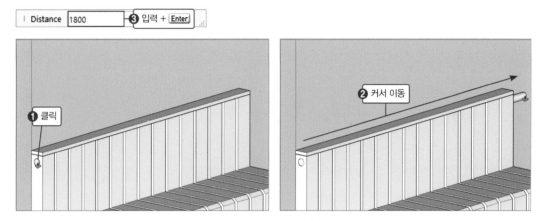

19 계속해서 ❶지점을 클릭하고 커서를 ❷방향으로 이동한 상태에서 '20'을 입력하고 Enter를 누릅니다.

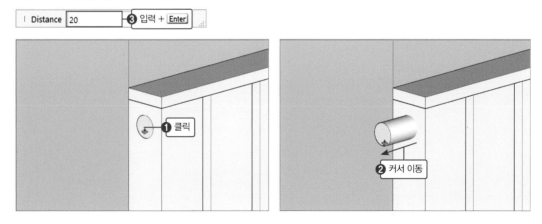

20 Space Bar 를 눌러 선택 도구로 전환하고 **❶**지점에서 트리플 클릭(연속 3번 클릭)합니다. 마우스 오른쪽 버튼을 클릭하고 메뉴에서 [Make Group]을 클릭합니다.

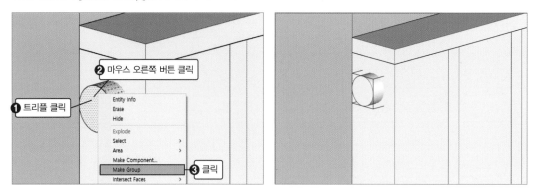

21 원형 고정핀을 복사하겠습니다. Space Bar 를 누른 후 선택 도구로 복사 대상 **❶**을 클릭합니다. 이동하기 M 을 누릅니다. Ctrl 을 누르면 커서가 ✢ (이동)에서 ✢.(복사) 모양으로 변경됩니다. Ctrl 을 한 번 더 눌러 연속복사(✢.)로 설정합니다.

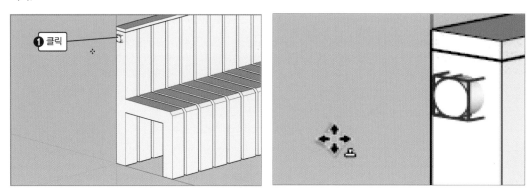

22 복사 기준점 **❶**지점을 클릭합니다. 커서를 **❷**방향(Z축 파랑)으로 이동한 상태에서 '400'을 입력하고 Enter 를 누릅니다.

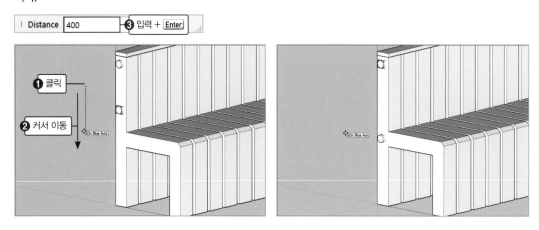

23 계속해서 Z축 방향을 유지한 상태로 '700'을 입력하고 [Enter]를 누릅니다. 다음 작업을 위해 [Space Bar]를 누릅니다.

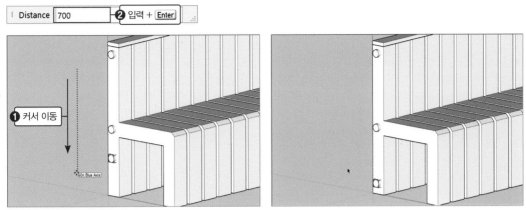

2021 버전까지는 연속복사가 지원되지 않으므로 21~23번 과정을 일반복사로 진행합니다.

24 선택 도구(↖)로 [Shift]를 누른 상태에서 원형핀 ❶을 클릭합니다. 이동하기 [M]을 누르고 ❷지점을 클릭합니다.

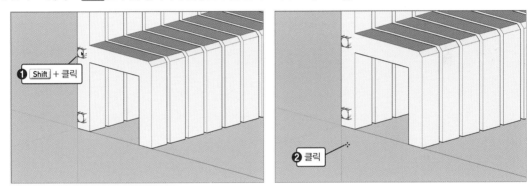

25 [Ctrl]을 누르고 커서를 ❶방향(X축 빨강)으로 이동한 상태에서 '400'을 입력하고 [Enter]를 누릅니다.

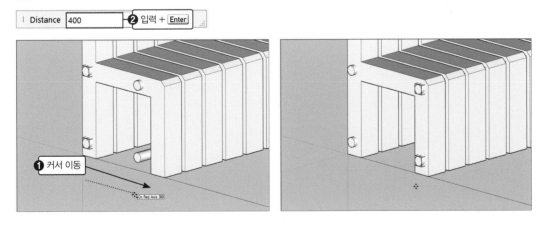

26 [Camera]의 [Perspective]를 클릭해 1소점 투시도로 변경합니다. 마우스 휠을 클릭한 상태로 드래그하여 결과물을 확인합니다.

 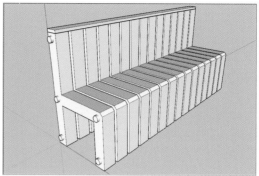

27 Edit Group(그룹 편집)

등받이 쪽 상부 지지대를 수정하겠습니다. 상부 지지대는 그룹으로 지정된 상태로, 그룹 편집 모드로 변경한 후 수정해야 합니다. Space Bar를 눌러 선택 도구로 전환하고 ❶지점에서 더블 클릭하면 편집 모드로 전환됩니다.

 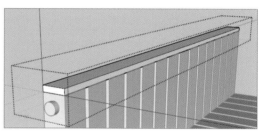

그룹 요소는 독립된 객체로 그룹 상태로 이동, 복사, 회전이 가능하지만 형태를 수정하기 위해서는 Edit Group(그룹 편집) 모드로 전환해야 합니다.

28 높이를 수정하기 위해 밀기/끌기 P를 누르고 ❶지점을 클릭합니다. 커서를 ❷방향으로 이동한 상태에서 '20'을 입력하고 Enter를 누릅니다.

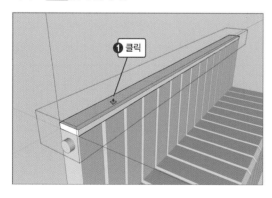 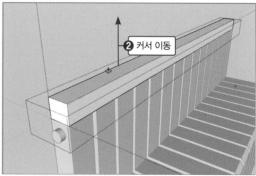

29 편집 모드 상태에서 선 그리기 ⓛ을 누르고 ❶지점(Midpoint) 클릭 후 ❷지점(Midpoint)을 클릭합니다. 밀기/끌기 Ⓟ를 누르고 ❸지점에서 클릭합니다.

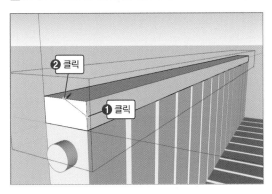
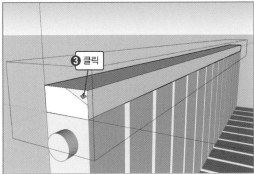

30 밀어낼 위치 ❶지점(Endpoint)을 클릭합니다. 그룹 편집(Edit Group)을 종료하기 위해 [Space Bar]를 눌러 선택 도구로 전환하고 편집 영역의 바깥쪽 ❷지점을 클릭합니다.

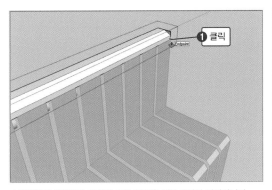
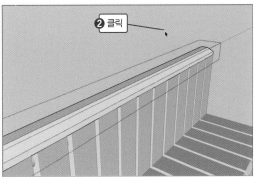

스케치업의 모델링은 그룹과 그룹 편집을 반복하면서 진행됩니다.
모델링 과정 : 면(선, 사각형, 원) 스케치 → 밀기/끌기로 매스 작성 → 그룹 → 그룹 편집

Tip **그룹 지정의 기준**

객체를 그룹으로 묶는 기준은 사용자의 특성이나 작업의 목적에 따라 다를 수 있지만 일반적으로 사용되는 부재의 단위로 지정하는 것이 향후 수정 시 용이합니다.

예 1 철근콘크리트 구조

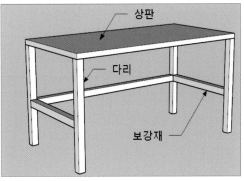

예 2 가구

Tip 단축키 설정

스케치업의 모델링 과정에서 그룹과 그룹 편집이 계속 반복되어 사용 빈도가 매우 높아 그룹 작성을 단축키로 등록하면 효율적인 작업이 가능합니다. 그룹 외에도 자주 사용되는 Hide(숨기기), Explode(분해) 등의 기능도 추가로 등록할 수 있습니다.

① Window의 Preferences ❶을 클릭하고 좌측 카테고리에서 Shortcuts ❷를 클릭합니다.

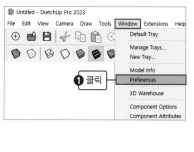 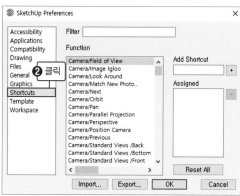

② 등록할 기능은 Filter ❶에서 검색하거나 Function의 스크롤 바 ❷를 이동해 찾을 수 있습니다. Filter에 'Group'을 입력하면 관련 기능이 Function 항목에 나열됩니다. 'Edit/Make Group'를 클릭하고 Add Shortcut에 단축키 'w'를 입력합니다. 추가 버튼(+) ❸을 클릭하면 입력한 w가 Assigned 항목에 등록되어 단축키를 사용할 수 있습니다.

Group의 앞글자 'G'를 단축키로 입력할 경우 Edit/Make Component의 단축키로 설정되어 있다는 경고문이 나타납니다. '예(Y)'를 클릭하면 'Edit/Make Group'의 단축키를 G로 적용할 수 있습니다. 신규로 등록 가능한 단축키 알파벳이 부족한 경우 Function Key(F2~F12)를 사용하면 됩니다.

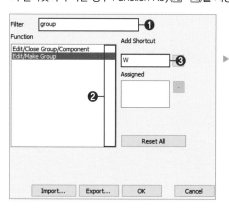 

01 다음 스페이스월을 모델링하시오.

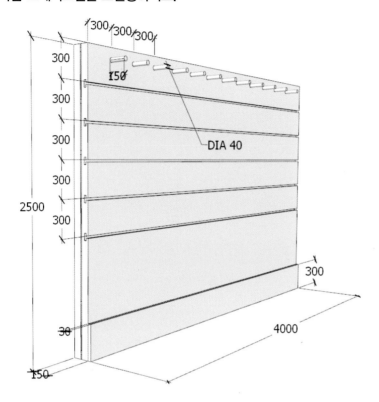

[상세 치수]

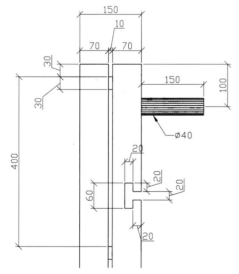

▲ 완성파일 : [예제파일/P02/Ch02/스페이스월]

모델링 과정

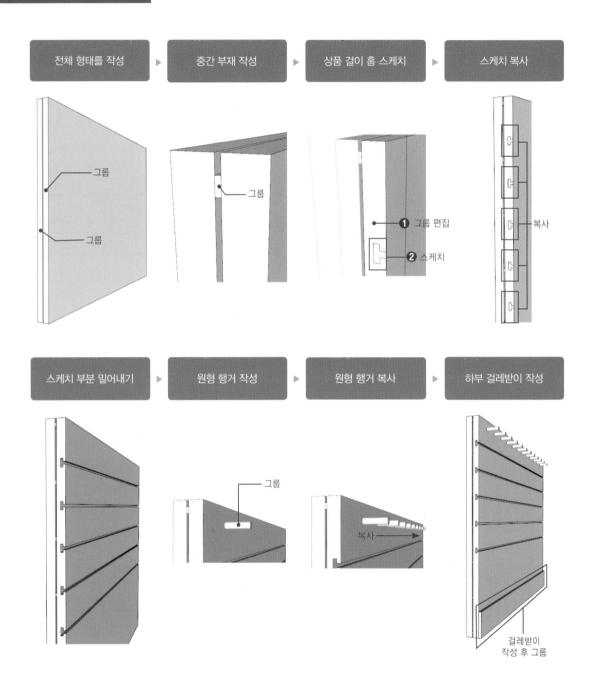

전체 형태를 작성 ▶ 중간 부재 작성 ▶ 상품 걸이 홈 스케치 ▶ 스케치 복사

그룹

그룹

그룹

❶ 그룹 편집
❷ 스케치

복사

스케치 부분 밀어내기 ▶ 원형 행거 작성 ▶ 원형 행거 복사 ▶ 하부 걸레받이 작성

그룹

복사

걸레받이
작성 후 그룹

02 다음 계단을 모델링하시오.

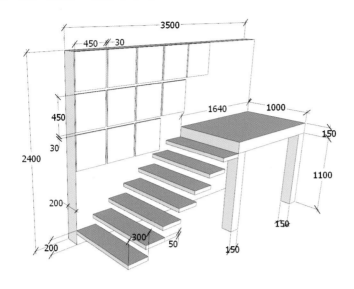

[상세 치수]

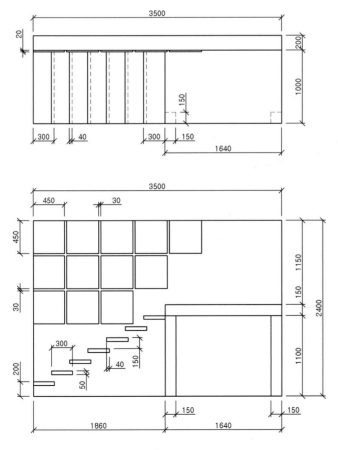

▲ 완성파일 : [예제파일/P02/Ch02/계단]

03 벽 장식 디자인

Rotate(회전) 도구의 복사 기능과 Tape Measure(줄자)를 활용하여 벽의 장식을 모델링하고 Paint Bucket(페인트 통) 도구를 사용해 재질까지 표현해 보겠습니다.

STEP 1 바닥, 벽, 걸레받이 만들기

① 모델링에 필요한 주요 도구
- 줄자 – (Tape Measure(T)), 다각형 – (Polygon)
- 회전 – (Rotate(Q)), 페인트 통 – (Paint Bucket(B))

② 운영 기능 : Guides(안내선), Material(재질), View Style(뷰 스타일), Import(가져오기)

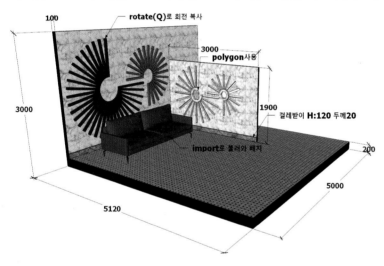

▲ 완성파일 : [예제파일/P02/Ch03/장식 벽 디자인]

01 스케치업을 실행하고 'study' 템플릿을 클릭합니다.

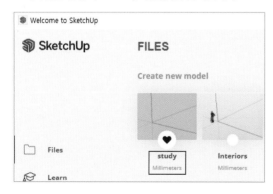

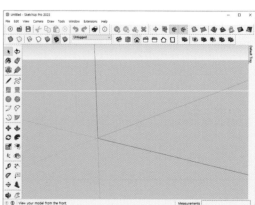

02 바닥, 벽 만들기

사각형 그리기 [R]을 누르고 ❶지점을 클릭합니다. 커서를 ❷방향으로 이동한 상태에서 '5120,5000'을 입력하고 [Enter]를 누릅니다.

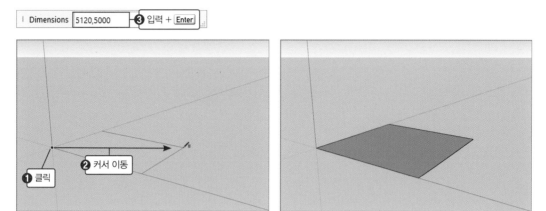

03 밀기/끌기 [P]를 누르고 ❶지점을 클릭합니다. 커서를 ❷방향으로 이동한 상태에서 '200'을 입력하고 [Enter]를 누릅니다.

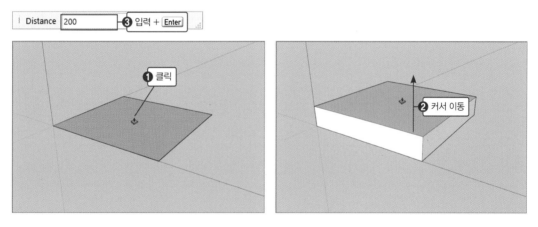

04 [Space Bar]를 눌러 선택 도구로 전환하고 ❶지점에서 트리플 클릭(연속 3번 클릭)합니다. 마우스 오른쪽 버튼을 클릭하고 메뉴에서 [Make Group]을 클릭합니다.

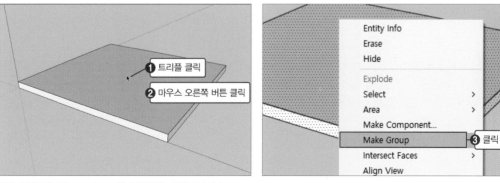

형태가 만들어지면 Make Group을 습관화하는 것이 좋습니다.

05 사각형 그리기 R을 누르고 ❶지점을 클릭합니다. 커서를 ❷방향으로 이동한 상태에서 '100,5000'을 입력하고 Enter 를 누릅니다.

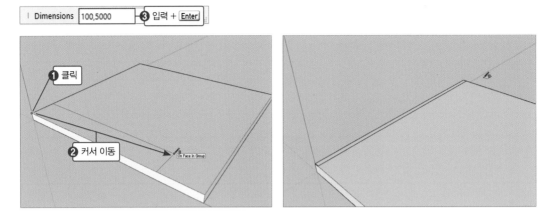

06 밀기/끌기 P를 누르고 ❶지점을 클릭합니다. 커서를 ❷방향으로 이동한 상태에서 '2800'을 입력하고 Enter 를 누릅니다.

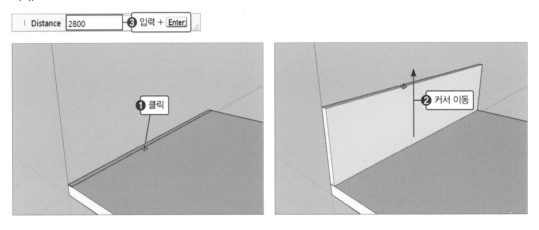

07 Space Bar 를 눌러 선택 도구로 전환하고 ❶지점에서 트리플 클릭(연속 3번 클릭)합니다. 마우스 오른쪽 버튼을 클릭하고 메뉴에서 [Make Group]을 클릭합니다.

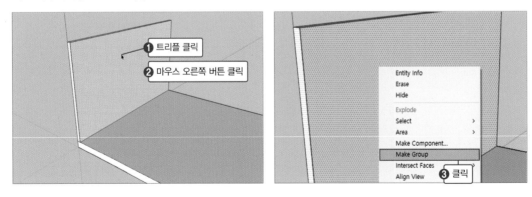

08 줄자 T를 누르고 모서리 ❶지점(임의의 위치)을 클릭합니다. 커서를 ❷방향으로 이동한 상태에서 '1400'을 입력하고 Enter를 누릅니다.

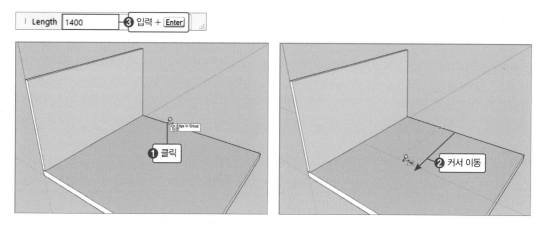

09 사각형 그리기 R을 누르고 ❶지점을 클릭합니다. 커서를 ❷방향으로 이동한 상태에서 '3000,50'을 입력하고 Enter를 누릅니다.

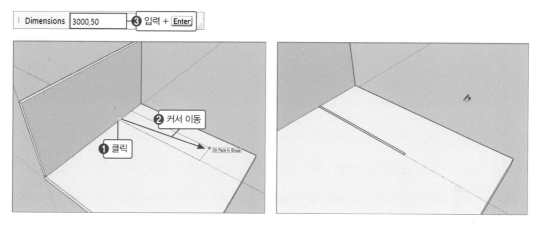

10 밀기/끌기 P를 누르고 ❶지점을 클릭합니다. 커서를 ❷방향으로 이동한 상태에서 '1900'을 입력하고 Enter를 누릅니다.

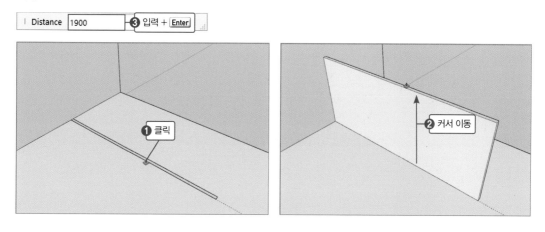

11 Space Bar 를 눌러 선택 도구로 전환하고 ❶지점에서 트리플 클릭(연속 3번 클릭)합니다. 마우스 오른쪽 버튼을 클릭하고 메뉴에서 [Make Group]을 클릭합니다.

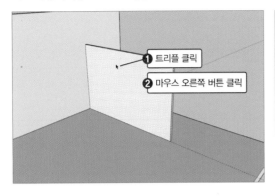 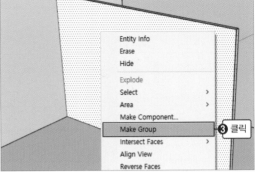

12 줄자로 만든 가이드 선 ❶을 선택 도구로 선택한 후 Delete 를 눌러 삭제합니다.

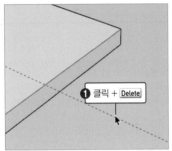 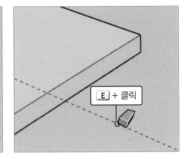

▲ 선을 클릭해서 선택　　　▲ 선을 걸쳐서 선택　　　▲ 선을 지우개로 삭제

 Tip **줄자와 각도기**

1. 줄자의 기능( )

① 거리 측정

측정할 첫 번째 점을 클릭하고 두 번째 점으로 커서를 이동하면 측정거리가 표시됩니다.

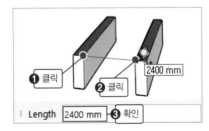

② 안내선 작성

• 무한선 : 거리가 시작되는 모서리에서 첫 번째 점을 클릭하고 안내선을 표시할 방향으로 커서를 이동해 거리 값을 입력합니다.

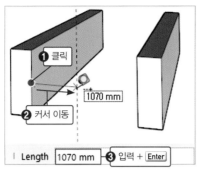

| Length | 1070 mm | ③ 입력 + Enter

- 유한선 : 거리가 시작되는 꼭짓점에서 첫 번째 점을 클릭하고 안내선을 표시할 방향으로 커서를 이동해 거리 값을 입력합니다.

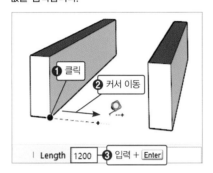

| Length | 1200 | ③ 입력 + Enter

2. 각도기의 기능( )

① 각도 측정

각도의 기준점을 클릭합니다. 각도의 시작점을 클릭하고 끝점으로 이동하면 각도가 표시됩니다.

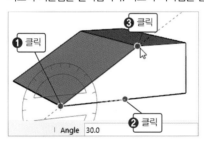

| Angle 30.0

② 안내선 작성

각도의 기준점을 클릭합니다. 각도의 시작점을 클릭하고 각도 안내선을 표시할 방향으로 커서를 이동해 각도 값을 입력합니다.

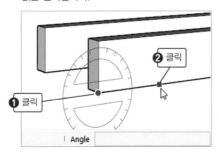

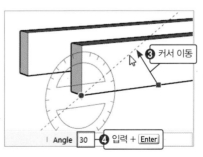

| Angle

| Angle | 30 | ④ 입력 + Enter

13 걸레받이 만들기

사각형 그리기 R을 누르고 ❶지점을 클릭합니다. 커서를 ❷방향으로 이동한 상태에서 '3600,120'을 입력하고 Enter를 누릅니다.

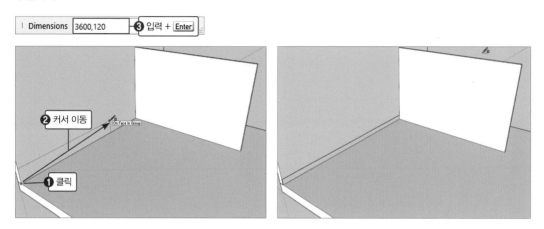

14 사각형 그리기 R을 누르고 ❶지점을 클릭합니다. 커서를 ❷방향으로 이동한 상태에서 '3000,120'을 입력하고 Enter를 누릅니다.

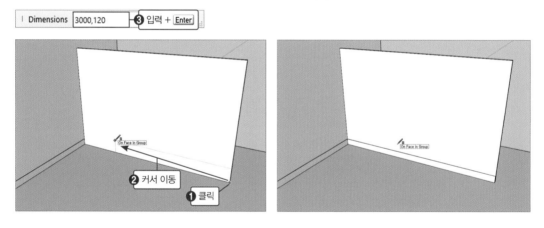

15 밀기/끌기 P를 누르고 ❶지점을 클릭합니다. 커서를 ❷방향으로 이동한 상태에서 '20'을 입력하고 Enter를 누릅니다.

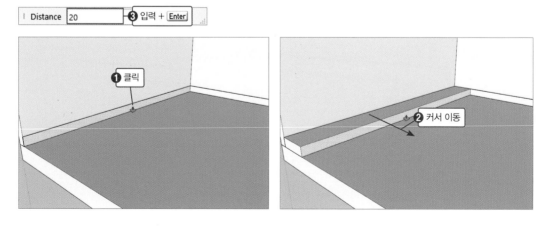

16 계속해서 밀기/끌기가 진행 중인 상태로 ❶지점을 더블 클릭해 바로 전에 끌기한 값을 적용합니다. A 부분을 확대하고 선분 ❷를 지우개로 삭제합니다.

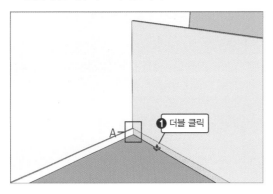
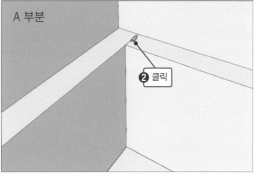

17 Space Bar 를 눌러 선택 도구로 전환하고 ❶지점에서 트리플 클릭(연속 3번 클릭)합니다. 마우스 오른쪽 버튼을 클릭하고 메뉴에서 [Make Group]을 클릭합니다.

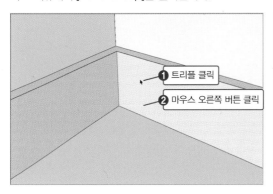
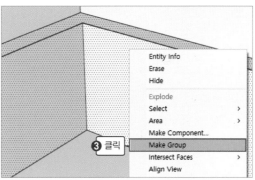

18 바닥, 벽, 걸레받이가 각 그룹으로 작성되었습니다. 중간 저장을 하기 위해 Save(💾) 아이콘을 클릭합니다. 파일명을 '장식벽 디자인'으로 입력하고 [저장] 버튼을 클릭합니다. 단축키 Ctrl + S 를 눌러 저장할 수도 있습니다.

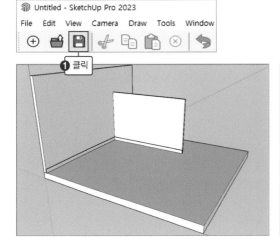
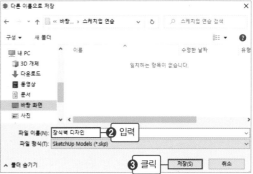

STEP · 2 원형 장식 만들기

01 장식 위치 표시

줄자 T를 누르고 ❶지점(임의의 위치)을 클릭합니다. 커서를 ❷방향으로 이동한 상태에서 '1300'을 입력하고 Enter를 누릅니다.

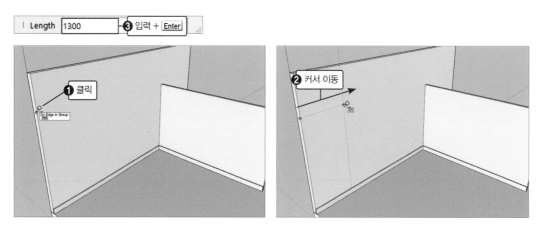

02 ❶지점(임의의 위치)을 클릭하고 커서를 ❷방향으로 이동한 상태에서 '1100'을 입력하고 Enter를 누릅니다.

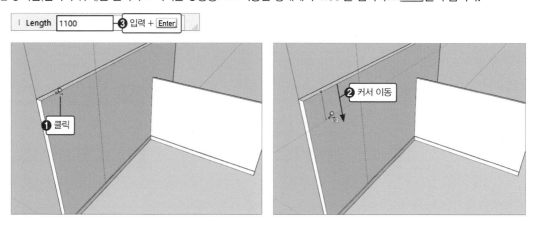

03 다시 가이드 선 ❶지점을 클릭하고 커서를 ❷방향으로 이동한 상태에서 '300'을 입력하고 Enter를 누릅니다.

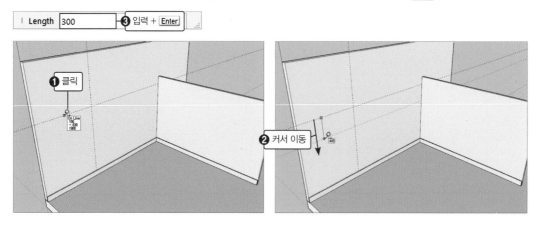

04 장식 만들기

사각형 그리기 R을 누르고 ❶지점(임의의 위치)을 클릭합니다. 커서를 ❷방향으로 이동한 상태에서 '50,900'을 입력하고 Enter를 누릅니다.

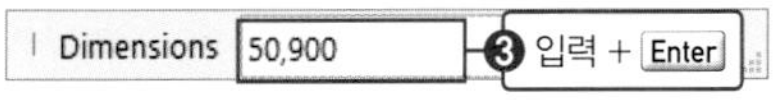

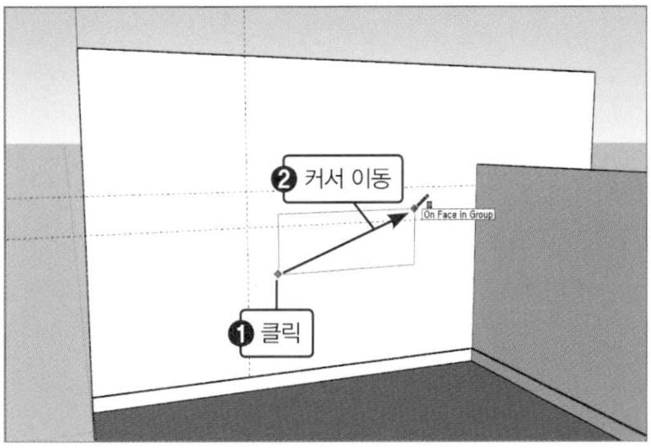

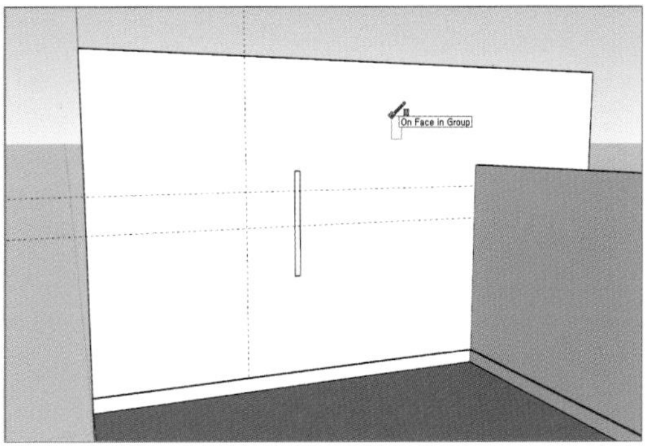

05 밀기/끌기 P를 누르고 ❶지점을 클릭합니다. 커서를 ❷방향으로 이동한 상태에서 '50'을 입력하고 Enter를 누릅니다.

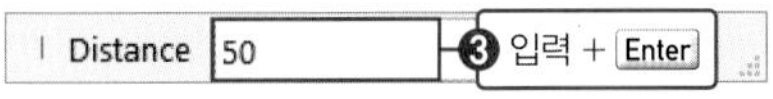

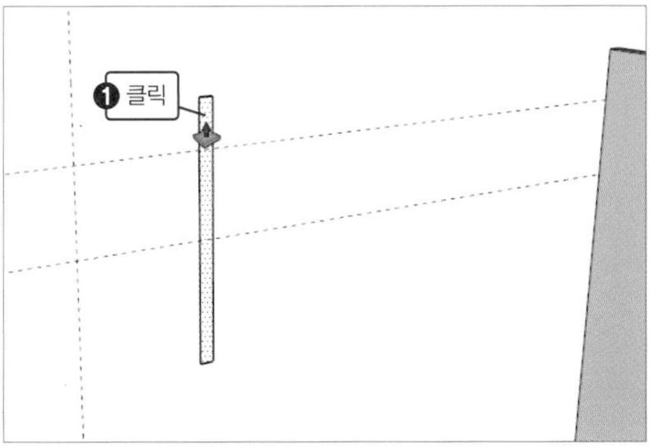

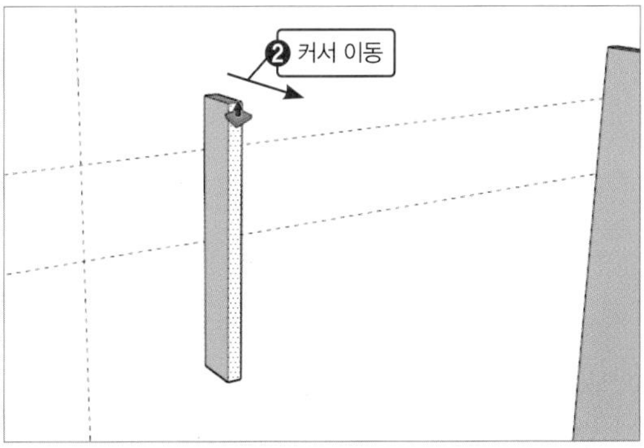

06 Space Bar를 눌러 선택 도구로 전환하고 ❶지점에서 트리플 클릭(연속 3번 클릭)합니다. 마우스 오른쪽 버튼을 클릭하고 메뉴에서 [Make Group]을 클릭합니다.

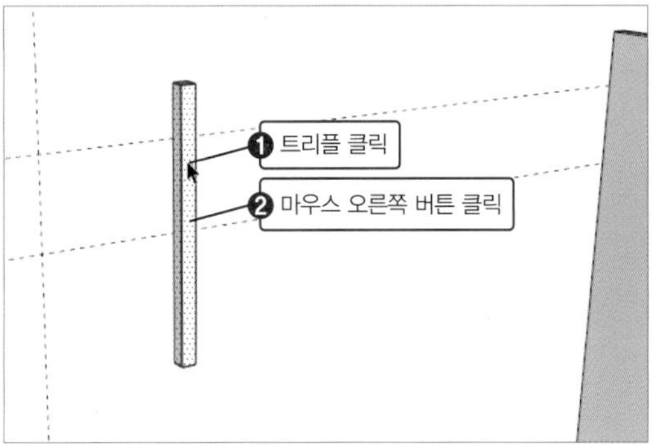

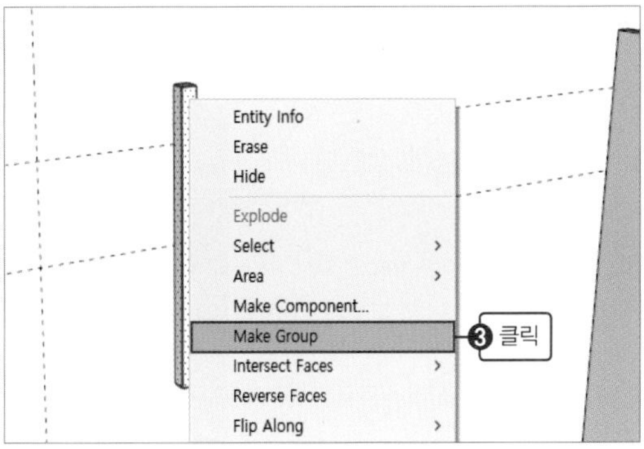

07 [Space Bar]를 누른 후 선택 도구로 이동 대상 ❶을 클릭합니다. 이동하기 [M]을 누르고 막대 하단의 중간점(Midpoint) ❷지점을 클릭합니다.

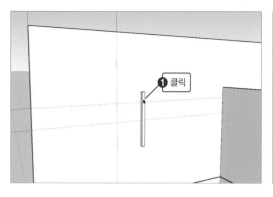
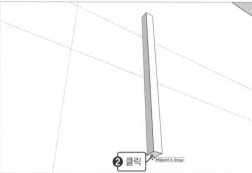

08 시점을 조정하고 ❶지점(가이드 선 ❷와 ❸의 교차점)을 클릭합니다.

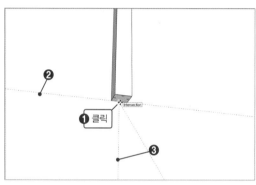
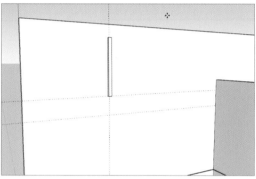

시점을 변경하거나 뷰를 확대, 축소할 때 화면 제어가 안되면 [Shift] + [Z]를 누릅니다.

09 회전 복사

[Space Bar]를 누른 후 선택 도구로 회전 대상 ❶을 클릭합니다. 회전하기 [Q]를 누르고 가이드 선의 교차점(Midpoint) ❷지점(기준점)을 클릭합니다.

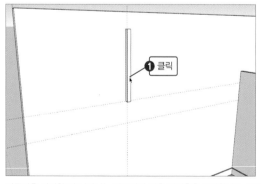
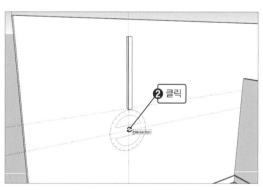

기준점을 지정할 때 나타나는 각도기의 색은 회전축을 의미합니다. 각도기 색에 따라 회전되는 결과가 달라집니다.

10 회전이 시작되는 **❶**지점(임의의 위치)을 클릭하고 Ctrl을 눌러줍니다. 커서를 회전 방향 **❷**방향으로 이동한 상태에서 각도값 '270'을 입력하고 Enter를 누릅니다.

복사를 하지 않고 회전할 경우에는 Ctrl을 누르지 않고 진행합니다.

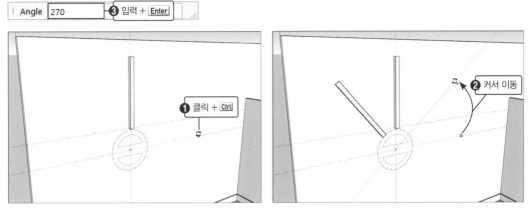

각도값을 입력하는 경우 시작 각도의 위치는 아무 곳이나 클릭해도 무방하며, 복사하기 위해 Ctrl을 누르는 것은 각도값을 입력하기 전에만 눌러주면 됩니다.

11 회전 복사 직후 '/30'을 입력하고 Enter를 누르면 등간격으로 30개가 복사됩니다.

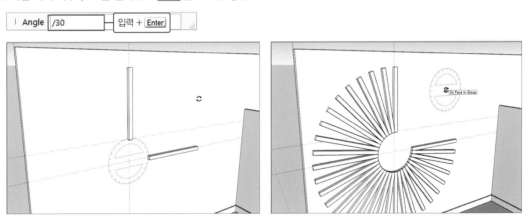

Tip **Rotate의 다양한 기능**

① **회전** : 객체 선택 → 기준점 클릭 → 회전 시작 클릭 → 회전 각도 입력 후 Enter(회전 위치 클릭)

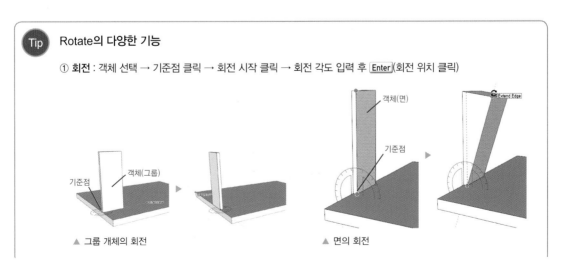

▲ 그룹 개체의 회전   ▲ 면의 회전

② **복사** : 객체 선택 → 기준점 클릭 → 회전 시작 클릭 → Ctrl → 회전 각도 입력 후 Enter (회전 위치 클릭)

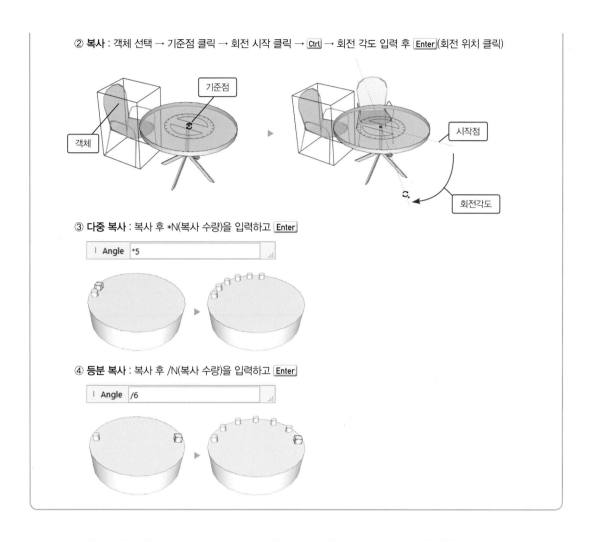

③ **다중 복사** : 복사 후 *N(복사 수량)을 입력하고 Enter

| Angle | *5 |

④ **등분 복사** : 복사 후 /N(복사 수량)을 입력하고 Enter

| Angle | /6 |

12 반대편 작은 벽의 모양을 편집하기 위해 그룹 편집(Edit Group)을 적용해야 합니다. Space Bar 를 누른 후 선택 도구로 편집 대상 ❶을 더블 클릭합니다.

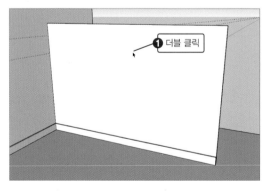

❶ 더블 클릭

그룹 편집 표시 선

13 줄자 [T]를 눌러 가이드 선 ❶, ❷, ❸을 다음과 같이 표시하고 장식에 필요한 사각형 ❹(50,600)를 그려줍니다.

사각형의 위치는 중요하지 않습니다.

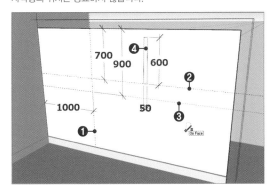

14 [Space Bar]를 누른 후 선택 도구로 ❶지점부터 ❷지점까지 클릭 & 드래그로 사각형을 선택합니다. 이동하기 [M]을 누르고 막대 하단의 중간점(Midpoint) ❸지점을 클릭합니다.

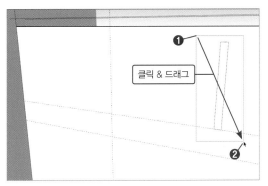

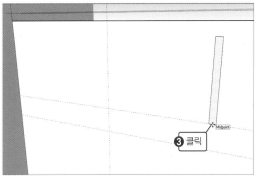

15 시점을 조정하고 ❶지점(가이드 선 ❷와 ❸의 교차점)을 클릭합니다. 복사할 개체가 선택된 상태이므로 [Q]를 누르고 가이드 선의 교차점(Midpoint) ❹지점(기준점)을 클릭합니다.

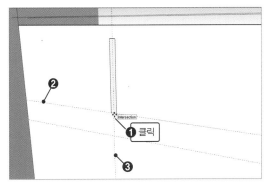

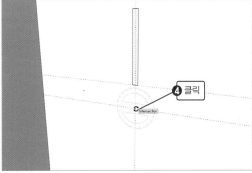

16 회전이 시작되는 ❶지점을 클릭하고 [Ctrl]을 눌러줍니다. 커서를 회전 방향인 ❷지점으로 이동한 상태에서 각도값 '270'을 입력하고 [Enter]를 누릅니다.

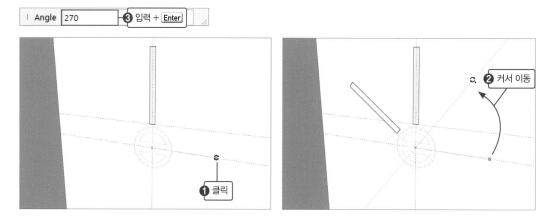

17 회전 복사 직후 '/15'를 입력하고 [Enter]를 누르면 등간격으로 15개가 복사됩니다.

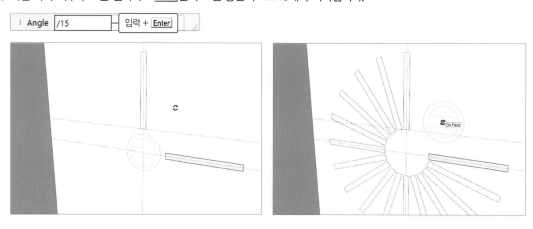

18 밀기/끌기 [P]를 누르고 ❶지점을 클릭합니다. 밀어낼 위치인 ❷지점을 클릭하면 직사각형 모양의 구멍이 뚫립니다.

❷지점으로 이동한 상태에서 50을 입력하고 [Enter]를 눌러도 동일한 결과를 확인할 수 있습니다.

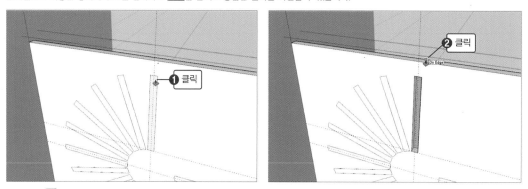

밀기/끌기 [P]로 벽을 밀어낼 수 없다면 그룹 편집 상태에서 복사된 것이 아니거나 복사 후 그룹 편집이 종료된 것일 수 있습니다.

19 이전에 작업한 밀기/끌기의 값(50)을 반복적으로 적용하겠습니다. 밀기/끌기 P 상태에서 ❶지점을 더블 클릭합니다. 나머지 면도 같은 방법으로 밀어 벽을 뚫어냅니다.

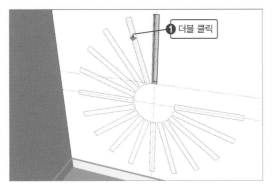
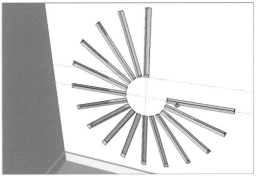

20 중앙에 다각형 구멍을 내기 위해 Polygon(폴리곤 ◉)을 클릭합니다. 다각형 모서리의 수 '6'을 입력하고 Enter, 다각형의 중심 ❸지점을 클릭합니다.

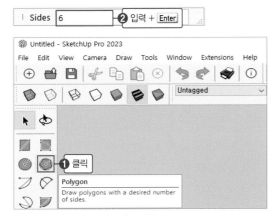
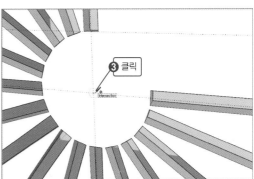

21 커서를 ❶지점으로 이동한 상태에서 '150을' 입력하고 Enter 를 누릅니다.

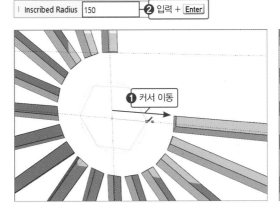
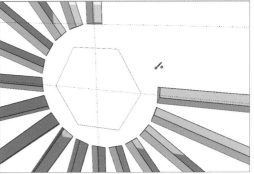

Tip Polygon의 내접과 외접

다각형을 그리는 Polygon은 원의 반지름 크기를 기준으로 작성됩니다. 반지름 입력 전 Ctrl을 눌러 원의 내접과 외접을 변경할 수 있으며, Ctrl + +, -로 모서리 수를 증감할 수 있습니다. 같은 반지름 값을 입력해도 내접과 외접에 따라 크기가 달라질 수 있는 것에 주의합니다.

· 반지름이 150인 경우 내접과 외접의 크기

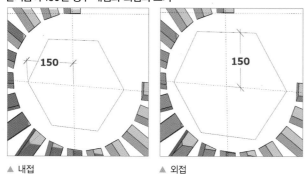

▲ 내접   ▲ 외접

22 밀기/끌기 P를 누르고 ❶지점을 클릭합니다. 커서를 ❷지점으로 이동해 On Face 표식이 나타났을 때 클릭하면 면이 밀려 다각형 구멍이 만들어집니다.

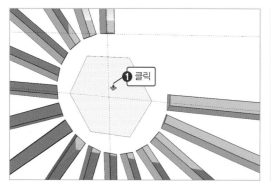
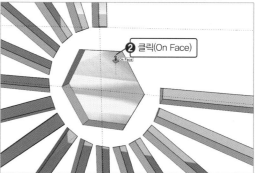

23 작은 벽의 편집을 마무리하기 위해 빈 영역 ❶을 클릭하거나 ❶지점에서 마우스 오른쪽 버튼을 클릭하고 그룹 닫기 (Close Group)를 클릭합니다.

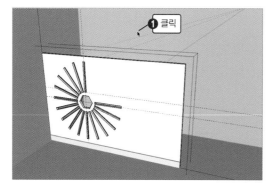
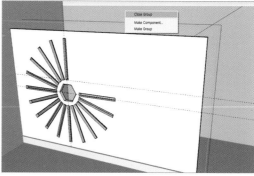

24 불필요한 가이드 선을 삭제하기 위해 [Edit]의 [Delete Guides]를 클릭합니다.

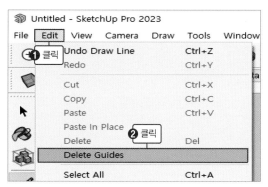 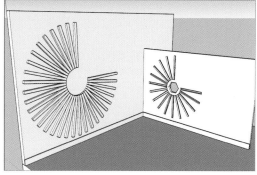

25 큰 벽과 작은 벽 우측은 다음 도면을 참고해 동일한 방법으로 편집합니다.

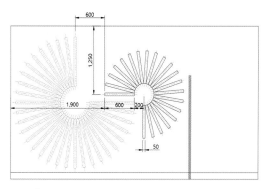

▲ 큰 벽

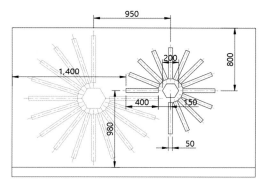

▲ 작은 벽

▲ 완성파일 : [예제파일/P02/Ch03/벽 디자인]

26 돌출 장식 중 일부를 그룹으로 지정하겠습니다. Space Bar 를 눌러 선택 도구로 전환하고 ❶지점에서 ❷지점까지 클릭
& 드래그로 선택합니다. ❸지점에서 마우스 오른쪽 버튼을 클릭하고 메뉴에서 [Make Group]을 클릭합니다.

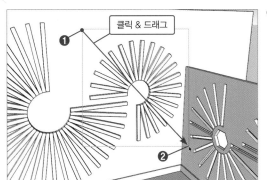

 Tip **축(Axes)의 추정과 작업면(On face)의 고정**

3D 모델링에서 축과 작업기준면은 작업시간 및 정확도와 연결되는 매우 중
요한 부분입니다. 스케치업에서는 축의 방향 및 작업면의 위치를 방향키와
Shift 키로 쉽게 설정할 수 있습니다.

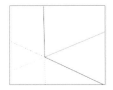

① 축(Axes)의 추정

키보드의 방향키(←, →, ↑, ↓)로 제어하며 한 번 누르면 고정, 한 번 더 누르면 해제됩니다.
• X축 고정 →: 추정이 X축으로 고정되어 움직입니다.

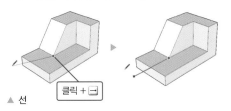

▲ 선

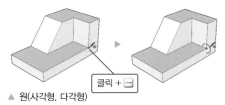

▲ 원(사각형, 다각형)

• Y축 고정 ←: 추정이 녹색(Y축)으로 고정되어 움직입니다.

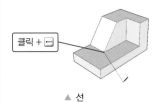

▲ 선

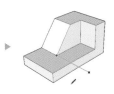

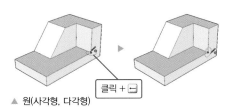

▲ 원(사각형, 다각형)

• Z축 고정 ↑: 추정이 파란색(Z축)으로 고정되어 움직입니다.

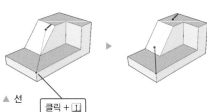

▲ 선

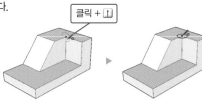

▲ 원(사각형, 다각형)

• 병렬(평행)/수직 ⬚ : 평행/수직으로 이루는 부분이 자홍색 선으로 나타납니다. 자홍색 표시선이 나타나면 ⬚를 눌러 방향을 고정합니다.

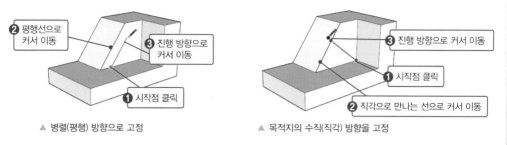

▲ 병렬(평행) 방향으로 고정   ▲ 목적지의 수직(직각) 방향을 고정

② 추정의 일시 고정

현재 표시된 추정을 Shift를 누르고 있는 동안만 일시적으로 유지하며, 선의 두께가 굵게 표현됩니다. 추정이 나타나면 Shift를 눌러 방향을 고정합니다.

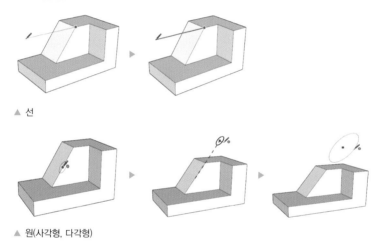

▲ 선

▲ 원(사각형, 다각형)

STEP **3** 재질 넣기

01 돌출된 벽 장식을 확대합니다. 페인트 통 B를 누르고 커서를 Default Tray 패널로 이동합니다. ❷를 클릭해 [Materials] 패널을 확장하고 카테고리에서 'Wood' ❸ 클릭, 재질 ❹를 클릭합니다.

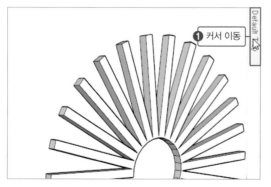

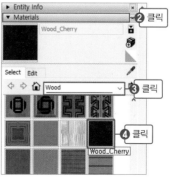

02 페인트 통 모양의 커서로 돌출된 장식 ❶, ❷를 클릭하면 선택된 재질이 적용됩니다. 남은 장식 막대 모두를 클릭합니다.

좀 더 효율적인 작업을 위해서는 회전 복사 전 재질을 넣는 것이 좋습니다.

03 [Materials] 패널을 확장하고 재질 ❶을 클릭합니다. 돌출된 장식 ❷를 클릭하면 선택된 재질이 적용됩니다.

재질은 면과 그룹 단위로 적용되므로 이전과는 다르게 모든 장식이 한 번에 적용됩니다.

04 벽의 재질은 카테고리에서 Tile ❶을 클릭하고 재질 ❷를 클릭합니다. 벽의 ❸부분과 ❹부분을 클릭하면 선택된 재질이 적용됩니다.

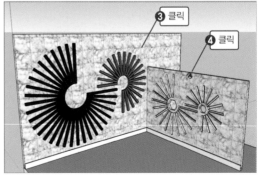

05 걸레받이는 타일 카테고리에서 재질 ❶을 적용하고, 바닥은 재질 ❷를 적용합니다.

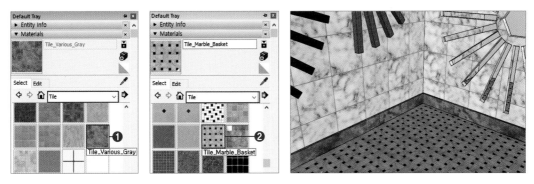

STEP **4** 가구 삽입하기

01 미리 만들어진 소파를 가져와 배치하겠습니다. [File]에서 [Import]를 클릭하고 [예제파일/P02/CH03/소파] 파일을 불러옵니다. 커서를 바닥 부분으로 이동해 On Face in Group 표시가 나타나면 클릭합니다.

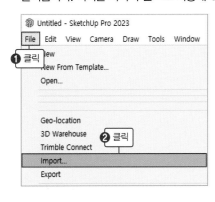

> **Tip** Import
>
> [Import] 창에서 가져올 파일이 보이지 않는다면 오른쪽 아래의 파일 유형이 스케치업 파일인 skp로 되어 있는지 확인합니다. 선택된 파일 유형 이외에는 나타나지 않습니다.
>
>

02 소파가 선택된 상태에서 회전하기 [Q]를 누르고 ❶지점을 기준점으로 클릭합니다. 각도가 시작되는 ❷지점을 클릭합니다.

기준점을 지정할 때 나타나는 각도기의 색은 회전축을 의미합니다. 각도기 색에 따라 회전되는 결과가 달라집니다.

03 복사를 하기 위해 [Ctrl]을 누릅니다. 커서를 회전 방향 ❶지점으로 이동한 상태에서 각도값 '90'을 입력하고 [Enter]를 누릅니다. 이동하기 [M]을 눌러 적절한 위치로 이동합니다.

 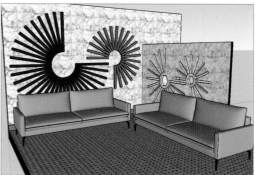

EXERCISE

01 다음 모델을 작성하시오.

- 원형 테이블과 의자는 Import로 가져와 배치합니다.
- 주어지지 않은 치수는 작업자가 임의의 값으로 설정하며, 의자는 회전시켜 자연스럽게 배치합니다.

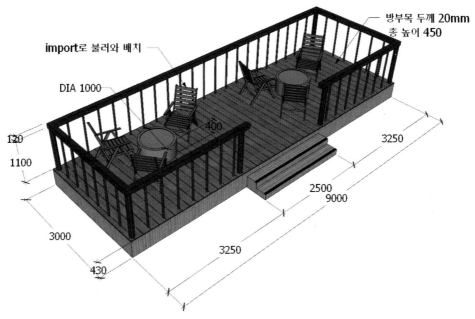

▲ 완성파일 : [예제파일/P02/Ch03/테라스]

- 삽입(Import)할 의자는 '테라스 의자 type-A' 또는 '테라스 의자 type-B'를 사용합니다.

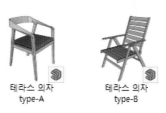

테라스 의자 type-A   테라스 의자 type-B

▲ 삽입파일 : [예제파일/P02/Ch03]

[상세 치수]

- 계단(측면)

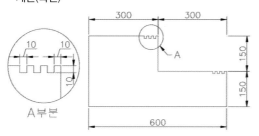

A부분

- 손스침(입체)

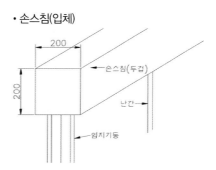

• 난간 위치와 크기(평면)

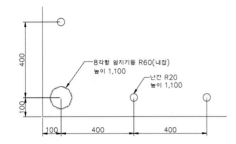

02 다음 모델을 작성하시오.

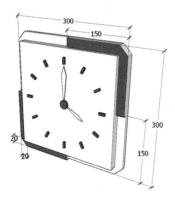

▲ 완성파일 : [예제파일/P02/Ch03/시계]

[상세 치수]

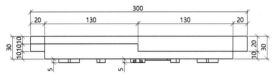

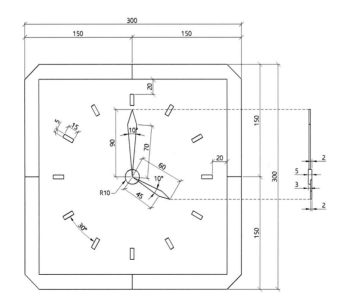

Tip **3D Warehouse**

스케치업은 3D Warehouse를 통해 디자인에 사용되는 가구, 소품, 차량 등을 무료로 다운로드하여 손쉽게 작업공간에 배치할 수 있습니다.

① 스케치업에서 3D Warehouse(◉) 아이콘을 클릭하거나 3D Warehouse 홈페이지 'https://3dwarehouse.sketchup.com'으로 접속합니다.

　※ 익스플로러 웹 브라우저는 지원하지 않으므로 크롬, 파이어폭스 등을 사용해야 합니다.

② 필요한 컴포넌트를 검색하거나 메인에 보이는 가구를 클릭합니다. 버전에 맞는 파일을 다운로드합니다.

　※ 구글 계정의 로그인이 필요합니다.

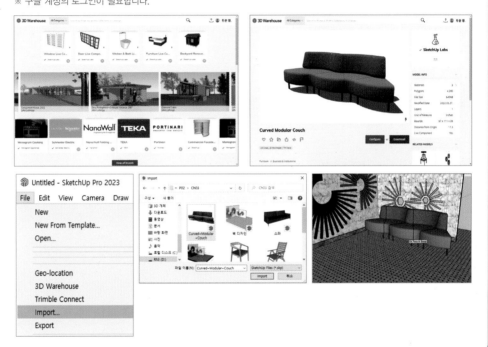

04 소극장 디자인

Offset(오프셋) 도구의 간격 띄우기를 활용해 실내 공간을 구성하고 카메라와 둘러보기 도구로 적절한 뷰를 표현해 보겠습니다.

STEP 1 공간 구성하기

① 모델링에 필요한 주요 도구

　간격 띄우기 – 🔲(Offset(F)), 지우기 – 🔲(Eraser(E))

② 운영 기능 : Export(내보내기)

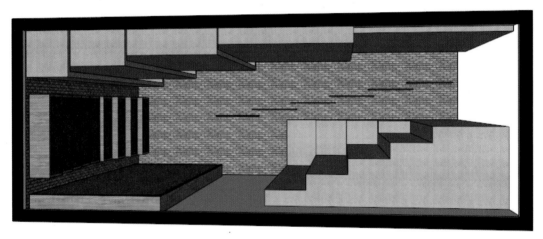

▲ 완성파일 : [예제파일/P02/Ch04/소극장 디자인]

01 스케치업을 실행하고 'study' 템플릿을 클릭합니다.

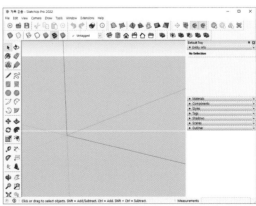

02 공간이 될 육면체 만들기

사각형 그리기 R을 누르고 ❶지점을 클릭합니다. 커서를 ❷방향으로 이동한 상태에서 '9000,6500'을 입력하고 Enter 를 누릅니다.

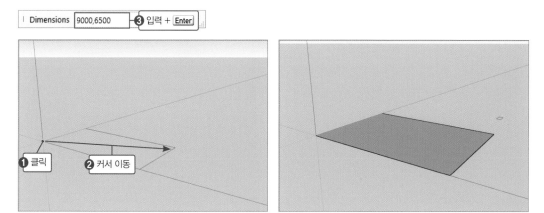

03 밀기/끌기 P를 누르고 ❶지점을 클릭합니다. 커서를 ❷방향으로 이동한 상태에서 '3500'을 입력하고 Enter 를 누릅니다.

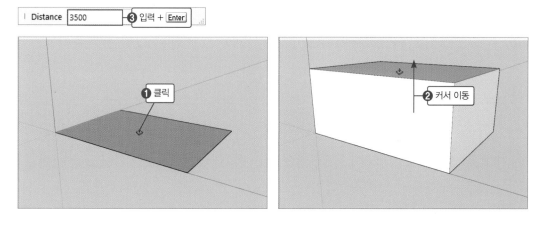

04 간격 띄우기 F를 누르고 커서를 ❶지점으로 이동해 모서리가 빨간점으로 표시되면 클릭합니다. 복사 방향 ❷로 이동한 상태에서 '100'을 입력하고 Enter 를 누릅니다.

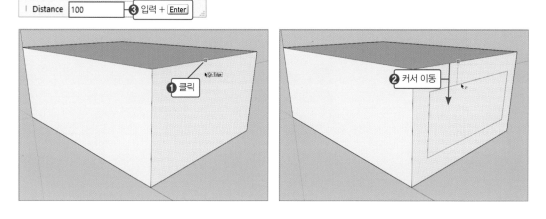

05 밀기/끌기 P를 누르고 ❶지점을 클릭합니다. 커서를 ❷방향으로 이동한 상태에서 '8900'을 입력하고 Enter를 누릅니다. 면이 밀려 공간이 만들어집니다.

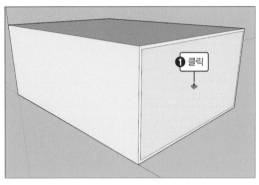
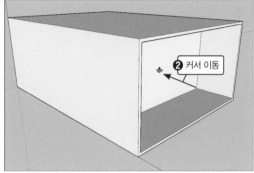

06 간격 띄우기 F를 누르고 커서를 ❶지점으로 이동해 모서리가 빨간점으로 표시되면 클릭합니다. 복사 방향 ❷로 이동한 상태에서 '200'을 입력하고 Enter를 누릅니다.

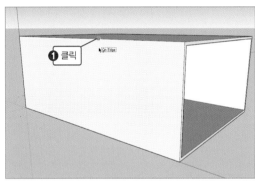
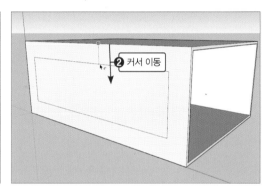

07 밀기/끌기 P를 누르고 ❶지점을 클릭합니다. 커서를 ❷방향으로 이동해 On Face가 표시되면 클릭합니다. 벽 두께가 밀려 오픈됩니다.

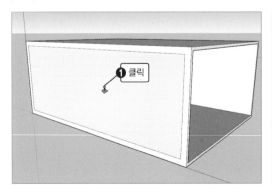
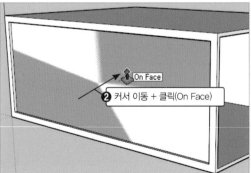

08 Space Bar 를 눌러 선택 도구로 전환하고 ❶지점에서 트리플 클릭(연속 3번 클릭)합니다. 마우스 오른쪽 버튼을 클릭하고 메뉴에서 [Make Group]을 클릭합니다.

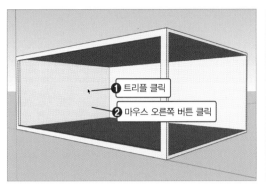
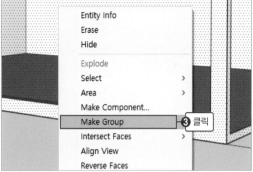

01 천장 위치 표시

줄자 T 를 누르고 ❶지점을 클릭합니다. 커서를 ❷방향으로 이동한 상태에서 '900'을 입력하고 Enter 를 누릅니다.

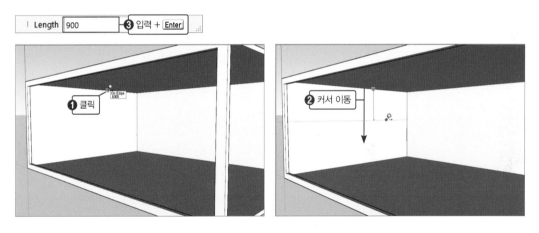

02 ❶지점을 클릭하고 커서를 ❷방향으로 이동한 상태에서 '200'을 입력하고 Enter 를 누릅니다. 반대편 코너도 동일하게 200 간격으로 가이드 선을 표시합니다.

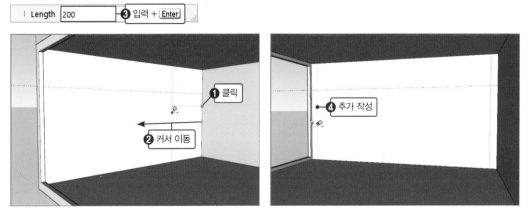

03 천장 스케치

사각형 그리기 R을 누릅니다. ❶지점을 클릭하고 ❷지점을 클릭합니다.

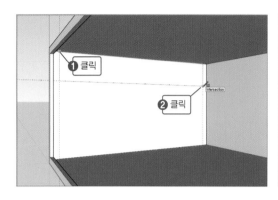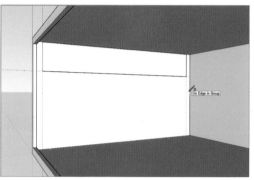

04 Space Bar를 눌러 선택 도구로 전환합니다. Offset 대상 ❶을 클릭하고 Shift를 누른 상태로 ❷, ❸을 클릭합니다.

선택 여부는 색상(파랑)으로 판단합니다.

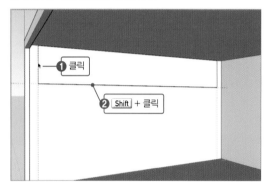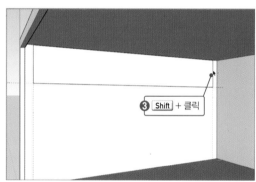

05 간격 띄우기 F를 누르고 ❶지점을 클릭합니다. 복사 방향 ❷로 이동한 상태에서 '100'을 입력하고 Enter를 누릅니다.

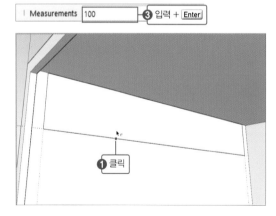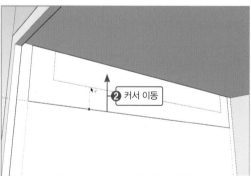

06 ❶지점을 클릭하고 복사 방향 ❷로 이동한 상태에서 '200'을 입력하고 [Enter]를 누릅니다.

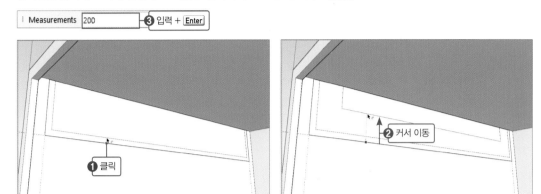

07 위의 **06** 과정을 반복해 300, 400, 500, 600, 700, 800까지 작성합니다.

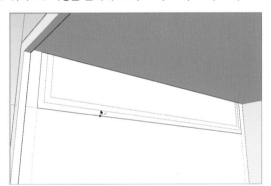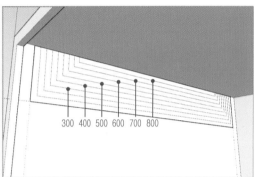

Tip Offset의 사용

① 간격 띄우기(Offset)는 밀기/끌기와 같이 더블 클릭으로 반복 사용이 가능하지만, 값이 다르면 다시 실행해 새로운 값을 입력해야 합니다.

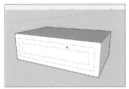

② 면에 둘러싸인 모서리는 면의 위치를 변경하여 Offset할 수 있지만, 면의 일부 모서리를 선택하여 Offset하면 작업 후 모서리 선을 변경할 수 없어 종료 후 다시 실행해 새로운 모서리를 선택해야 합니다.

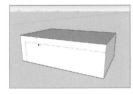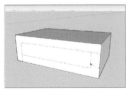

③ Offset은 2개 이상의 모서리 선분이 선택되어야 사용할 수 있습니다. 1개의 모서리 선은 Offset으로 작업할 수 없으므로 이동/복사 도구(✛(M))를 사용합니다.

08 돌출 형태 만들기

밀기/끌기 P를 누릅니다. ❶지점을 클릭하고 ❷지점을 클릭합니다.

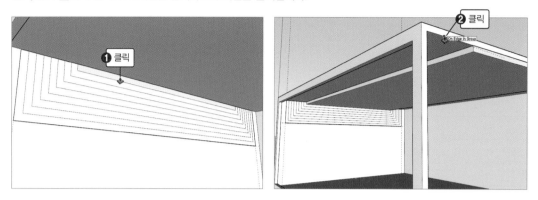

09 밀기/끌기 P를 누르고 ❶지점을 클릭합니다. 커서를 ❷방향으로 이동한 상태에서 '6000'을 입력하고 Enter를 누릅니다.

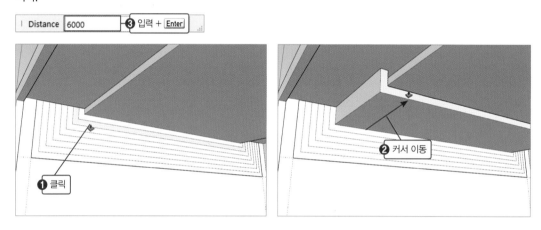

10 밀기/끌기 P를 누르고 위의 **09** 과정과 동일한 방법으로 ❶지점은 3500, ❷지점은 1800, ❸지점은 800만큼 면을 끌어 줍니다.

2021 버전 이하에서는 천장면이 뒷면(회색)으로 작업됩니다.

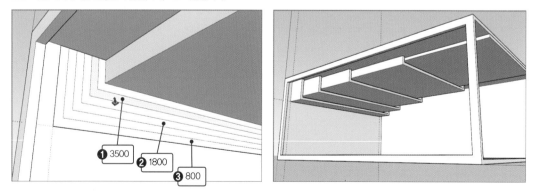

Tip 면의 반전과 분할면의 특징

① **면의 반전**

스케치업의 면은 앞면과 뒷면으로 구분되며, 2021 버전까지는 분할된 면이 돌출되면 뒷면(회색)으로 작업됩니다.

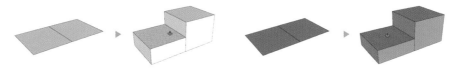

▲ 2022 버전 이상   ▲ 2021 버전 이하

향후 렌더링을 목적으로 한다면 앞면이 나타나도록 모델링하는 것이 좋습니다. Space Bar 를 눌러 선택 도구로 전환하고 ❶지점에서 트리플 클릭(연속 3번 클릭)합니다. 마우스 오른쪽 버튼을 클릭하고 메뉴에서 [Reverse Faces]을 클릭합니다.

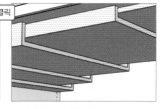

▲ 뒷면으로 작성된 경우   ▲ 변경 전 : 뒷면(푸른색)   ▲ 변경 후 : 앞면(흰색)

② **분할면의 특징**

분할된 면을 Push/Pull을 사용해 끌면 바닥면이 작성되지 않습니다. 분할면의 경우 Ctrl 을 누르고 Push/Pull을 사용하거나 매스를 만든 후 면을 분할하여 Push/Pull을 사용하면 됩니다.

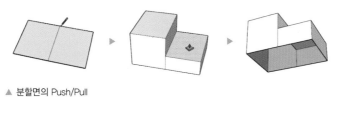

▲ 분할면의 Push/Pull

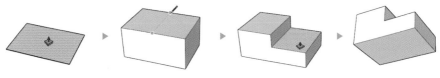

▲ 단일면의 Push/Pull

11 Space Bar 를 눌러 선택 도구로 전환하고 ❶지점에서 트리플 클릭(연속 3번 클릭)합니다. 마우스 오른쪽 버튼을 클릭하고 메뉴에서 [Make Group]을 클릭합니다.

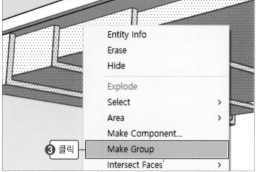

STEP **3** 관람석, 단상 디자인

01 관람석 위치 표시

사각형 그리기 R 을 누르고 ❶지점을 클릭합니다. 커서를 ❷방향으로 이동한 상태에서 '4600,1500'을 입력하고 Enter 를 누릅니다.

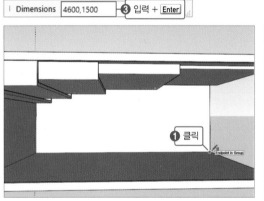
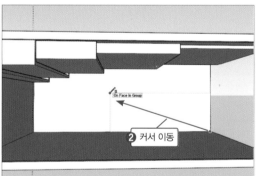

02 밀기/끌기 P 를 누르고 ❶지점을 클릭합니다. 커서를 ❷방향으로 이동한 상태에서 '5000'을 입력하고 Enter 를 누릅니다.

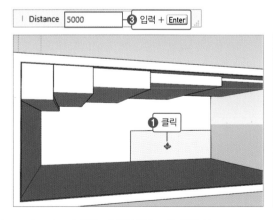
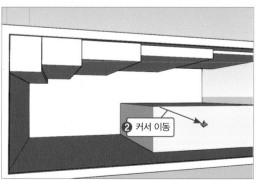

03 관람석 스케치

Space Bar를 눌러 선택 도구로 전환합니다. Offset 대상 ❶을 클릭하고 Shift를 누른 상태로 ❷를 클릭합니다.

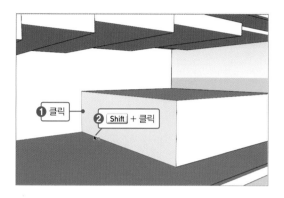

04 간격 띄우기 F를 누르고 ❶지점을 클릭합니다. 복사 방향 ❷로 이동한 상태에서 '300'을 입력하고 Enter를 누릅니다.

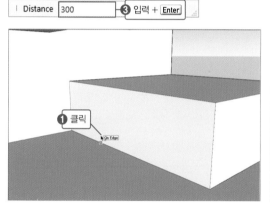
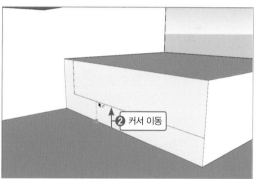

05 ❶지점을 클릭하고 복사 방향 ❷로 이동한 상태에서 '600'을 입력하고 Enter를 누릅니다.

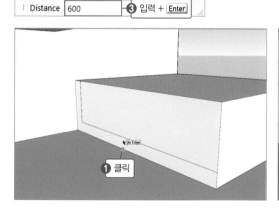
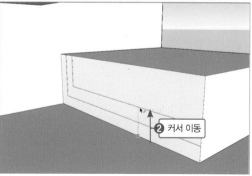

06 위의 **05** 과정을 반복해 900, 1200까지 작성합니다.

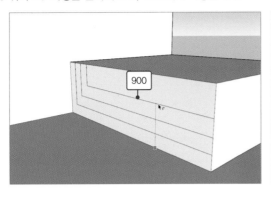 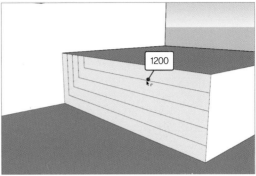

07 형태 만들기

밀기/끌기 P를 누르고 ❶지점을 클릭합니다. 커서를 ❷방향으로 이동한 상태에서 '3200'을 입력하고 Enter 를 누릅니다.

| Distance 3200 ❸ 입력 + Enter

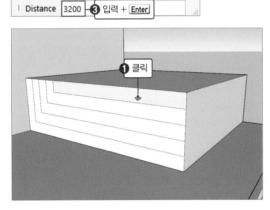 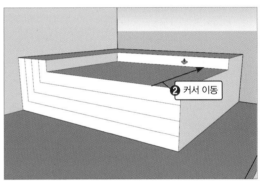

08 위의 **07** 과정과 같은 방법으로 ❶은 2400, ❷는 1600, ❸은 800을 입력해 면을 밀어줍니다.

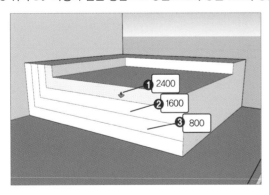 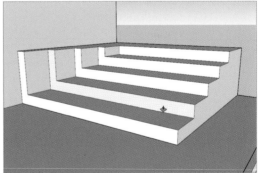

09 `Space Bar`를 눌러 선택 도구로 전환하고 ❶지점에서 트리플 클릭(연속 3번 클릭)합니다. 마우스 오른쪽 버튼을 클릭하고 메뉴에서 [Make Group]을 클릭합니다.

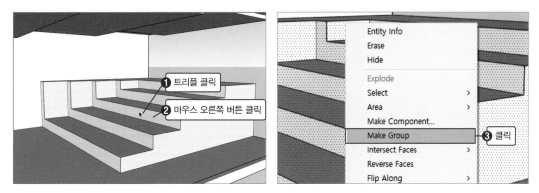

10 단상 만들기

사각형 그리기 `R`을 누르고 ❶지점을 클릭합니다. 커서를 ❷방향으로 이동한 상태에서 '5900,300'을 입력하고 `Enter`를 누릅니다.

11 밀기/끌기 `P`를 누르고 ❶지점을 클릭합니다. 커서를 ❷방향으로 이동한 상태에서 '2500'을 입력하고 `Enter`를 누릅니다.

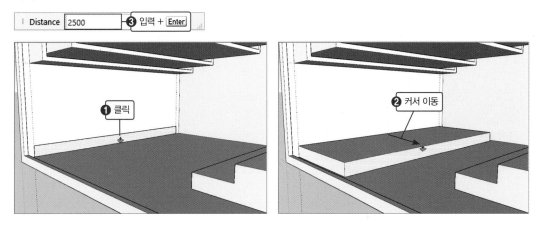

12 Space Bar를 눌러 선택 도구로 전환하고 ❶지점에서 트리플 클릭(연속 3번 클릭)합니다. 마우스 오른쪽 버튼을 클릭하고 메뉴에서 [Make Group]을 클릭합니다.

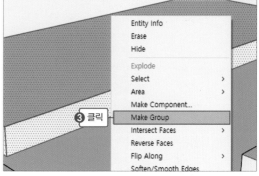

13 몰딩을 작성하기 위해 선 그리기 L을 누르고 ❶, ❷, ❸, ❹지점을 클릭합니다. Space Bar를 눌러 선택 도구로 전환하고 Offset 대상 ❺, ❻, ❼을 클릭합니다.

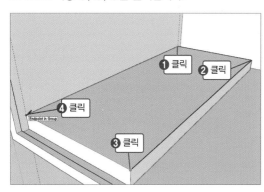
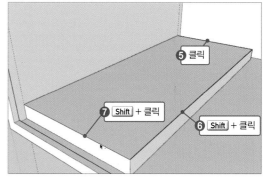

14 간격 띄우기 F를 누르고 ❶지점을 클릭합니다. 복사 방향 ❷로 이동한 상태에서 '50'을 입력하고 Enter를 누릅니다.

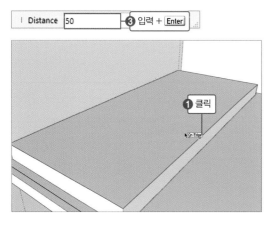
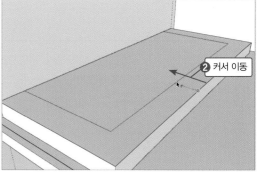

15 선 그리기 L을 누르고 A 부분의 ❶, ❷를 클릭합니다. Space Bar를 누르고 다시 L을 눌러 B 부분의 ❸, ❹지점을 클릭합니다. 닫힌 도형이 작성되면서 면으로 변경된 것을 확인합니다.

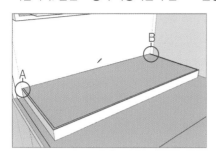
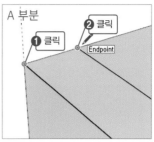
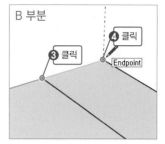

16 밀기/끌기 P를 누르고 ❶지점을 클릭합니다. 커서를 ❷방향으로 이동한 상태에서 '10'을 입력하고 Enter를 누릅니다.

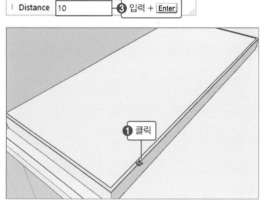
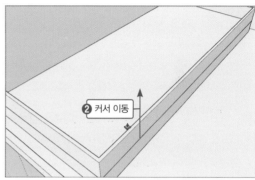

17 Space Bar를 눌러 선택 도구로 전환하고 ❶지점에서 트리플 클릭(연속 3번 클릭)합니다. 마우스 오른쪽 버튼을 클릭하고 메뉴에서 [Make Group]을 클릭합니다.

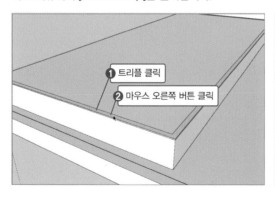
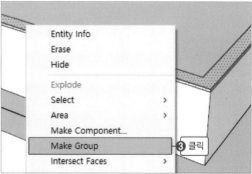

18 벽면을 개인 취향에 맞춰 선반 등으로 자유롭게 장식하고 [Make Group]을 적용합니다. Edit 메뉴에서 [Delete Guides]를 클릭해 불필요한 가이드 선을 삭제합니다.

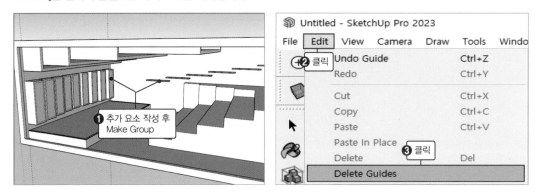

STEP 4 재질 넣기

01 페인트 통 B를 누르고 커서를 Default Tray 패널로 이동합니다. ❷를 클릭해 [Materials] 패널을 확장하고 카테고리에서 'Wood' ❸을 클릭, 재질 ❹를 선택합니다.

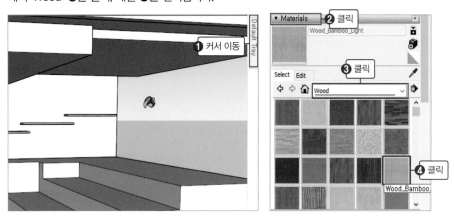

02 관람석 ❶과 천장 ❷를 클릭합니다. 객체가 그룹(Group)으로 되어있어 한 번에 재질이 입혀집니다.

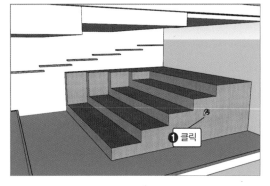

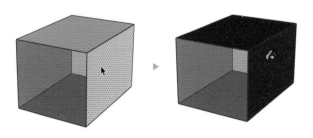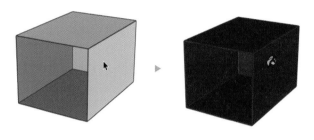
03 [Materials] 패널에서 'Wood' ❶을 클릭, 재질 ❷를 선택합니다. 단상 ❸과 ❹를 클릭합니다.

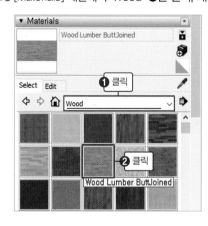

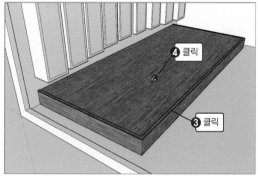

04 Space Bar 를 눌러 선택 도구로 전환하고 ❶지점에서 더블 클릭합니다.

바닥, 벽, 천장은 그룹으로 되어있어 각 면에 별도의 재질을 입히기 위해서는 그룹 편집(Edit Group) 상태에서 재질을 입혀야 합니다.

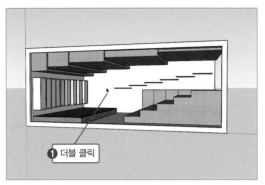
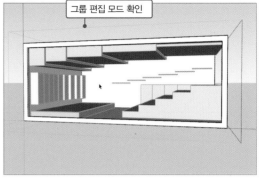

05 페인트 통 B 를 누르고 커서를 Default Tray 패널로 이동합니다. ❷를 클릭해 [Materials] 패널을 확장하고 'Brick and Cladding' 카테고리 ❸에서, 재질 ❹를 선택합니다.

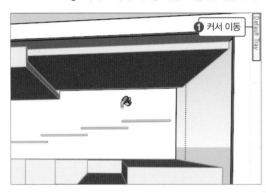
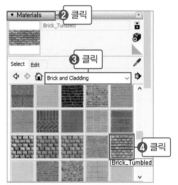

06 벽면 ❶과 ❷를 클릭합니다. 그룹 편집 상태이므로 각각의 면에 재질을 입힐 수 있습니다.

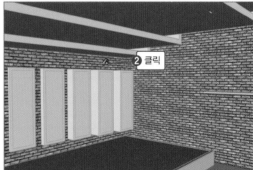

07 바닥은 Materials 패널을 확장하고 Wood 카테고리 ❶에서, 재질 ❷를 선택합니다. 바닥 ❸을 클릭해 재질을 입혀줍니다.

 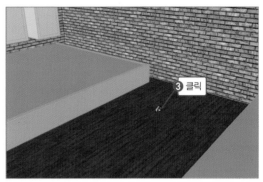

08 바닥과 벽에 재질 넣기를 마치면 그룹 편집을 해제해야 합니다. 화면을 축소하고 [Space Bar]를 눌러 선택 도구로 전환합니다. 그룹 영역 밖인 ❶지점을 클릭해 그룹 편집을 종료합니다.

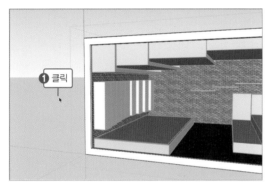 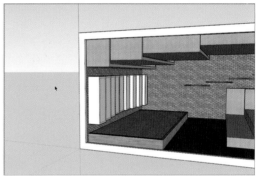

09 나머지 천장과 벽의 장식 요소에도 자유롭게 재질을 입혀 모델을 완성합니다.

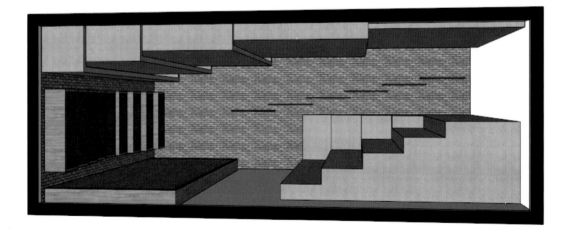

Tip 재질 옵션

페인트 통으로 재질 적용 시 Ctrl, Alt, Shift를 사용하면 좀 더 효율적인 재질 적용이 가능합니다.

① **샘플링(Alt)** : 적용된 재질의 견본을 추출

버킷(⊛) 상태에서 Alt를 누르고 재질을 추출할 부분을 ✐ 커서로 클릭합니다. 이후 추출한 재질을 적용할 객체를 클릭합니다.

❶ Alt + 클릭 **❷ 클릭**

② **면 재질 채우기(Ctrl)** : 인접한 면이면서 재질이 동일한 부분에 일괄 적용

버킷(⊛) 상태에서 Ctrl을 누르고 적용할 재질면을 ⊛ 커서로 클릭합니다.

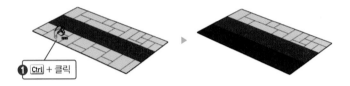

❶ Ctrl + 클릭

③ **객체 재질 채우기(Ctrl + Shift)** : 객체를 기준으로 재질이 동일한 부분에 일괄 적용

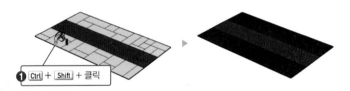

❶ Ctrl + Shift + 클릭

④ **재질 교체(Shift)** : 모든 객체의 동일한 색상이나 재질에 일괄 적용

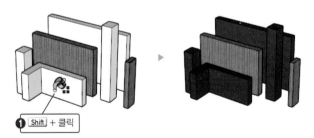

❶ Shift + 클릭

STEP **5** 결과물 출력

01 모델링이 끝난 결과물을 이미지 파일로 출력해 보겠습니다. 마우스 휠을 사용해 화면을 보기 좋은 시점으로 설정하고 [Camera] 메뉴에서 [Two-Point Perspective]를 클릭합니다.

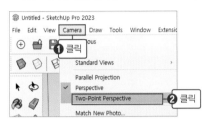

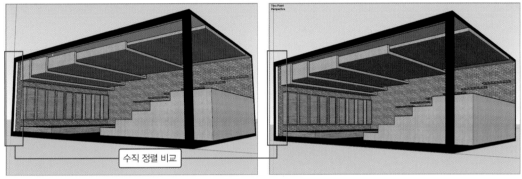

▲ Perspective   ▲ Two-Point Perspective

02 [File] 메뉴에서 [Export]의 [2D Graphic]을 클릭합니다.

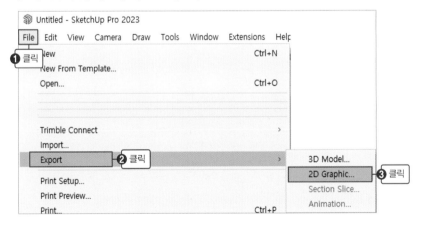

03 저장 경로를 '바탕 화면'으로 설정하고 파일 이름은 '소극장 디자인'으로 입력합니다. [Options] 버튼을 클릭해 다음
과 같이 설정한 후 [Export] 버튼을 클릭하면 이미지 파일로 저장됩니다.

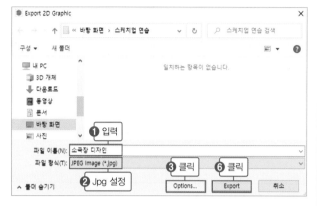

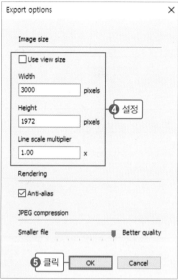

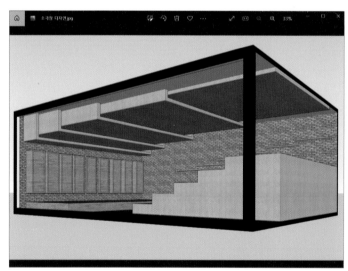

◀ 저장된 이미지 파일

01 다음 모델을 작성하시오.

• 상세 도면의 세부 치수를 확인하면서 모델링합니다.

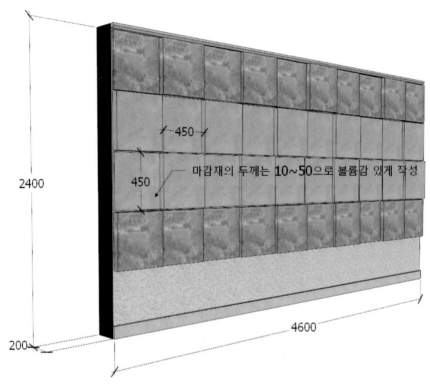

▲ 완성파일 : [예제파일/P02/Ch04/거실벽]

[상세 치수]

• 벽 상부

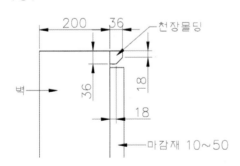

• 벽 하부

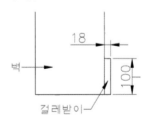

• 벽 정면

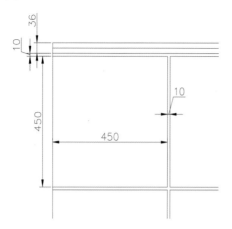

02 다음 모델을 작성하시오.

• TV와 거실장의 손잡이는 Import로 가져와 배치합니다.

• 주어지지 않은 조건은 작업자가 임의의 값으로 자유롭게 모델링합니다.

import로 불러와 배치

import로 불러와 배치

상판 두께: 10

400

500

3200

틀 두께를 30으로 하고 수납부분은 자유롭게 구성

▲ 완성파일 : [예제파일/P02/Ch04/거실장]

03 작성된 거실벽(문제 01)과 거실장(문제 02)을 다음과 같이 배치하시오.

▲ 완성파일 : [예제파일/P02/Ch04/거실장 완성]

05 계단실 만들기

Follow Me(따라가기) 도구를 활용해 계단의 난간을 구성하고 카메라와 둘러보기 도구로 적절한 뷰를 표현해 보겠습니다.

STEP 1 난간 만들기

① 모델링에 필요한 주요 도구

- 2점 호 – (2Point Arc(A)), 따라가기 – (Follow Me)
- 카메라 위치 지정 – (Position Camera) 둘러보기 – (Look Around)

② 운영 기능 : Export(내보내기), All Connected(모두 연결됨), Reverse Faces(면 반전)

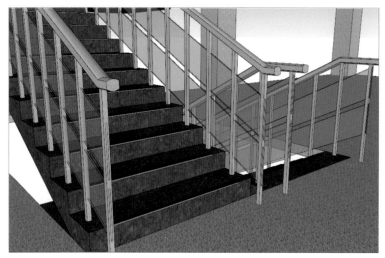

▲ 완성파일 : [예제파일/P02/Ch05/계단실]

01 스케치업을 실행하고 'study' 템플릿을 클릭합니다.

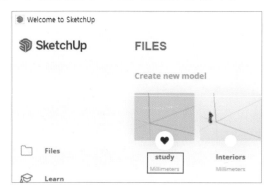

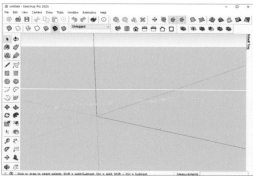

02 건물 가져오기

[File]에서 [Import]를 클릭합니다. [예제파일/P02/Ch05/건물]을 클릭하고 [Import] 버튼을 클릭합니다.

 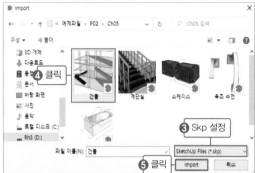

03 커서를 원점이 시작되는 ❶지점으로 이동해 Origin 표시가 나타나면 클릭합니다.

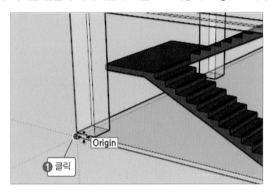

04 난간 만들기

계단이 시작되는 부분을 확대합니다. 줄자 T를 누르고 ❶지점에서 클릭합니다. 커서를 ❷방향으로 이동한 상태에서 '165'를 입력하고 Enter를 누릅니다. 계속해서 ❸지점을 클릭하고 커서를 ❹방향으로 이동한 상태에서 '50'을 입력하고 Enter를 누릅니다.

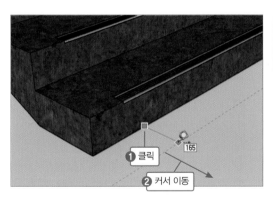 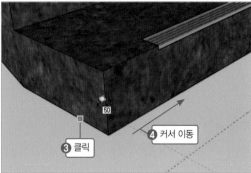

05 사각형 그리기 R을 누르고 ❶지점을 클릭합니다. 커서를 ❷방향으로 이동한 상태에서 '30,30'을 입력하고 Enter를 누릅니다.

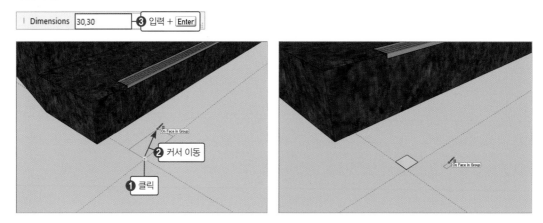

06 밀기/끌기 P를 누르고 ❶지점을 클릭합니다. 커서를 ❷방향으로 이동한 상태에서 '1000'을 입력하고 Enter를 누릅니다.

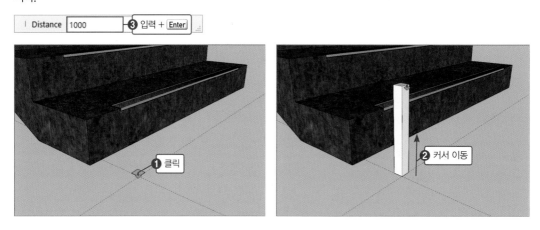

07 Space Bar를 눌러 선택 도구로 전환하고 ❶지점에서 트리플 클릭(연속 3번 클릭)합니다. 마우스 오른쪽 버튼을 클릭하고 메뉴에서 [Make Group]을 클릭합니다.

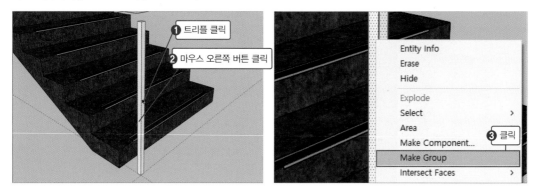

08 [Space Bar]를 누른 후 선택 도구로 복사 대상 **❶**을 클릭합니다. 이동하기 [M]을 누르고 **❷**지점을 클릭합니다.

객체가 선택된 경우에는 바로 [M]을 누르면 됩니다.

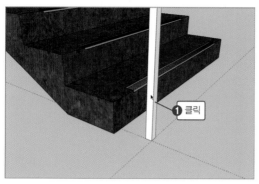
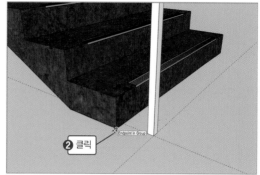

09 [Ctrl]을 누르면 커서가 ✛(이동)에서 ✛(복사) 모양으로 변경됩니다. **❶**지점을 클릭한 후 '*12'를 입력하고 [Enter]를 누릅니다.

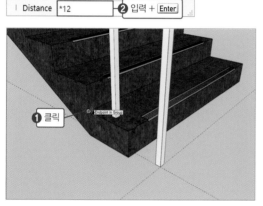
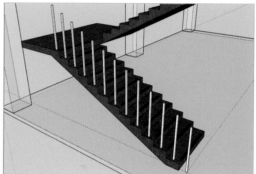

10 [Space Bar]를 눌러 선택 도구로 전환하고 모든 난간 기둥을 선택합니다. 마우스 오른쪽 버튼을 클릭하고 메뉴에서 [Make Group]을 클릭합니다.

커서를 난간에 두고 마우스 오른쪽 버튼을 클릭해야 메뉴가 나타납니다.

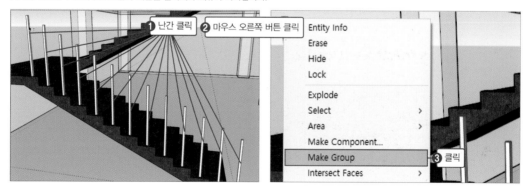

11 Space Bar를 누른 후 선택 도구로 복사 대상 ❶을 클릭합니다. 이동하기 M을 누르고 ❷지점을 클릭합니다. 객체가 선택된 경우에는 바로 M을 누르면 됩니다.

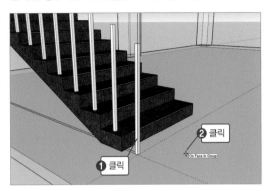

12 Ctrl을 누르면 커서가 ✛(이동)에서 ✛(복사) 모양으로 변경됩니다. 커서를 ❶방향(Y축 녹색)으로 이동한 상태에서 '1270'을 입력하고 Enter를 누릅니다.

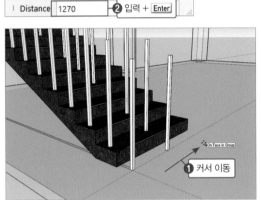
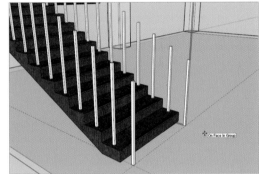

13 페인트 통 B를 누르고 커서를 Default Tray 패널로 이동합니다. ❷를 클릭해 [Materials] 패널을 확장하고 카테고리에서 'Metal' ❸을 클릭, 재질 ❹를 선택합니다.

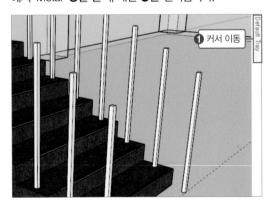

14 난간 ❶과 ❷를 클릭합니다. 그룹 상태이므로 한 번에 재질을 적용할 수 있습니다.

15 Space Bar 를 눌러 선택 도구로 전환하고 난간 그룹 2개를 선택합니다. 마우스 오른쪽 버튼을 클릭하고 메뉴에서 [Make Group]을 클릭합니다.

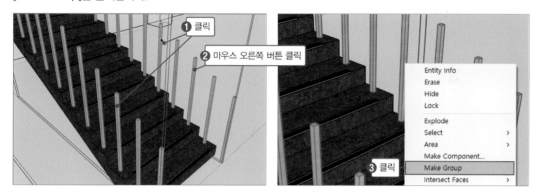

16 다음 난간의 위치를 표시하기 위해 선 그리기 L 을 누르고 ❶지점(Endpoint)을 클릭합니다. 커서를 ❷방향으로 이동한 상태에서 '300'을 입력하고 Enter 를 누릅니다.

 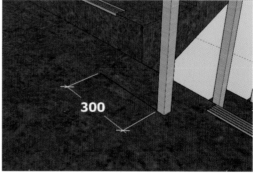

17 난간 복사

Space Bar 를 누른 후 선택 도구로 난간 그룹 ❶을 클릭합니다. 회전하기 Q 를 누르고 앞서 그린 선의 끝 ❷지점(기준점)을 클릭합니다.

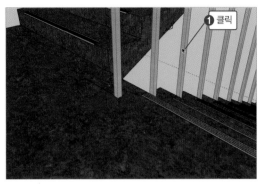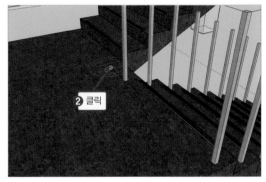

기준점을 지정할 때 나타나는 각도기의 색은 회전축을 의미합니다. 각도기 색에 따라 회전되는 결과가 달라집니다.

18 회전이 시작되는 ❶지점을 클릭하고 Ctrl 을 눌러줍니다. 커서를 회전 방향 ❷방향으로 이동한 상태에서 각도값 '180'을 입력하고 Enter 를 누릅니다.

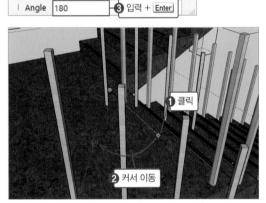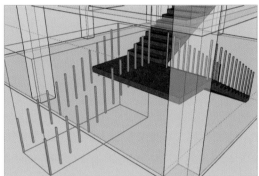

19 Space Bar 를 누른 후 선택 도구로 이동 대상 ❶을 클릭합니다. 이동하기 M 을 누르고 A 부분의 ❷지점을 클릭합니다.

객체가 선택된 경우 바로 M 을 누르면 됩니다.

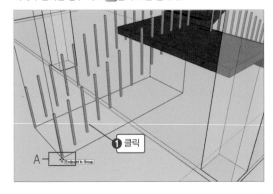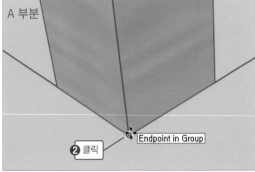

20 앞서 그린 선의 끝점 ❶지점을 클릭합니다.

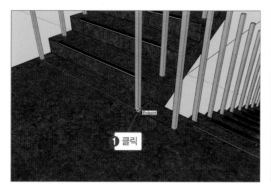

21 복사된 계단 상단을 확대하고 난간 그룹 ❶을 더블 클릭합니다. 다시 하위 그룹 ❷를 더블 클릭합니다.

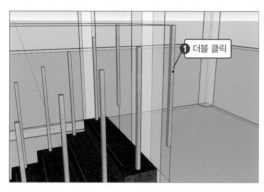
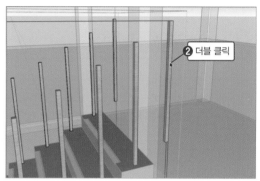

22 Space Bar를 누른 후 선택 도구로 이동 대상 ❶을 클릭합니다. 이동하기 M을 누르고 ❷지점(기준점)을 클릭합니다.

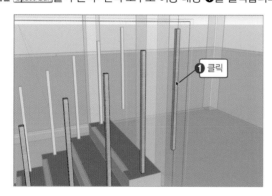

23 커서를 –Z축(아래쪽)으로 천천히 이동해 ❶지점에서 On Face Outside Active가 나타나면 클릭합니다. 작업 후 Space Bar 를 누르고 빈 공간 ❷지점을 클릭한 후 한 번 더 클릭해 그룹 편집을 종료합니다.

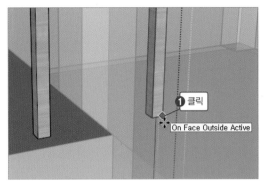 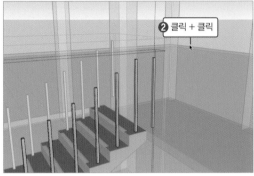

24 반대편 끝에 있는 난간 ❶도 동일한 방법으로 이동시킵니다.

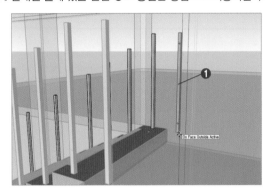 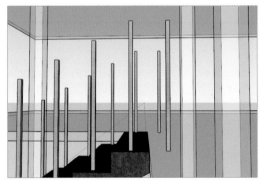

STEP **2** 난간 두겁(손스침) 만들기

01 두겁의 경로 그리기

1층 난간이 시작되는 곳 A 부분을 확대합니다. 선 그리기 L 을 누르고 ❶지점(Midpoint)에서 클릭합니다. 커서를 ❷방향으로 이동한 상태에서 '100'을 입력하고 Enter 를 누릅니다.

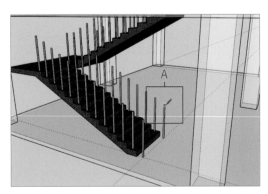 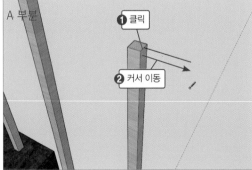

02 Space Bar 를 눌러 선택 도구로 전환합니다. 계속해서 선 그리기 L 을 누르고 ❶지점(Midpoint) 클릭 후 ❷지점을 클릭합니다.

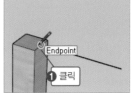

▲ A 부분

▲ B 부분

03 다음과 같이 ㄷ자 모양으로 선을 긋고 ❶지점에서 2층 ❷지점까지 경사선을 그려줍니다. 마지막 ❸난간 방향으로 '430'을 입력해 선을 그립니다. 작성된 선은 난간 두겁의 경로로 사용됩니다.

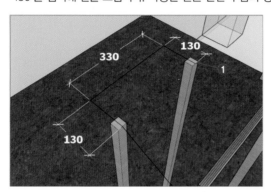

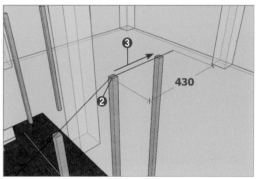

04 경로 복사

Space Bar 를 누른 후 선택 도구로 복사 대상 ❶을 클릭하고 Shift 를 누른 상태로 ❷를 클릭합니다. 이동하기 M 을 누르고 ❸지점을 클릭합니다.

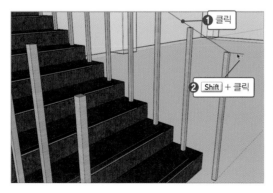

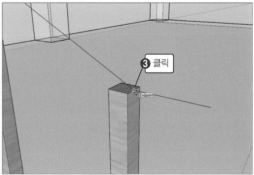

05 Ctrl 을 누르면 커서가 ✛(이동)에서 ✛(복사) 모양으로 변경됩니다. ❶지점을 클릭합니다.

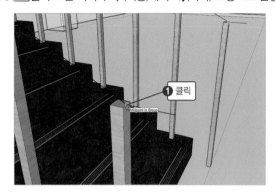

06 Space Bar 를 누른 후 선택 도구로 복사 대상 ❶을 클릭하고 Shift 를 누른 상태로 ❷, ❸을 클릭합니다. 이동하기 M 을 누르고 ❹지점을 클릭합니다.

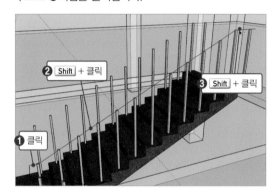 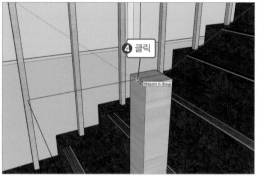

07 Ctrl 을 누르면 커서가 ✛(이동)에서 ✛(복사) 모양으로 변경됩니다. ❶지점을 클릭합니다.

▲ 완성된 난간 두겁의 경로

01 두껍 외형 그리기

사각형 그리기 R을 누르고 1층 난간이 시작되는 ①부분을 클릭한 후 가로 '70', 세로 '40'인 사각형을 그립니다.

작성된 사각형은 그룹객체의 면과 겹치므로 그래픽이 깨끗하지 않게 보일 수 있습니다.

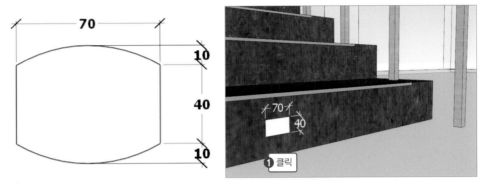

▲ 작성할 난간 두껍의 단면

02

2점 호 그리기 A를 누르고 호의 끝점 ①지점과 ②지점을 클릭합니다. 커서를 ③방향으로 이동한 상태에서 '10'을 입력하고 Enter를 누릅니다.

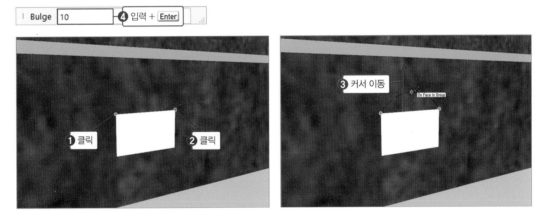

03 반대편 또한 동일한 방법으로 호를 그립니다. 지우기 E를 누르고 삭제할 선 ①과 ②를 클릭합니다.

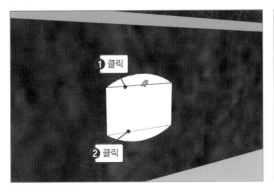
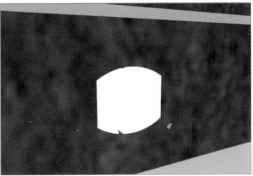

  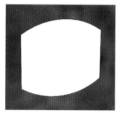
04 따라가기로 난간 두겁 만들기

선 그리기 L을 누릅니다. ❶지점(Midpoint)을 클릭하고 ❷지점을 클릭합니다. Space Bar 를 누른 후 선택 도구로 ❸지점에서 ❹지점까지 클릭 & 드래그하여 이동 대상을 선택합니다.

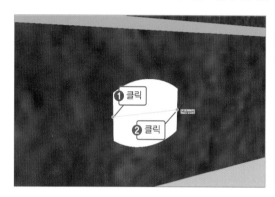 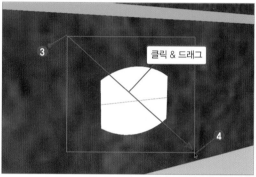

05 이동하기 M을 누릅니다. 이동 기준점 ❶지점을 클릭하고 목적지 ❷지점을 클릭합니다.

이동 목적지인 ❷지점의 Endpoint가 잘 나타나지 않을 경우 가까운 난간 기둥면으로 이동한 후 다시 이동합니다.

06 선 **❶**, **❷**를 선택 커서로 클릭한 후 Delete를 누르거나, 지우기 E를 누르고 선 **❶**, **❷**를 클릭합니다.

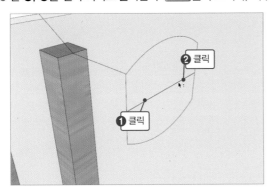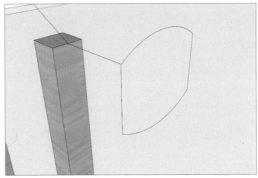

07 앞서 작성한 도형이 경로를 따라가게 하겠습니다. Space Bar를 눌러 선택 도구로 전환하고 선분 **❶**을 클릭합니다. Shift를 누른 상태로 **❷**, **❸**, **❹**, **❺**, **❻**, **❼**을 클릭합니다.

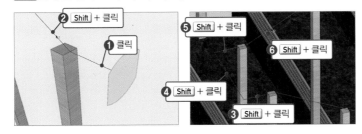

08 좌측 도구막대에서 따라가기(🐌) **❶**을 클릭하고 따라갈 면 **❷**지점을 클릭합니다.

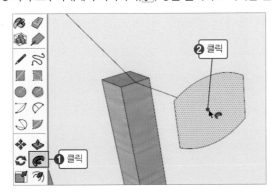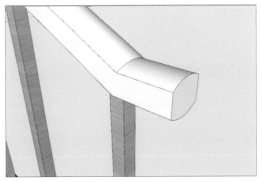

Tip **연결된 선을 선택할 경우**

연결된 선분 중 하나에서 마우스 오른쪽 버튼을 클릭합니다. Select의 All Connected를 클릭하면 연결된 선을 한 번에 선택할 수 있습니다. 선택 이후 Shift를 누르고 선을 추가하거나 해제하여 효율적으로 선택할 수 있습니다.

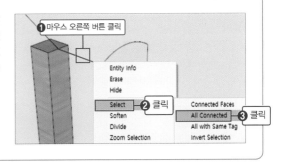

09 스케치업 버전이 2021 이하인 경우 따라가기 결과가 뒷면(푸른색)으로 작성됩니다. Space Bar 를 눌러 선택 도구로 전환하고 ❶지점에서 트리플 클릭(연속 3번 클릭)합니다. 마우스 오른쪽 버튼을 클릭하고 메뉴에서 [Reverse Faces]를 클릭합니다.

2022 버전 이상인 경우 이 과정은 생략합니다.

 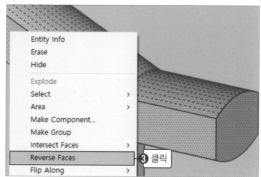

10 ❶과 ❷를 위의 과정 **04~08**과 같은 방법으로 난간 두껍을 만듭니다. ❶과 ❷에 적용할 두껍의 스케치는 ❸을 복사해 사용합니다.

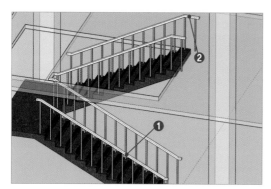 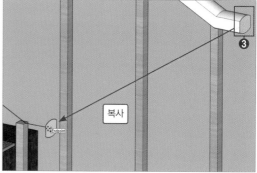

11 Space Bar 를 눌러 선택 도구로 전환하고 ❶지점에서 트리플 클릭(연속 3번 클릭)합니다. 마우스 오른쪽 버튼을 클릭하고 메뉴에서 [Make Group]을 클릭합니다. 작성된 난간 두껍 ❹, ❺도 같은 방법으로 그룹을 적용합니다.

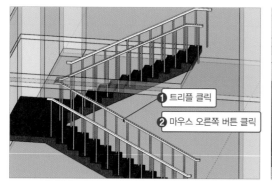 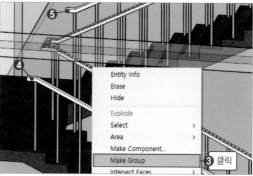

12 Space Bar 를 누른 후 선택 도구로 난간 두겁 ❶, ❷, ❸을 클릭합니다. 마우스 오른쪽 버튼을 클릭하고 메뉴에서 [Make Group]을 클릭해 상위 그룹으로 설정합니다.

13 페인트 통 B 를 누르고 커서를 Default Tray 패널로 이동합니다. ❷를 클릭해 [Materials] 패널을 확장한 후 카테고리에서 'Metal' ❸을 클릭하고 재질 ❹를 선택합니다.

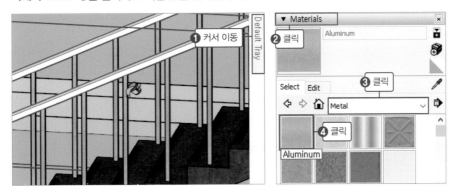

14 난간 두겁 ❶을 클릭합니다. 그룹 상태이므로 한 번에 재질을 적용할 수 있습니다.

STEP 4 각 층으로 복사하기

01 계단과 구조체의 그룹 해제

Space Bar 를 눌러 선택 도구로 전환하고 기둥 ❶을 클릭합니다. 마우스 오른쪽 버튼을 클릭하고 메뉴에서 [Explode]를 클릭합니다.

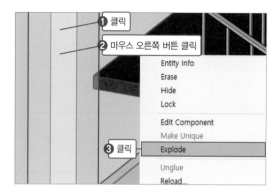

02 Space Bar 를 눌러 선택 도구로 전환하고 계단 ❶과 작성한 난간 기둥 및 두겁을 모두 클릭합니다. 마우스 오른쪽 버튼을 클릭하고 메뉴에서 [Make Group]을 클릭합니다.

03 Space Bar 를 누른 후 선택 도구로 복사 대상 ❶을 클릭합니다. 이동하기 M 을 누르고 A 부분의 ❷지점을 클릭합니다.

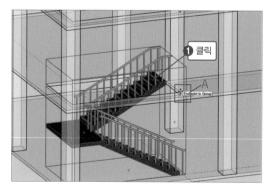
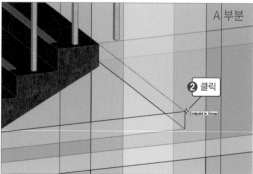

04 Ctrl을 누르면 커서가 ✥ (이동)에서 ✥ (복사) 모양으로 변경됩니다. A 부분을 확대하고 **❶**지점을 클릭합니다.

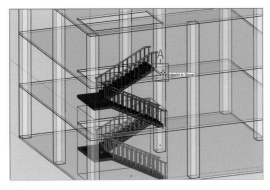 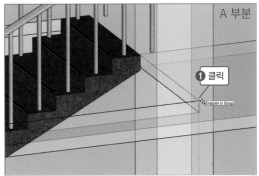

05 복사 후 '*2'를 입력하고 Enter를 누릅니다.

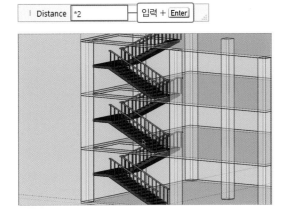

STEP **5**   좌표축을 활용한 모델링

01 좌표축 설정

1층에서 삼각형 바닥을 오를 수 있는 계단 1단을 작성하겠습니다. R을 누르고 바닥에 사각형을 그리면 현재 좌표의 X, Y축 방향으로 그려집니다. 확인 후 Space Bar를 눌러 취소합니다.

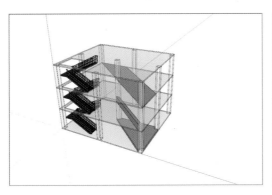 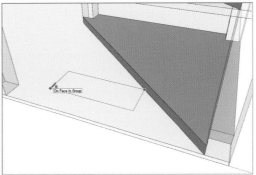

02 좌표축을 설정하는 Axes(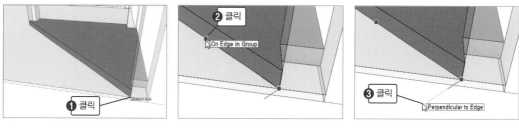)를 클릭합니다. 새로운 원점 ❶지점을 클릭하고 X축 방향으로 할 ❷지점을 클릭합니다. 이어서 Y축 방향으로 할 ❸지점(X축과 직각인 지점 Perpendicular Edge)을 클릭합니다.

03 R을 누르고 ❶지점 근처를 클릭해 가로 5000, 세로 1200인 사각형을 그립니다. 밀기/끌기 P를 누르고 사각형 면을 150 끌어 계단을 만듭니다.

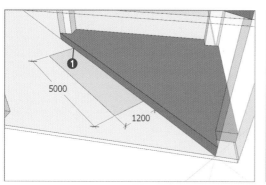
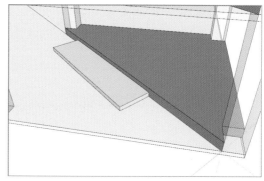

04 작성된 계단을 그룹으로 만듭니다. [Materials] 패널에서 'Wood' ❶을 클릭, 재질 ❷를 선택해 계단에 적용하면 변경한 좌표축 방향으로 적용됩니다.

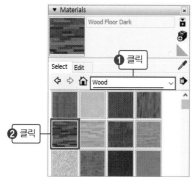
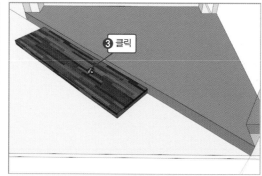

05 2층 낮은 벽 부분을 확대합니다. [File]에서 [Import]를 클릭하고 [예제파일/P02/CH03/2층의자] 파일을 불러옵니다.

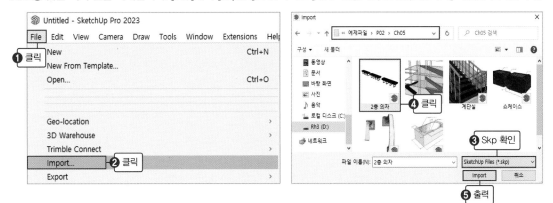

06 Import로 불러온 의자도 앞서 설정한 좌표축 방향과 일치합니다. 벽 모서리 적절한 위치 ❶에 배치합니다.

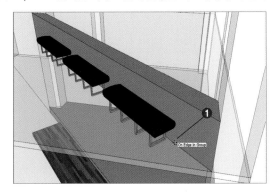

07 3층의 바닥(사선) 재료를 1층의 계단과 동일한 재료로 변경하기 위해 3층 바닥 재료가 선택될 때까지 더블 클릭해 그 룹 편집모드로 진입합니다. 3층 바닥의 좌표축은 경사 바닥과 다릅니다.

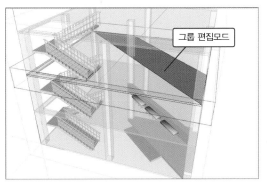
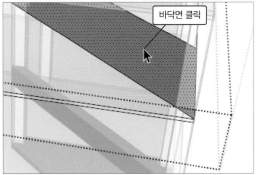

08 Axes(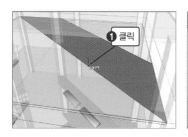)를 클릭합니다. 새로운 원점 ❶지점을 클릭하고 X축 방향으로 할 ❷지점을 클릭합니다. 이어서 Y축 방향으로 할 ❸지점(X축과 직각인 지점 Perpendicular Edge)을 클릭합니다.

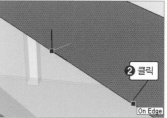

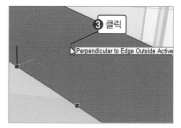

09 [Materials] 패널에서 'Wood' ❶을 클릭, 재질 ❷를 선택해 사선 바닥 ❸에 적용합니다. 빈 공간 ❹를 클릭해 편집모드를 종료하면 적용한 재료가 축방향으로 설정됩니다.

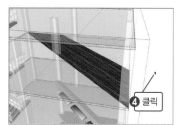

10 좌표축 초기화

1층에 설정한 좌표축을 마우스 오른쪽 버튼으로 클릭합니다. [Reset]를 클릭하면 좌표축이 처음 상태로 변경됩니다.

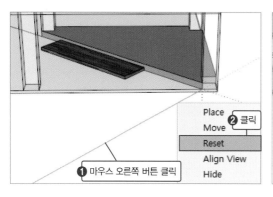

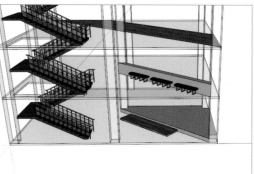

EXERCISE

01 다음 모델을 작성하시오.

- 표시된 세부 치수를 확인하면서 모델링합니다. 수전은 [예제파일/P02/CH05/욕조수전] 파일을 사용합니다.

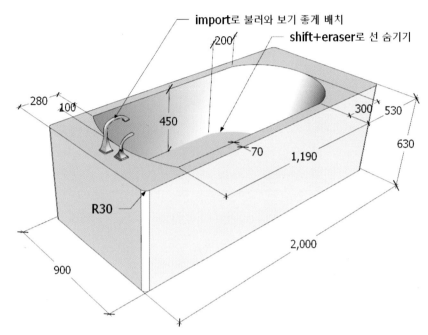

▲ 완성파일 : [예제파일/P02/Ch05/욕조]

Tip **모서리 선 설정 방법(욕조 바닥 모서리 숨기기)**

지우개 도구는 3가지로 구분됩니다.

① 선 지우기()

지우기 [E]를 누르고 모서리 선을 클릭합니다.

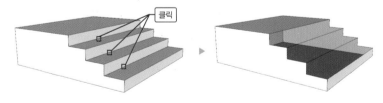

② 모서리 선 감추기(✎)

지우기 [E]를 누르고 [Shift]를 누른 상태로 모서리 선을 클릭합니다.

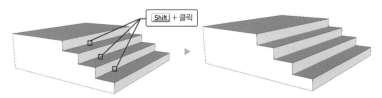

③ 모서리 선을 부드럽게(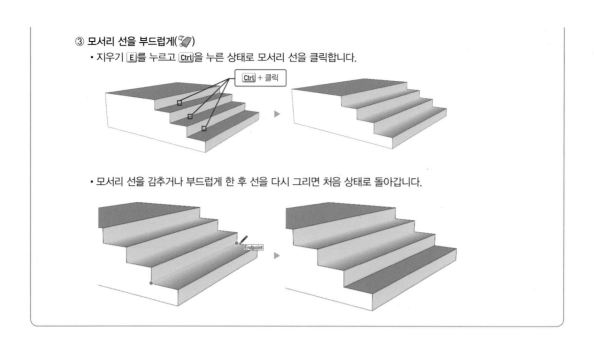)

• 지우기 E 를 누르고 Ctrl 을 누른 상태로 모서리 선을 클릭합니다.

Ctrl + 클릭

• 모서리 선을 감추거나 부드럽게 한 후 선을 다시 그리면 처음 상태로 돌아갑니다.

02 다음 모델을 작성하시오.

• 상세 도면의 세부 치수를 확인하면서 모델링합니다.

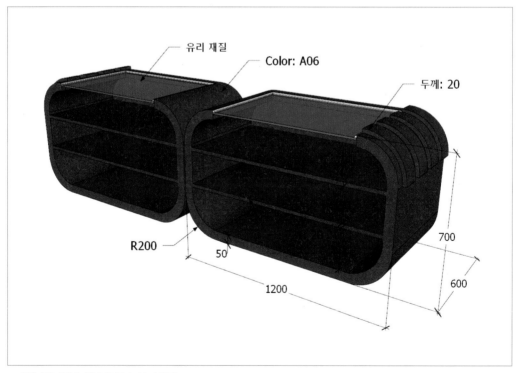

유리 재질

Color: A06

두께: 20

R200

50

1200

700

600

▲ 완성파일 : [예제파일/P02/Ch05/쇼케이스]

[상세 치수]

- 부분 확대

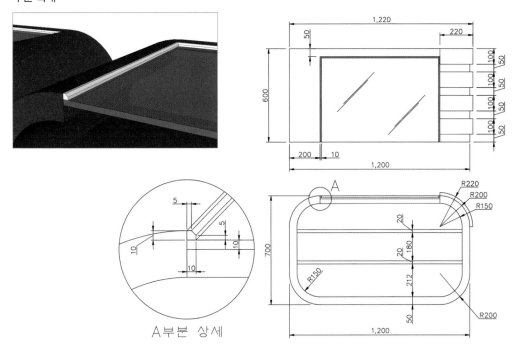

A부분 상세

06 버스 정류장 만들기

버스 정류장을 모델링하면서 3D 텍스트, Scale(배율), Solid Tool(고체 도구)을 학습하고 Scale과 Component의 특성을 응용한 기능까지 알아보겠습니다.

STEP · 1 정류장 구조물 만들기

① 모델링에 필요한 주요 도구

고체 도구 – 🔲🔲🔲🔲🔲(Solid Tool), 배율 – 🔳(Scale(S)), 3D 텍스트 – 🔺(3D Text)

② 운영 기능 : Import(가져오기) – 이미지 삽입, Component(컴포넌트) – 컴포넌트 작성 및 편집

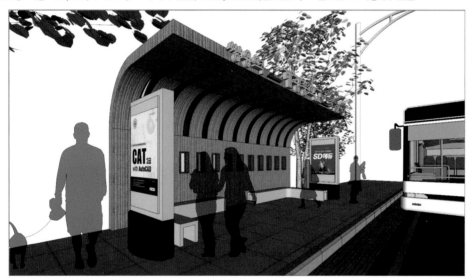

▲ 완성파일 : [예제파일/P02/Ch06/버스정류장]

01 템플릿 열기

[예제파일/P02/Ch06/정류장 템플릿]을 더블 클릭합니다.

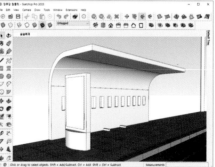

02 정류장 지붕 디자인

Space Bar 를 눌러 선택 도구로 전환하고 ❶지점에서 트리플 클릭(연속 3번 클릭)합니다. 마우스 오른쪽 버튼을 클릭하고 메뉴에서 [Make Group]을 클릭합니다.

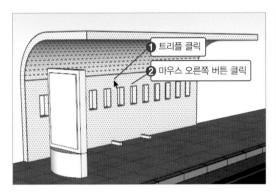
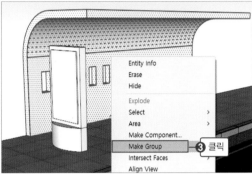

03 사각형 그리기 R 을 누르고 ❶지점에 클릭합니다. 커서를 ❷지점으로 이동한 상태에서 '2100,200'을 입력하고 Enter 를 누릅니다.

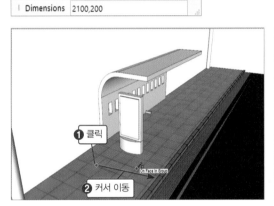
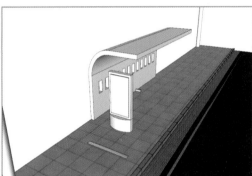

04 밀기/끌기 P 를 누르고 ❶지점을 클릭합니다. 커서를 ❷방향으로 이동한 상태에서 '2000'을 입력하고 Enter 를 누릅니다.

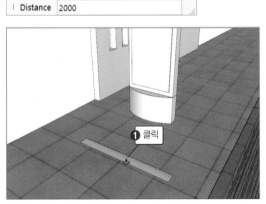
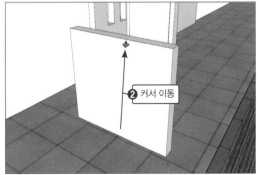

05 Space Bar 를 눌러 선택 도구로 전환하고 ❶지점에서 트리플 클릭(연속 3번 클릭)합니다. 마우스 오른쪽 버튼을 클릭하고 메뉴에서 [Make Group]을 클릭합니다.

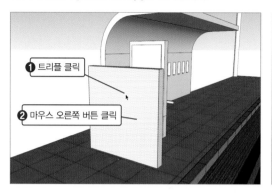 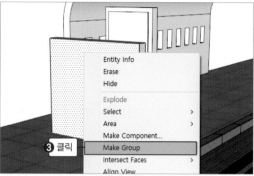

06 Space Bar 를 누른 후 선택 도구로 이동 대상 ❶을 클릭합니다. 이동하기 M 을 누르고 이동 기준점 ❷지점을 클릭한 후 목적지 ❸지점을 클릭합니다.

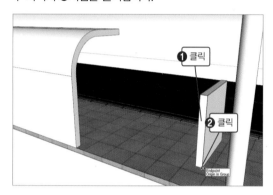 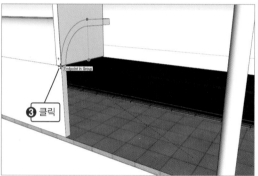

07 Space Bar 를 누른 후 선택 도구로 이동 대상 ❶을 클릭합니다. 이동하기 M 을 누르고 하단의 끝점(Endpoint) ❷지점을 클릭합니다. 커서를 ❸방향으로 이동한 상태에서 '500'을 입력하고 Enter 를 누릅니다.

객체가 선택된 경우 바로 M 을 누르면 됩니다.

| Distance | 500 | |

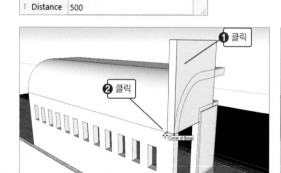 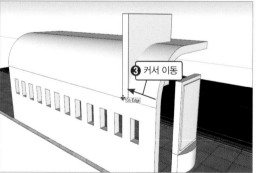

08 상자가 선택된 상태에서 이동하기 M을 누르고 ❶지점을 클릭합니다. Ctrl을 누르고 커서를 ❷방향으로 이동한 상태에서 '680'을 입력하고 Enter를 누릅니다. 복사 후 '*10'을 입력하고 Enter를 누릅니다.

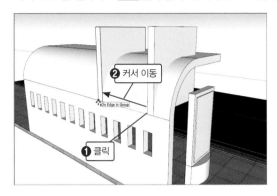

09 Space Bar를 눌러 선택 도구로 전환하고 Shift를 이용해 선택하거나 걸침 선택으로 복사된 상자를 모두 선택합니다.

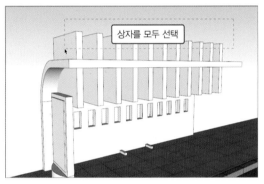
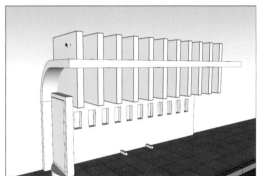

▲ 클릭 & 드래그로 걸침 선택　　　　　　　　▲ Shift를 누른 상태로 하나씩 클릭

10 모든 상자를 선택한 후 ❶지점에서 마우스 오른쪽 버튼을 클릭합니다. 메뉴에서 [Explode]를 클릭하고 다시 마우스 오른쪽 버튼을 클릭해 [Make Group]을 클릭합니다.

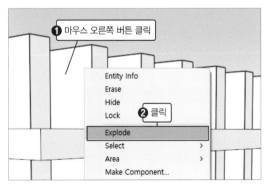
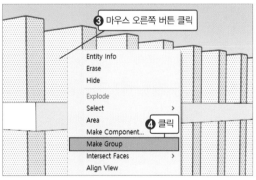

Tip **분해 후 다시 그룹을 설정한 이유**

고체 도구는 그룹 객체를 교차시켜 겹치는 부분을 제거하거나 잘라냅니다. 하지만 해당 그룹이 여러 번에 걸쳐 그룹으로 설정된 경우에는 고체 도구를 사용할 수 없습니다.

11 모든 상자가 하나의 그룹으로 묶였습니다. [Space Bar]를 눌러 선택 도구로 전환하고 빈 공간 ❶을 클릭하거나 [Ctrl] + [T]를 눌러 선택을 해제합니다.

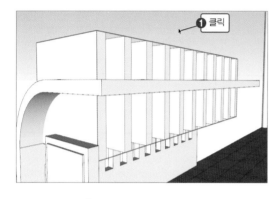
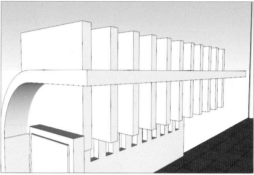

12 고체 도구막대에서 빼기(Subtract 🖫) ❶을 클릭합니다. 빼낼 ❷를 먼저 클릭하고 ❸을 클릭하면 겹쳐진 부분과 먼저 클릭한 그룹이 제거됩니다.

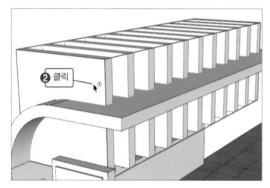
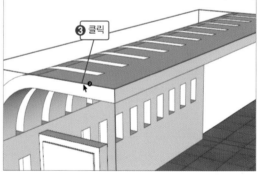

Tip

고체 도구의 활용

고체 도구는 그룹 요소 2개를 교차시키고 그룹 객체를 선택합니다.

① Outer Shell(외부 쉘) : 선택한 모든 고체(그룹)를 단일 고체로 조합하고 모든 내부 요소를 제거

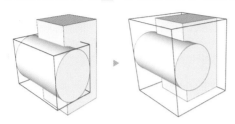

② Intersect(교차) : 선택된 모든 고체를 교차시키고 모델 안에 있는 교차점만 유지

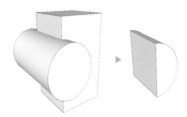

③ Union(결합) : 선택된 모든 고체를 단일 고체로 조합하고 내부 공간을 유지

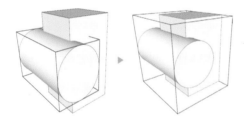

④ Subtract(빼기) : 첫 번째 고체를 두 번째 고체에서 빼고 남은 부분만을 모델에 유지

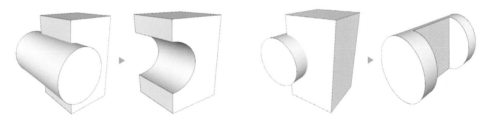

⑤ Trim(자르기) : 첫 번째 고체를 두 번째 고체에 대해 트리밍하고 둘 다 모델에 유지

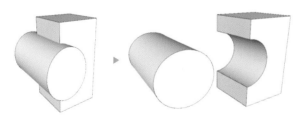

⑥ Split(분할) 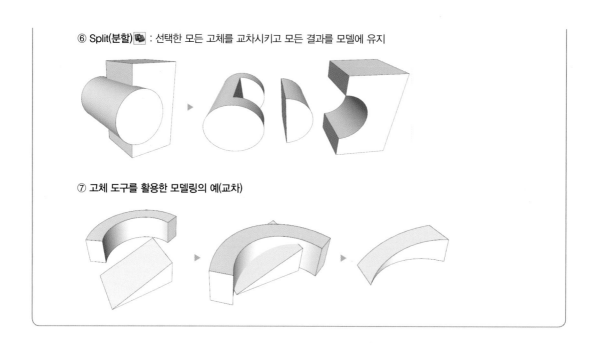 : 선택한 모든 고체를 교차시키고 모든 결과를 모델에 유지

⑦ 고체 도구를 활용한 모델링의 예(교차)

의자 모델링

01 따라가기 경로 작성

의자는 따라가기(Follow me)와 축척(Scale)을 활용해 만들어 보겠습니다. 선 그리기 □을 눌러 ❶지점에서 클릭하고 '2000, 2700'을 입력해 선을 그립니다.

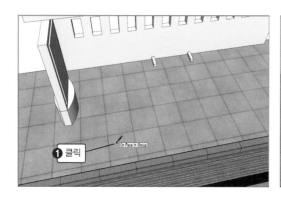

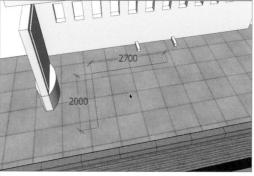

02 줄자 T를 누르고 ❶(❸)지점에서 클릭합니다. 커서를 ❷(❹)방향으로 이동한 상태에서 '600'을 입력하고 Enter를 누릅니다.

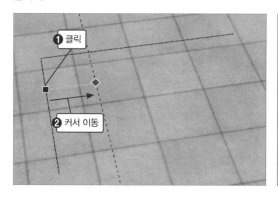
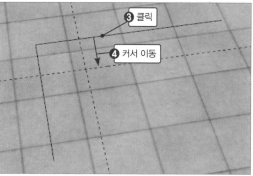

03 2점 호 그리기 A를 누르고 호의 끝점 ❶지점을 클릭합니다. ❷지점에서 보라색 Tangent to Edge가 나타날 때 클릭하고 다시 ❸지점에서 보라색 또는 하늘색 Tangent to Edge가 나타날 때 클릭합니다.

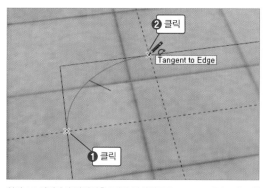
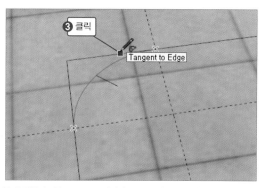

위의 **02** 과정에서 안내선을 1개만 작성해도 Tangent to Edge가 포인트를 추적할 수 있으므로 **03** 과정의 호를 그릴 수 있습니다.
❶ 지점을 클릭하고 ❷ 지점을 더블 클릭하면 모서리 선이 삭제되면서 호가 작성되므로 **04** 과정을 생략할 수 있습니다.

04 지우기 E를 누르고 ❶지점에서 ❷지점까지 클릭 & 드래그로 선과 가이드 선을 삭제합니다.

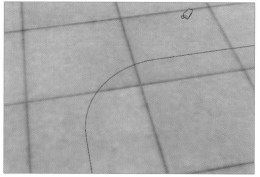

05 사각형 그리기 R을 누르고 ❶지점을 클릭합니다. 키보드의 우측 방향키(→)를 누르면 X축(빨강)으로 작성 방향이 변경됩니다. 사각형의 크기 '400,400'을 입력하고 Enter 를 누릅니다.

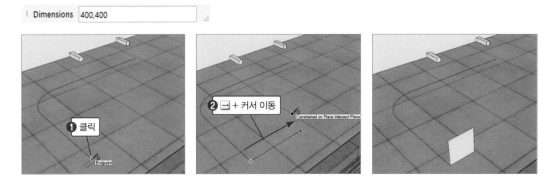

06 Space Bar 를 눌러 선택 도구로 전환합니다. 오프셋 대상 ❶을 클릭하고 Shift 를 누른 상태로 ❷, ❸을 클릭합니다. 오프셋 F 를 눌러 안쪽으로 70 간격을 두어 복사합니다. 선택도구로 전환 후 안쪽 면 ❻과 아래쪽 선 ❼을 선택해 삭제합니다.

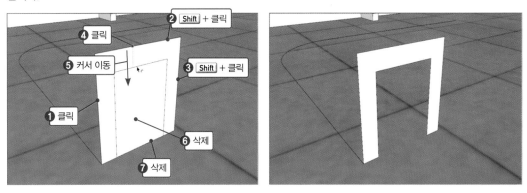

07 ㄷ자 도형이 경로를 따라가게 하겠습니다. Space Bar 를 눌러 선택 도구로 전환하고 선분 ❶을 클릭합니다. Shift 를 누른 상태로 ❷, ❸을 클릭합니다.

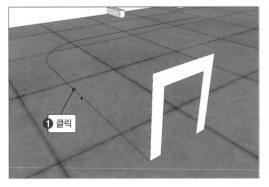
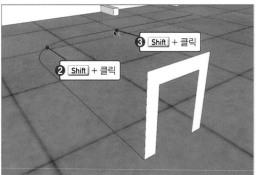

08 좌측 도구막대에서 따라가기(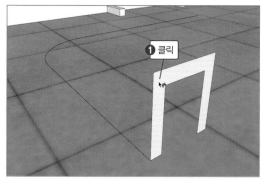)를 클릭하고 따라갈 면 **❶**지점을 클릭합니다.

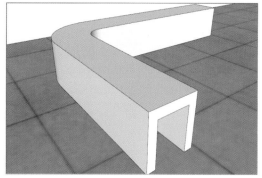

의자의 디자인은 작업자가 아래와 같이 다양하게 변경해도 됩니다.

09 Space Bar 를 눌러 선택 도구로 전환하고 **❶**지점에서 트리플 클릭(연속 3번 클릭)합니다. 마우스 오른쪽 버튼을 클릭하고 메뉴에서 [Make Group]을 클릭합니다.

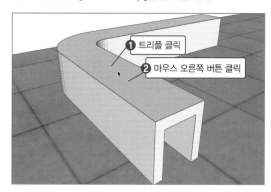
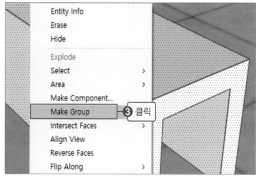

10 Space Bar 를 누른 후 선택 도구로 의자 **❶**을 클릭합니다. 이동하기 M 을 누르고 **❷**지점을 클릭합니다. 가려진 목적지를 확인하기 위해 [X-Ray] 를 클릭합니다. **❸**지점을 클릭하고 다시 [X-Ray] 를 클릭합니다.

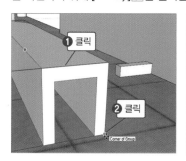
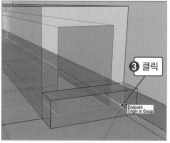
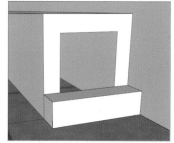

11 축척(Scale)을 활용한 대칭

반대편 의자와 입간판은 복사 후 대칭 이동으로 만들겠습니다. Space Bar 를 누른 후 선택 도구로 입간판 ❶을 클릭하고 Shift 를 누른 상태로 의자 ❷를 클릭합니다. 이동하기 M 을 누르고 ❸지점을 클릭합니다.

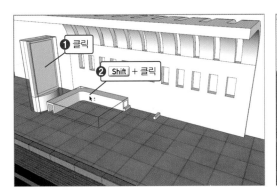 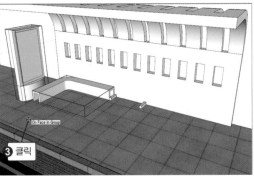

12 Ctrl 을 누르면 커서가 ✛(이동)에서 ✛(복사) 모양으로 변경됩니다. ❶지점을 클릭합니다.

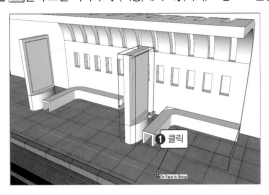

13 Space Bar 를 누른 후 선택 도구로 ❶을 클릭하고 Shift 를 누른 상태로 ❷를 클릭합니다. 축척 S 를 누르고 ❸지점을 클릭합니다.

객체가 선택된 경우 바로 S 를 누르면 됩니다.

 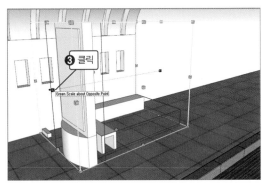

14 커서를 ❶지점으로 이동한 상태에서 −1을 입력하고 Enter 를 누릅니다.

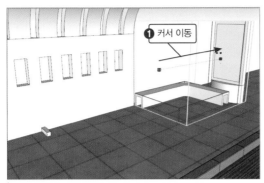

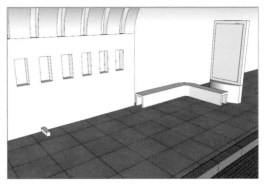

15 의자와 입간판을 선택하고 이동하기 M을 눌러 반대편과 동일한 위치로 이동합니다.

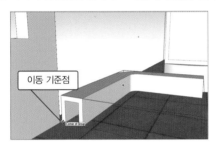

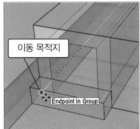

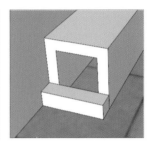

Tip 축척의 조절점과 재질의 관계

① 축척의 조절점

축척 실행 시 나타나는 조절점에 따라 다양한 형태로 크기를 변경할 수 있습니다.

• 정비례 : 명령을 실행하여 코너 그립을 클릭하고 값을 입력(Shift 를 사용해 비정비례 전환)

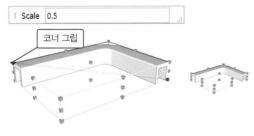

• 비정비례 : 명령을 실행하여 모서리 그립을 클릭하고 값을 입력

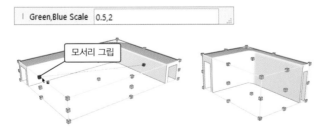

- 늘리기, 줄이기 : 명령을 실행하여 면 그립을 클릭하고 값을 입력

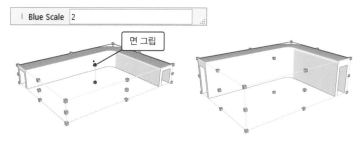

- 대칭 : 명령을 실행하여 면 그립을 클릭하고 −1을 입력

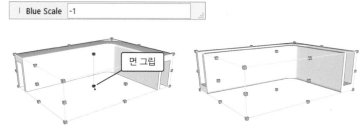

② 축척과 재질의 관계

그룹에 재질이 적용된 경우 배율을 그룹 상태에서 사용하면 적용된 재질이 배율 값에 맞춰 크기가 변형됩니다. 재질의 지율을 유지하려면 그룹 편집모드로 전환 후 [Ctrl]+[A]로 모두 선택 후 배율 조정을 해야 합니다.

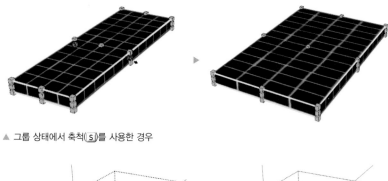

▲ 그룹 상태에서 축척([S])를 사용한 경우

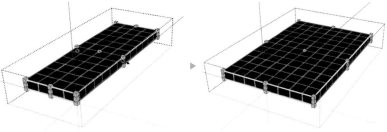

▲ 그룹 편집모드에서 축척([S])를 사용한 경우

11 플립(Flip) 도구로 대칭복사(2023 버전 사용자)

2023 버전 사용자는 신규 도구인 플립 도구로 대칭복사를 추가로 진행합니다. [예제파일/P02/Ch06/정류장 템플릿(Flip연습용)]을 더블 클릭합니다.

 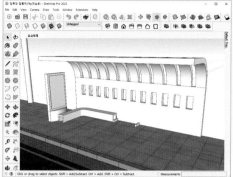

12 Space Bar 를 누른 후 선택 도구로 입간판과 의자 그룹 ❶을 클릭합니다. 플립 도구 🔲 를 클릭합니다.

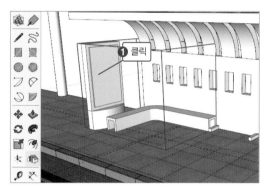 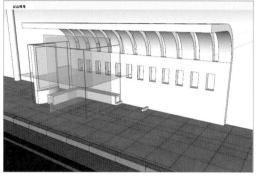

13 Ctrl 을 누르면 커서가 ▶ (대칭이동)에서 ▶ (대칭복사) 모양으로 변경됩니다. Y축 대칭축인 녹색면 ❶지점을 중간점인 ❷지점으로 클릭 & 드래그합니다.

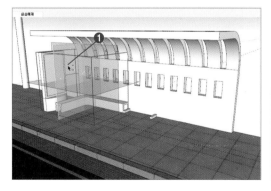 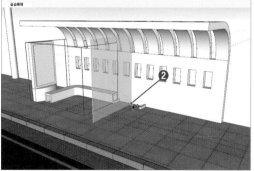

14 대칭복사 결과를 확인하고 Space Bar 를 누릅니다. '정류장 템플릿(Flip연습용)' 파일을 종료하고 이전 '정류장 템플릿' 파일로 이동합니다.

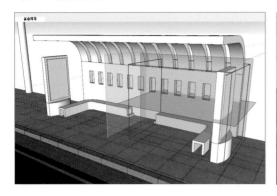 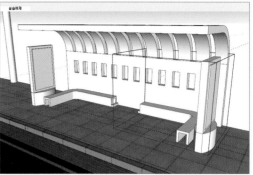

> **Tip** **플립(Flip) 토글**
>
> 플립 도구로 대칭복사나 이동 시 Alt 를 누르면 대칭축을 객체의 중앙으로 정렬시킬 수 있고, 대칭축 지정 시 축의 면을 클릭하지 않고 방향키 ←(X축), ←(Y축), ↑(Z축)를 눌러 대칭축을 지정할 수 있습니다.

STEP 3 창문 모델링

01 사각형 그리기 R 을 누르고 바닥에 600, 300 사각형을 그립니다. 밀기/끌기 P 를 눌러 위로 30 올려줍니다.

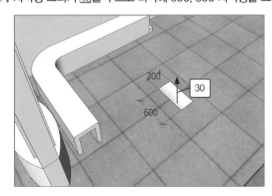 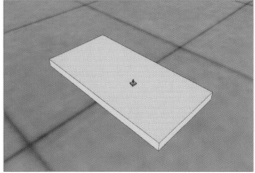

02 간격 띄우기 F 를 누르고 ❶지점을 안쪽으로 30 간격을 두어 복사합니다. 밀기/끌기 P 를 누르고 ❷지점을 클릭해
바닥면 ❸까지 밀어 면을 오픈시킵니다.

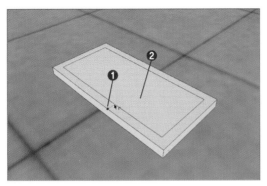 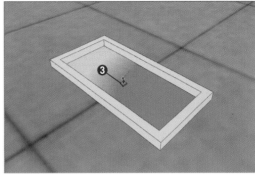

03 Space Bar 를 눌러 작성된 창틀 ❶을 트리플 클릭으로 모두 선택해 그룹으로 작성합니다. 사각형 그리기 R 을 누르고
❹지점(중간점)을 클릭합니다. 반대편 대각선 방향의 중간점을 클릭하기 위해 X-Ray 🔲 를 클릭하고 ❺지점을 클릭
합니다. 다시 X-Ray 🔲 를 클릭합니다.

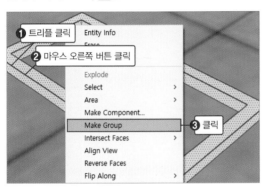 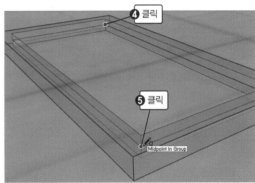

04 밀기/끌기 P 를 눌러 유리면 ❶을 위로 10 올려줍니다. Space Bar 를 눌러 작성된 유리 ❷를 트리플 클릭으로 모두 선
택해 그룹으로 작성합니다.

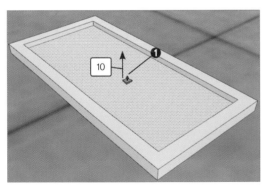 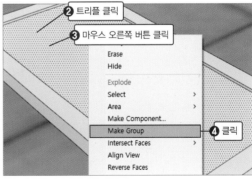

05 [Materials] 패널에서 'Translucent' ❶을 클릭, 재질 ❷를 선택합니다. 유리 부분인 ❸을 클릭합니다.

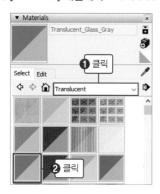 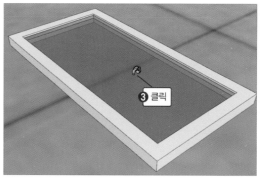

06 Space Bar 를 눌러 창틀 ❶과 유리 ❷를 선택하고 마우스 오른쪽 버튼을 클릭합니다. 메뉴에서 [Make Component]를 클릭합니다.

07 ❶부분에 컴포넌트의 이름 'Win 300x600'을 입력하고 Glue to 항목을 Any로 설정하여 벽면이나 경사면에 부착할 수 있도록 합니다. [Set Component Axes]를 클릭합니다. 부착 원점 ❹를 클릭합니다. 이어서 X축 ❺를 클릭하고 Y축 ❻을 클릭합니다. 설정 창에서 [Create]를 클릭하면 창문 컴포넌트가 작성됩니다.

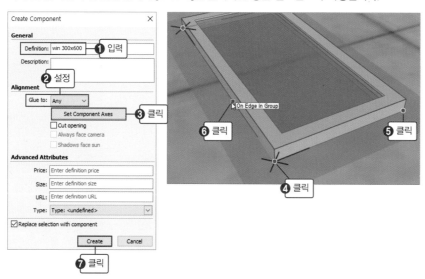

08 [Components] 패널에서 In Model ⌂을 클릭합니다. 스크롤바를 내려 Win 300x600을 클릭하고 ❹지점을 클릭해 창문을 배치합니다.

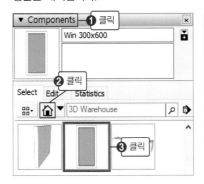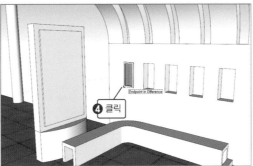

09 창문을 이동하기 위해 Space Bar 를 눌러 창문을 더블 클릭하고 Ctrl + A 를 눌러 컴포넌트 객체를 모두 선택합니다. (Ctrl 을 누른 상태에서 A 를 누릅니다.)

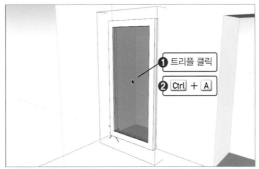

10 이동하기 M 을 누릅니다. ❶지점을 클릭하고 중간점 ❷지점을 클릭합니다. Space Bar 를 누르고 빈 공간 ❸부분을 클릭해 편집을 종료합니다.

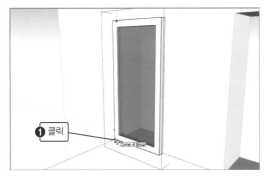

11 Space Bar 를 눌러 창문 ❶을 클릭하고 M 을 누릅니다. 기준점 ❷지점을 클릭하고 ❸지점을 클릭합니다. 복사 후 '*11'
을 입력하고 Enter 를 누릅니다. 복사된 창문은 각각 독립적인 객체가 아닌 Win 300x600으로 지정된 구성요소로 인
식됩니다. 따라서 하나의 창문 컴포넌트만 수정해도 모두 동일하게 수정됩니다.

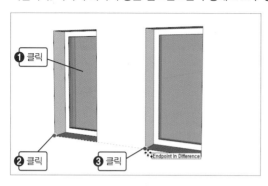
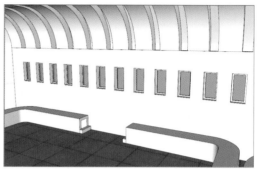

12 컴포넌트의 편집

배치한 창문을 수정하기 위해 Space Bar 를 눌러 창문 하나를 더블 클릭합니다.

[Materials] 패널에서 'Colors' ❷를 클릭, 재질 ❸을 선택합니다.

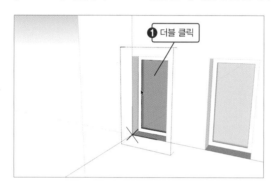

13 창틀 ❶을 클릭해 Color A06 재질을 적용합니다. Space Bar 를 눌러 창틀 ❷를 더블 클릭합니다.

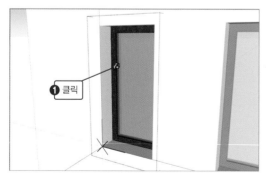

14 밀기/끌기 P를 눌러 창틀 면 ❶을 ❷방향으로 150 끌어 줍니다. Space Bar를 눌러 빈 공간 ❸지점을 클릭해 창틀 편집을 종료하고 다시 빈 공간 ❸지점을 클릭해 컴포넌트 편집을 종료합니다.

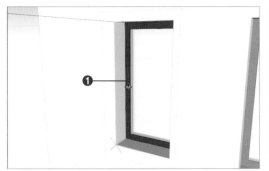 

15 하나의 컴포넌트를 편집했지만 Win 300x600으로 지정된 모든 창문이 수정되었습니다. 바닥에 처음 작성한 창문은 삭제합니다.

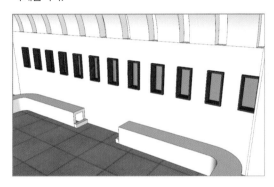

Tip Make Unique

동일한 이름으로 지정된 컴포넌트 중 하나를 분리하여 독립적인 컴포넌트로 만들 수 있습니다. 마우스 오른쪽 버튼으로 분리할 컴포넌트를 선택해 Make Unique를 클릭합니다. 분리된 컴포넌트를 선택하면 [Entity Info] 패널에서 컴포넌트의 이름이 Win 300x600#1로 변경되었음을 확인할 수 있습니다.

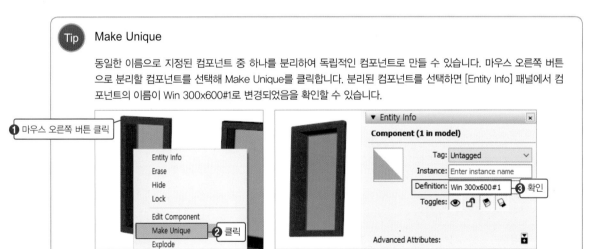

01 3D 텍스트로 정류장 표기

좌측 도구에서 3D 텍스트(🔺)를 클릭합니다. 상단 내용은 '계광중학교', 글꼴 '휴먼엑스포', 높이 '400', 두께 '100'을 설정하고 [Place] 버튼을 클릭합니다.

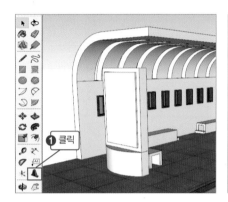
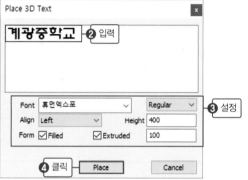

02 ❶지점을 클릭해 3D 텍스트를 배치합니다. 3D 텍스트는 모델 그룹으로 만들어지며, 배치 후 문자 내용과 글꼴 등 문자 특성을 변경할 수 없습니다.

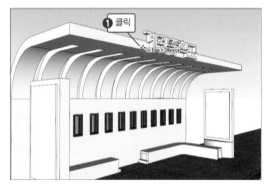

03 다시 3D 텍스트(🔺)를 클릭합니다. 그림과 같이 설정하고 이전 정류장과 다음 정류장의 3D 텍스트를 배치합니다.

Tip **3D 텍스트의 특징**

3D 텍스트는 입체 도형을 만드는 도구이며 2D 도형도 작성할 수 있습니다.

① Filled를 해제하면 면이 없는 문자가 작성됩니다.

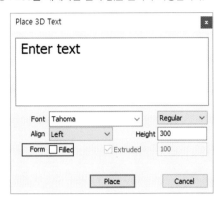

② Filled를 체크하고 Extrude를 해제하면 면이 있는 2D 문자가 작성됩니다. 이후 그룹 활성화를 통해 밀기/끌기 도구로 돌출시킬 수 있습니다.

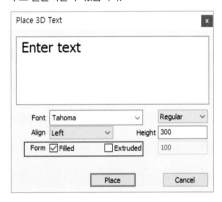

③ 더블 클릭으로 그룹 편집 모드에서 각 문자별로 밀기/끌기가 가능합니다.

04 선 그리기 ⬚L을 누릅니다. 시작점 ❶지점을 클릭해 그림과 같이 화살표 모양을 그려주고 밀기/끌기 ⬚P를 눌러 50 끌어 줍니다.

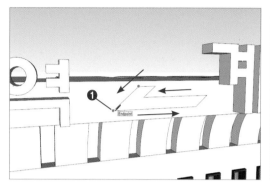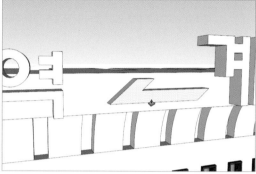

05 ⬚Space Bar를 눌러 선택 도구로 전환하고 ❶지점에서 트리플 클릭(연속 3번 클릭)합니다. 마우스 오른쪽 버튼을 클릭하고 메뉴에서 [Make Group]을 클릭합니다.

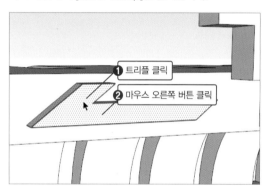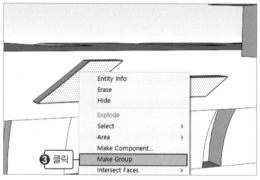

06 ⬚Space Bar를 누른 후 선택 도구로 복사 대상 ❶을 클릭합니다. 이동하기 ⬚M을 누르고 ❷지점을 클릭합니다. ⬚Ctrl을 누르고 ❸지점을 클릭합니다.

2023 버전 이상 사용자는 플립(Flip) 도구를 사용해 **06**, **07** 과정을 진행해도 됩니다.

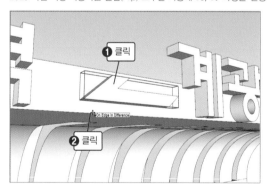

07 Space Bar 를 누른 후 선택 도구로 ❶을 클릭합니다. 축척 S 을 누르고 A 부분의 ❷지점을 클릭합니다. 커서를 ❸방향으로 이동한 상태에서 '–1'을 입력하고 Enter 를 누릅니다.

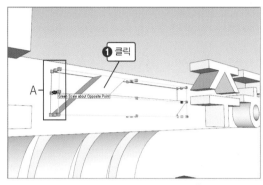

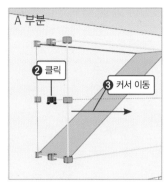

08 Space Bar 를 누른 후 선택 도구로 이동 대상 ❶을 클릭합니다. 이동하기 M 을 누르고 ❷지점을 클릭한 후 ❸지점 위치를 클릭합니다.

객체가 선택된 경우 바로 M 을 누르면 됩니다.

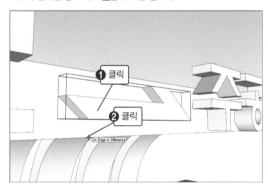

09 이동하기 M 을 눌러 좌우 간격을 보기 좋게 조정합니다.

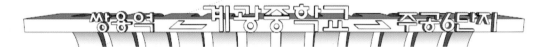

01 차량 배치하기

[File]에서 [Import]를 클릭합니다. [예제파일/P02/Ch06/BUS]를 클릭하고 [Import] 버튼을 클릭합니다. 커서를 ❸지점으로 이동해 On Face in Group이 나타나면 클릭합니다. 동일한 방법으로 반대편 차선에 SUV 차량도 배치합니다.

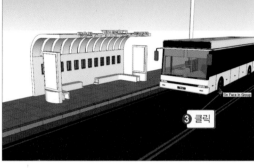

02 입간판 이미지 적용

이미지를 면에 적용하기 위해 Space Bar를 누르고 입간판 ❶을 더블 클릭합니다. 선택 커서로 면 ❷를 클릭해 면이 선택되는지 확인합니다.

그룹 면에 이미지를 적용하면 겹쳐서 보이지 않을 수 있습니다.

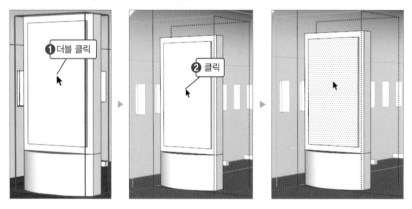

03

[File]에서 [Import]를 클릭합니다. 파일 형식 ❶을 클릭하고 JPEG ❷를 선택합니다. [예제파일/P02/Ch06/image1]를 클릭하고 [Import] 버튼을 클릭합니다.

04 삽입 기준점 **①**을 클릭하고 **②**지점을 클릭합니다.

① 위치가 잘못되면 이미지가 가려져 보이지 않을 수 있습니다.

Tip **곡면에 이미지 적용하기**

Texture Projected(투영) 옵션을 사용하면 입간판 하단부와 같은 곡면에도 이미지를 적용할 수 있습니다. 곡면과 동일한 면을 그려 재질을 적용 후 곡면에 투영합니다.

① 이미지를 적용할 곡면과 동일한 샘플 면을 작성합니다.

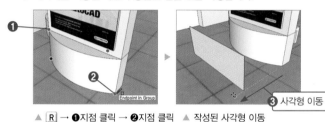

▲ R → ①지점 클릭 → ②지점 클릭   ▲ 작성된 사각형 이동

② 이미지를 Texture(재질)로 설정하고 샘플 면에 적용합니다.

▲ 이미지를 Texture 사용으로 설정   ▲ 샘플 면에 이미지를 재질로 적용

③ 투영할 이미지에서 마우스 오른쪽 버튼을 클릭한 후 [Texture]의 [Projected]를 클릭합니다.

05 Paint Bucket() 도구 단축키 B를 누릅니다. Alt를 누른 상태(🖋)에서 이미지 재질을 클릭한 후 Paint Bucket(🖌) 상태로 적용할 벽면을 클릭합니다.

적용할 면이 그룹으로 되어있다면 편집모드에서 면을 선택 후 적용해야 해당 면만 이미지가 적용됩니다.

06 불필요한 가이드 선을 삭제하고 적절한 재질과 컴포넌트를 추가해 버스 정류장을 완성합니다.

① 인물 컴포넌트

② 식재 컴포넌트

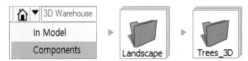

작성한 결과물은 다음 EXERCISE 실습에서 계속 사용됩니다.

07 이미지 출력을 위해 카메라 설정을 [Two–Point Perspective]로 변경하고 [File] 메뉴에서 [Export]의 [2D Graphic]을 클릭합니다. 저장경로를 설정하고 결과물을 이미지로 저장합니다.

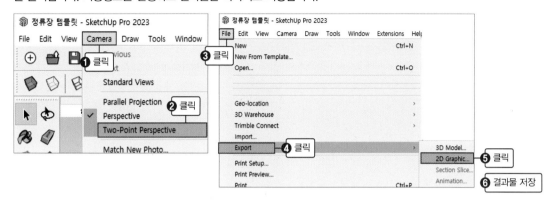

01 앞서 작성한 버스 정류장의 경계석(컴포넌트)을 다음과 같이 수정하시오.

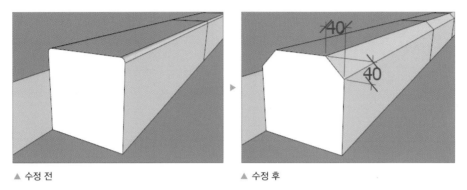

▲ 수정 전   ▲ 수정 후

02 앞서 작성한 버스 정류장의 천장 빈 공간에 다음과 같은 창을 추가하시오.

• 창 디자인은 작업자가 자유롭게 작성합니다.

▲ 완성파일 : [예제파일/P02/Ch06/버스정류장]

03 다음 모델을 작성하시오.

- [예제파일/P02/Ch06/카페 템플릿]을 불러와 내부를 디자인합니다.

- 4인 테이블은 [예제파일/P02/Ch06/카페테이블-A, B]를 불러와 배치합니다.

- 주어지지 않은 사항은 작업자가 임의로 설정합니다.

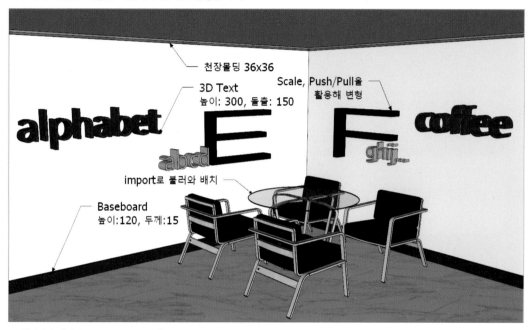

▲ 완성파일 : [예제파일/P02/Ch06/카페]

SketchUp 2023

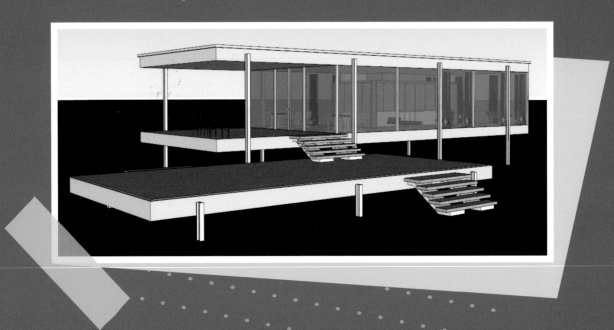

Chapter	01	구조 모델링
Chapter	02	컴포넌트를 활용한 내부 모델링(3D Warehouse)
Chapter	03	재질 및 배경 표현
Chapter	04	Scenes(장면) 설정과 애니메이션
Chapter	05	모델링에 유용한 기능과 실무자 TIP

모델링 활용편
판스워스 하우스 모델링

01 구조 모델링

판스워스 하우스는 지면에서 띄운 2개의 바닥과 1개의 지붕 등 총 3개의 수평재를 8개의 철골 기둥(I Beam)이 지탱하는 구조입니다. 바닥, 지붕, 기둥, 계단 순으로 주요 구조부를 모델링하겠습니다.

※ 본 실습용 판스워스 하우스는 학습용 모델로 재구성한 것으로 세부적인 치수와 형태는 실제 건축물과 다를 수 있습니다.

STEP · 1 바닥, 지붕 만들기

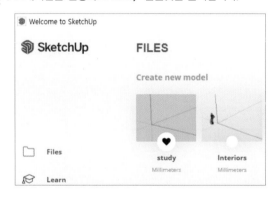
▲ 작성 부분

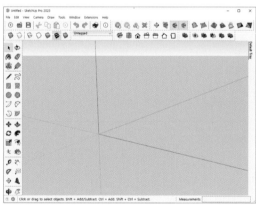
▲ 모델 완성

▲ 완성파일 : [예제파일/P03/Ch01/Step-1 완성파일]

01 스케치업을 실행하고 'study' 템플릿을 클릭합니다.

02 바닥 만들기

사각형 그리기 R을 누르고 ❶지점을 클릭합니다. 커서를 ❷방향으로 이동한 상태에서 '16000,7000'을 입력하고 Enter를 누릅니다.

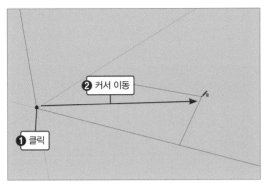
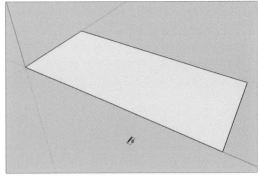

03 밀기/끌기 P를 누르고 ❶지점을 클릭합니다. 커서를 위쪽 ❷방향으로 이동한 상태에서 '500'을 입력하고 Enter를 누릅니다.

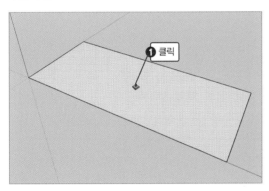
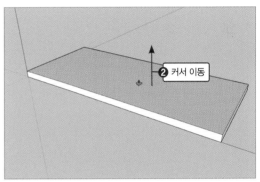

04 간격 띄우기 F를 누르고 ❶지점을 클릭합니다. 복사 방향 ❷로 이동한 상태에서 '60'을 입력하고 Enter를 누릅니다.

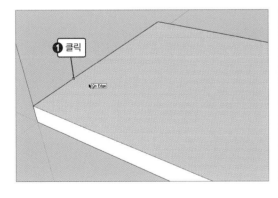
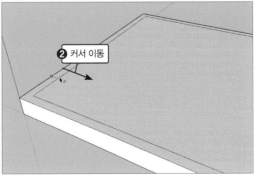

05 밀기/끌기 P를 누르고 ❶지점을 클릭합니다. 커서를 위쪽 ❷방향으로 이동한 상태에서 '30'을 입력하고 Enter를 누릅니다.

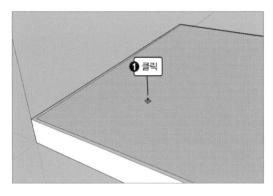 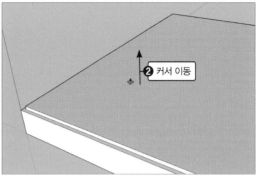

06 Space Bar를 눌러 선택 도구로 전환하고 ❶지점에서 트리플 클릭(연속 3번 클릭)합니다. 마우스 오른쪽 버튼을 클릭하고 메뉴에서 [Make Group]을 클릭합니다.

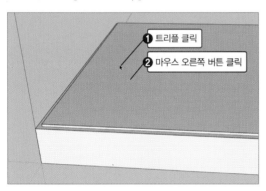 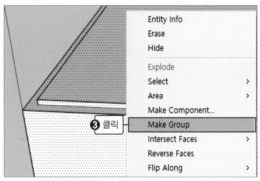

07 실외 바닥판이 선택된 상태에서 이동하기 M을 누르고 ❶지점을 클릭합니다. ❷방향으로 이동한 상태에서 '650'을 입력하고 Enter를 누릅니다.

Z축이 표시되지 않으면 위쪽 방향키(↑)를 눌러줍니다.

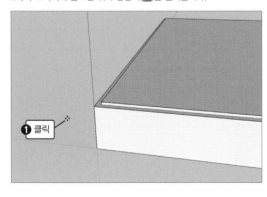 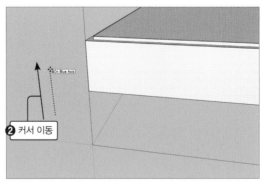

08 실내 바닥판 위치를 표시하기 위해 줄자 ⊤를 누르고 원점인 ❶지점을 클릭합니다. ❷방향으로 이동한 상태에서 '6500'을 입력하고 Enter를 누릅니다. X축(빨강)이 표시되지 않으면 오른쪽 방향키(→)를 눌러줍니다.

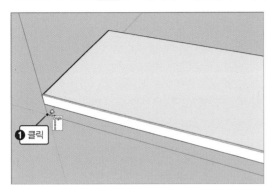
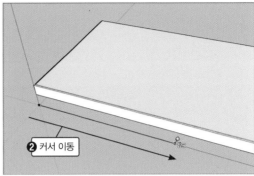

09 사각형 그리기 R을 누르고 표시된 끝점인 ❶지점을 클릭합니다. '23500,8000'을 입력해 사각형을 그리고 밀기/끌기 P를 눌러 위쪽으로 '500' 끌어 줍니다.

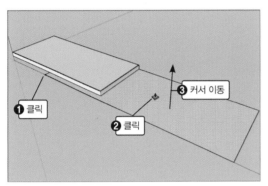
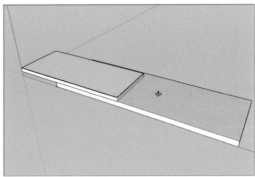

10 Space Bar를 눌러 선택 도구로 전환하고 ❶지점에서 트리플 클릭(연속 3번 클릭)합니다. 마우스 오른쪽 버튼을 클릭하고 메뉴에서 [Make Group]을 클릭합니다.

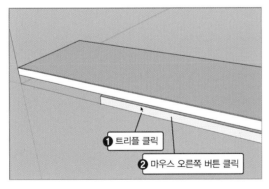
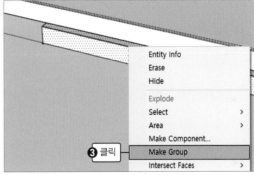

Chapter 01 · 구조 모델링

11 실내 바닥판이 선택된 상태에서 이동하기 M을 누르고 ❶지점을 클릭합니다. ❷방향으로 이동한 상태에서 '7200'을 입력하고 Enter를 누릅니다.

Y축이 표시되지 않으면 왼쪽 방향키(←)를 눌러줍니다.

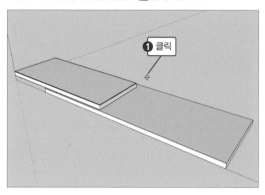
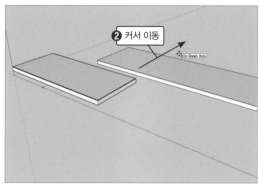

12 이동하기 상태에서 다시 ❶지점을 클릭합니다. ❷방향으로 이동한 상태에서 '1650'을 입력하고 Enter를 누릅니다. Z 축이 표시되지 않으면 위쪽 방향키(↑)를 눌러줍니다.

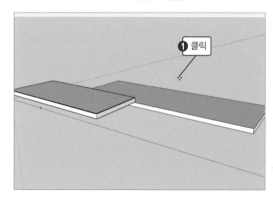
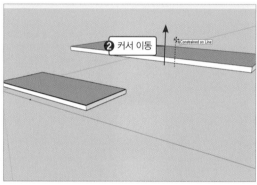

13 실내 바닥판이 선택된 상태에서 이동하기 M을 누르고 ❶지점을 클릭합니다. Ctrl을 누르고 커서를 ❷방향으로 이동 한 상태에서 '3500'을 입력하고 Enter를 누릅니다.

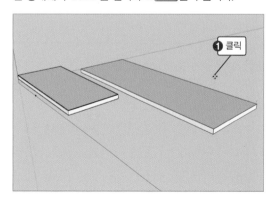
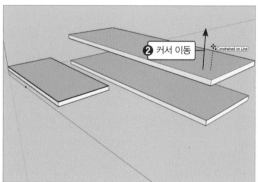

14 지붕 끝을 만들기 위해 사각형 그리기 [R]을 누릅니다. 모서리 구석 ❶지점을 클릭하고 반대편 구석 ❷지점을 클릭합니다.

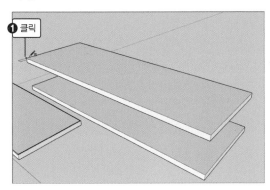 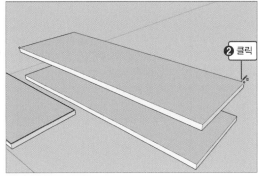

15 간격 띄우기 [F]를 누르고 ❶지점을 클릭합니다. 복사 방향 ❷로 이동한 상태에서 '100'을 입력하고 [Enter]를 누릅니다.

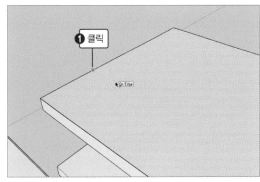 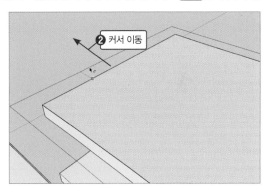

사각형을 바깥쪽으로 복사해 안쪽의 사각형도 유지된 상태입니다.

16 안쪽의 사각형을 삭제하기 위해 [Space Bar]를 눌러 선택 도구로 전환합니다. ❶지점에서 더블 클릭하고 [Delete]를 눌러 안쪽 사각형을 삭제합니다.

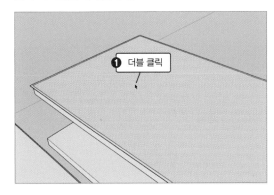 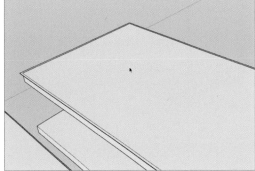

17 밀기/끌기 P를 누르고 ❶지점을 클릭합니다. 커서를 위쪽 ❷방향으로 이동한 상태에서 '100'을 입력하고 Enter 를 누릅니다.

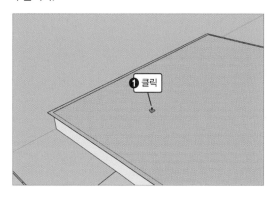
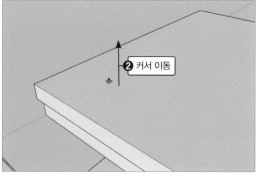

18 Space Bar 를 눌러 선택 도구로 전환하고 ❶지점에서 트리플 클릭(연속 3번 클릭)합니다. 마우스 오른쪽 버튼을 클릭하고 메뉴에서 [Make Group]을 클릭합니다.

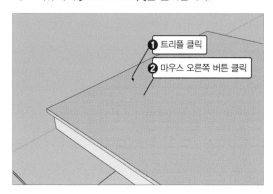
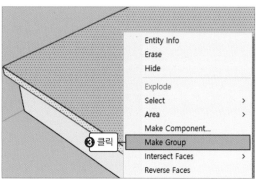

19 완성된 바닥과 지붕을 확인하고 다음 학습을 위해 저장합니다.

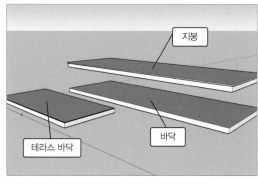
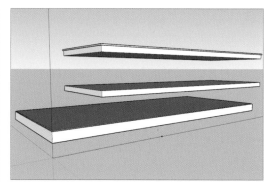

▲ 완성파일 : [예제파일/P03/Ch01/Step-1 완성파일]

기둥 만들기

▲ 작성 부분   ▲ 모델 완성
▲ 완성파일 : [예제파일/P03/Ch01/Step-2 완성파일]

01 STEP 1 의 완성파일 또는 [예제파일/P03/Ch01/Step-1 완성파일]을 더블 클릭해 스케치업을 실행합니다.

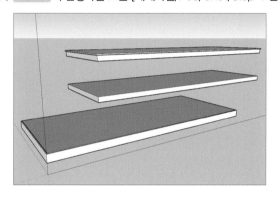

02 바닥판을 지지할 기둥의 위치를 표시하기 위해 줄자 T를 누르고 ❶지점을 클릭합니다. 커서를 ❷방향으로 이동한
   상태에서 '1500'을 입력하고 Enter를 누릅니다.

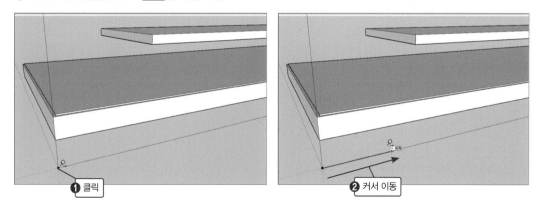

❶ 클릭   ❷ 커서 이동

03 사각형 그리기 R을 누르고 표시한 점 ❶지점을 클릭합니다. 커서를 ❷방향으로 이동한 상태에서 '150,200'을 입력하고 Enter를 누릅니다.

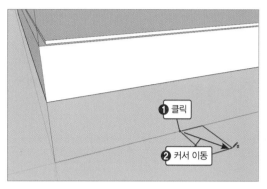
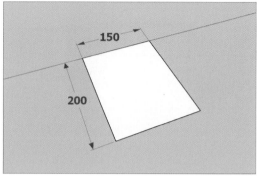

04 줄자 T를 눌러 다음과 같이 빔의 두께를 표시합니다(X축 : 25, Y축 : 62.5). 사각형 그리기 R을 누르고 ❶지점과 ❷지점을 클릭한 후 ❸지점과 ❹지점을 클릭해 기둥을 스케치합니다.

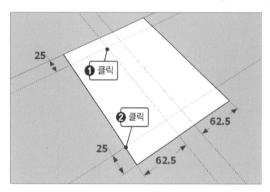
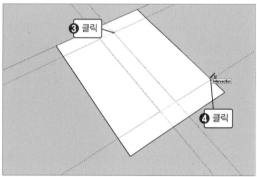

05 불필요한 안내선을 삭제하기 위해 [Edit] 메뉴에서 [Delete Guides]를 클릭합니다.

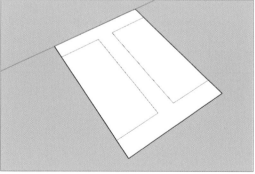

06 지우기 E를 누르고 불필요한 선 ❶과 ❷를 삭제합니다.

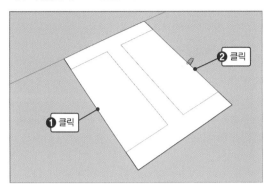 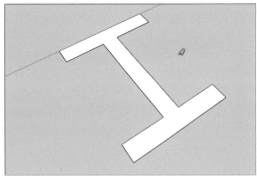

07 밀기/끌기 P를 누르고 ❶지점을 클릭합니다. 커서를 ❷방향으로 이동한 상태에서 '1000'을 입력하고 Enter를 누릅니다.

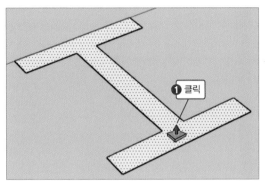 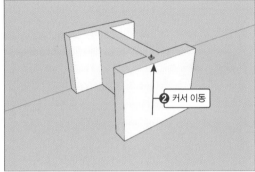

08 Space Bar를 눌러 선택 도구로 전환하고 ❶지점에서 트리플 클릭(연속 3번 클릭)합니다. 마우스 오른쪽 버튼을 클릭하고 메뉴에서 [Make Group]을 클릭합니다.

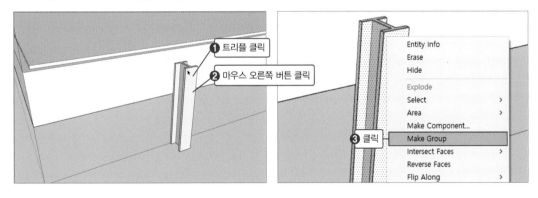

09 기둥이 선택된 상태에서 이동하기 M을 누르고 ❶지점을 클릭합니다. Ctrl을 누르고 커서를 ❷방향으로 이동한 상태에서 '7200'을 입력하고 Enter를 누릅니다.

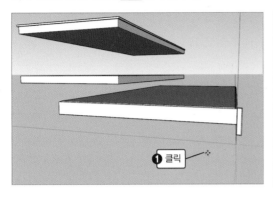
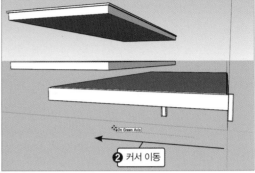

10 Space Bar를 눌러 선택 도구로 전환하고 Shift를 사용하거나 걸침 선택으로 복사된 기둥 두 개를 선택합니다.

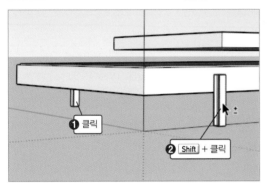
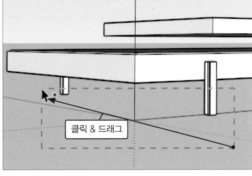

▲ Shift를 사용   ▲ 걸침 선택

11 기둥이 선택된 상태에서 이동하기 M을 누르고 ❶지점을 클릭합니다. Ctrl을 누르고 커서를 ❷방향으로 이동한 상태에서 '6500'을 입력하고 Enter를 누릅니다. 복사 후 '*2'를 입력하고 Enter를 누릅니다.

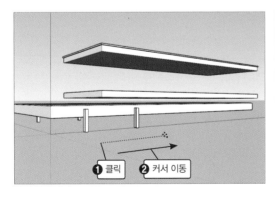
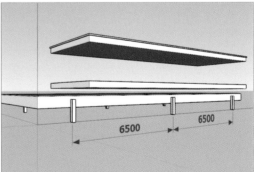

12 기둥 ❶, ❷의 높이를 1000에서 5450으로 편집하기 위해 기둥 ❶의 상부를 확대합니다.

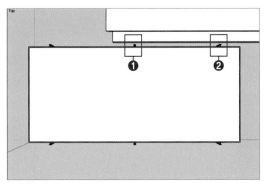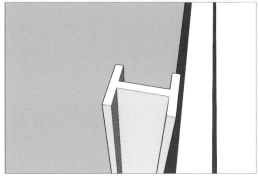

13 Space Bar 를 눌러 선택 도구로 전환하고 기둥 ❶을 더블 클릭해 그룹 편집으로 전환합니다.

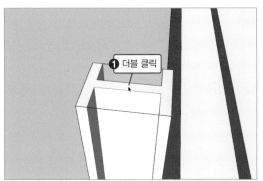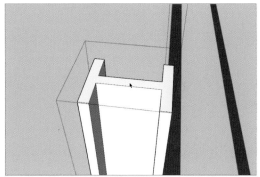

14 밀기/끌기 P 를 누르고 ❶지점을 클릭합니다. 커서를 ❷방향으로 이동한 상태에서 '4450'을 입력하고 Enter 를 누릅니다. 완료 후 그룹 편집을 종료합니다.

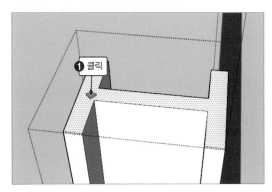

15 같은 방법으로 기둥 ❷의 높이도 '4450'으로 편집하고, 그룹 편집을 종료합니다.

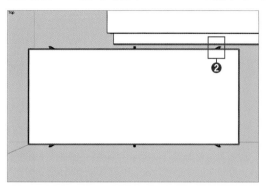 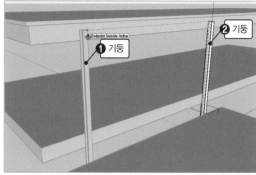

16 [Space Bar]를 누른 후 선택 도구로 기둥 ❶을 클릭합니다. 이동하기 [M]을 누르고 ❷지점을 클릭합니다. [Ctrl]을 누르고 커서를 ❸방향으로 이동한 상태에서 '6500'을 입력하고 [Enter]를 누릅니다. 복사 후 '*2'를 입력하고 [Enter]를 누릅니다.

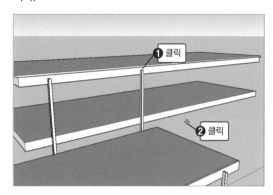 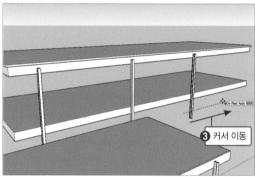

17 [Space Bar]를 눌러 선택 도구로 전환하고 [Shift]를 사용하거나 걸침 선택으로 복사할 기둥 ❶, ❷, ❸, ❹를 선택합니다.

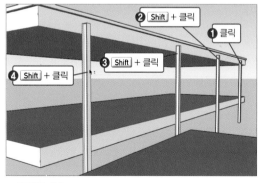 

▲ [Shift]를 사용   ▲ 걸침 선택

18 기둥이 선택된 상태에서 이동하기 M을 누르고 ❶지점을 클릭합니다. Ctrl을 누르고 커서를 ❷방향으로 이동한 상태에서 '8200'을 입력하고 Enter를 누릅니다.

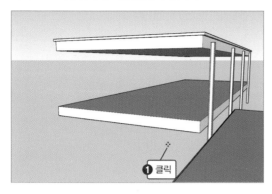
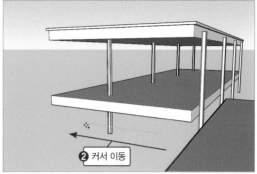

19 실내의 유리벽을 지지할 작은 기둥의 위치를 표시하기 위해 줄자 T를 누르고 ❶지점을 클릭합니다. 커서를 ❷방향으로 이동한 상태에서 '7000'을 입력하고 Enter를 누릅니다.

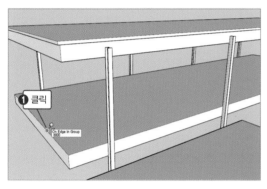
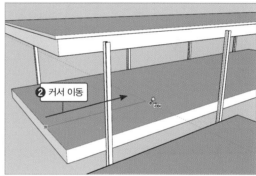

20 사각형 그리기 R을 누르고 표시한 위치 ❶지점을 클릭합니다. 커서를 ❷방향으로 이동한 상태에서 '100,100'을 입력하고 Enter를 누릅니다.

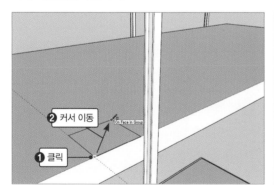
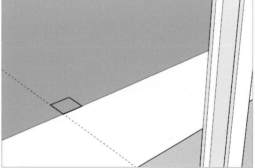

21 밀기/끌기 P를 누르고 ❶지점을 클릭합니다. 끌기할 높이인 ❷지점 모서리를 클릭합니다.

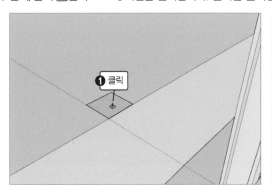 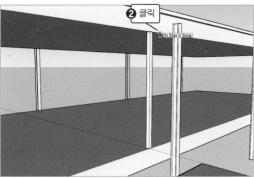

22 Space Bar를 눌러 선택 도구로 전환하고 ❶지점에서 트리플 클릭(연속 3번 클릭)합니다. 마우스 오른쪽 버튼을 클릭하고 메뉴에서 [Make Group]을 클릭합니다.

 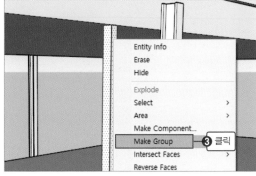

23 작은 기둥이 선택된 상태에서 이동하기 M을 누르고 ❶지점을 클릭합니다. Ctrl을 누르고 목적지 ❷지점을 클릭합니다. 복사 후 '/3'을 입력하고 Enter를 누릅니다.

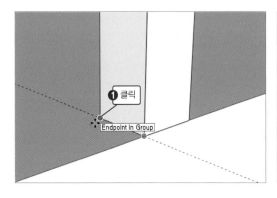 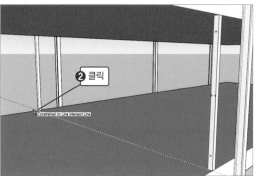

24 Space Bar를 누른 후 선택 도구로 기둥 **❶**, **❷**, **❸**, **❹**를 선택합니다(Shift 사용). 이동하기 M을 누르고 **❺**지점을 클릭합니다. Ctrl을 누르고 **❻**지점을 클릭해 기둥을 복사합니다.

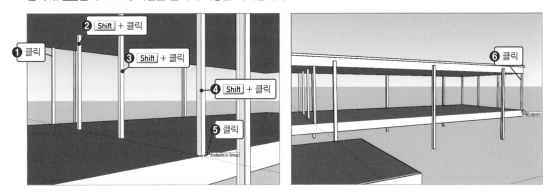

25 Space Bar를 누른 후 선택 도구로 기둥 **❶**과 **❷**를 선택합니다. 이동하기 M을 누르고 **❸**X축 방향으로 다음과 같이 복사합니다. (4275, 3250, 3250, 3250)

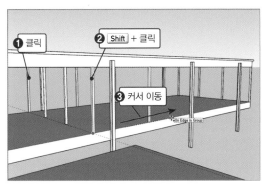

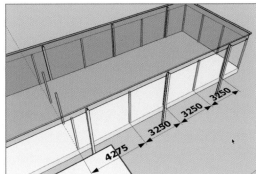

26 완성된 기둥을 확인하고 다음 학습을 위해 저장합니다.

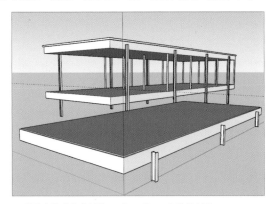

▲ 완성파일 : [예제파일/P03/Ch01/Step-2 완성파일]

▲ 작성 부분   ▲ 모델 완성

▲ 완성파일 : [예제파일/P03/Ch01/Step-3 완성파일]

01 STEP 2 의 완성파일 또는 [예제파일/P03/Ch01/Step-2 완성파일]을 더블 클릭해 스케치업을 실행합니다.

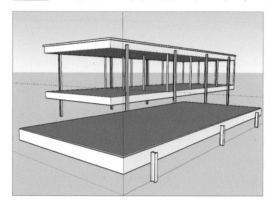

02 계단의 틀을 스케치하기 위해 Views 도구막대에서 좌측면도(▣)를 클릭하고, [Camera] 메뉴에서 [Parallel
Projection(평행투시)]를 클릭합니다.

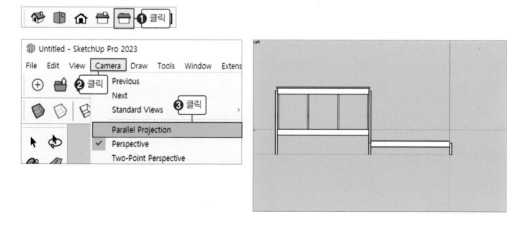

03 Shift 를 누른 상태로 마우스 휠을 클릭 & 드래그하여 우측 빈 공간으로 이동해 다음과 같이 스케치 공간을 확보합니다. 사각형 그리기 R 을 눌러 가로 '2000', 세로 '800' 사각형을 그립니다.

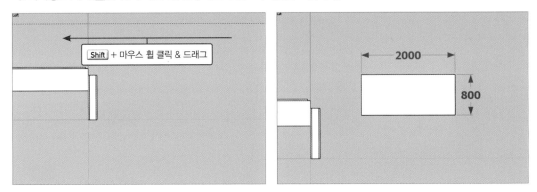

04 줄자 T 를 누르고 ❶지점을 클릭합니다. 커서를 ❷방향으로 이동한 상태에서 '300'을 입력하고 Enter 를 누릅니다. 반대쪽은 '500'에 안내선을 표시합니다.

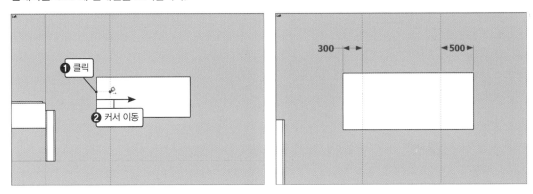

05 선 그리기 L 을 눌러 ❶지점을 클릭하고 ❷지점을 클릭합니다. 지우기 E 를 눌러 그림과 같이 불필요한 부분을 삭제합니다.

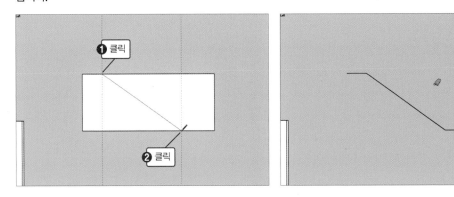

06 [Space Bar]를 눌러 선택 도구로 전환하고 선 **❶**, **❷**, **❸**을 선택합니다. 간격 띄우기 [F]를 누르고 **❹**지점을 클릭합니다. 복사 방향 **❺**로 이동한 상태에서 '130'을 입력하고 [Enter]를 누릅니다.

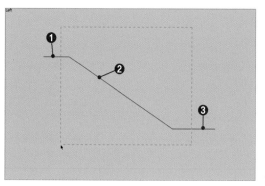
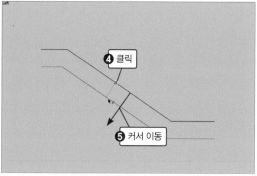

07 선 그리기 [L]을 눌러 **❶**지점과 **❷**지점을 클릭하고 다시 [L]을 눌러 **❸**지점과 **❹**지점을 클릭합니다.

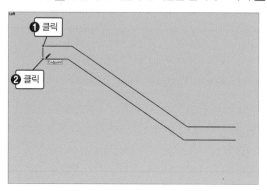
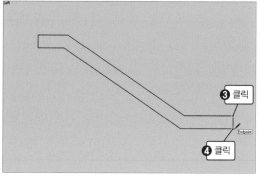

08 밀기/끌기 [P]를 누르고 **❶**지점을 클릭합니다. 커서를 **❷**방향으로 이동한 상태에서 '300'을 입력하고 [Enter]를 누릅니다.

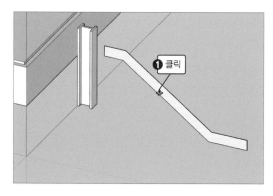
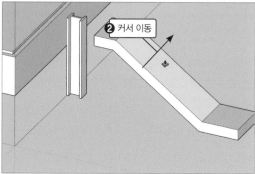

09 Space Bar를 눌러 선택 도구로 전환하고 ❶지점에서 트리플 클릭(연속 3번 클릭)합니다. 마우스 오른쪽 버튼을 클릭하고 메뉴에서 [Make Group]을 클릭합니다.

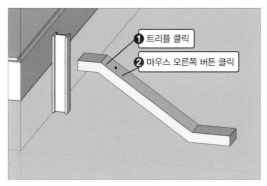

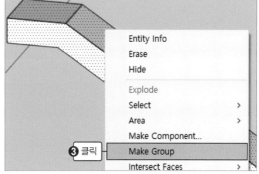

10 A 부분을 확대하고, 줄자 T를 눌러 그림과 같이 계단이 배치될 위치를 표시합니다. (X축 : 2500, Z축 : 120)

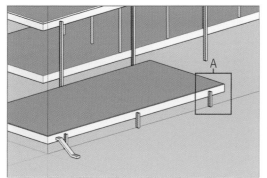

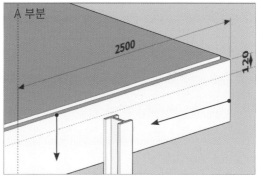

11 Space Bar를 누른 후 선택 도구로 계단틀 ❶을 클릭합니다. 이동하기 M을 누르고 ❷지점을 클릭한 다음 안내선으로 표시한 ❸지점을 클릭합니다.

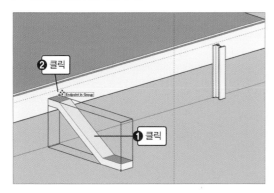

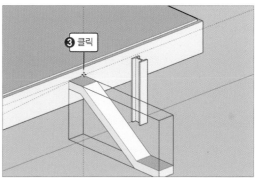

12 계단틀이 선택된 상태에서 이동하기 ⓜ을 누르고 ❶지점을 클릭합니다. Ctrl을 누르고 커서를 ❷방향으로 이동한 상태에서 '3000'을 입력하고 Enter를 누릅니다.

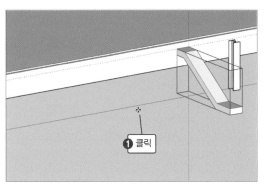 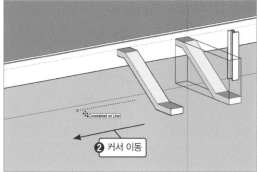

13 사각형 그리기 Ⓡ을 누릅니다. ❶지점 클릭 후 ❷지점을 클릭합니다.

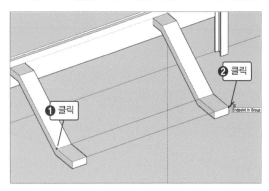 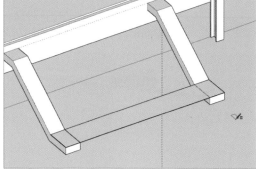

14 밀기/끌기 Ⓟ를 누르고 ❶지점을 클릭합니다. 커서를 ❷방향으로 이동한 상태에서 '100'을 입력하고 Enter를 누릅니다.

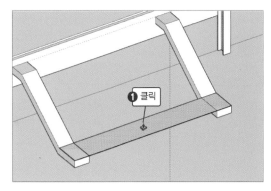 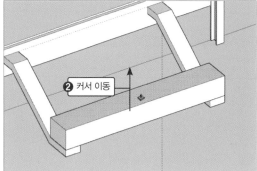

15 Space Bar 를 눌러 선택 도구로 전환하고 ❶지점에서 트리플 클릭(연속 3번 클릭)합니다. 마우스 오른쪽 버튼을 클릭하고 메뉴에서 [Make Group]을 클릭합니다.

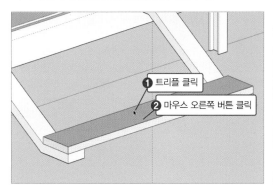 

16 계단이 선택된 상태에서 이동하기 M 을 누르고 ❶지점을 클릭합니다. Ctrl 을 누르고 ❷지점을 클릭해 복사한 후 '/4'를 입력하고 Enter 를 누릅니다.

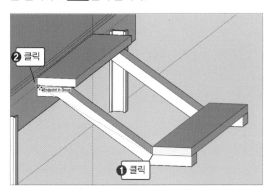 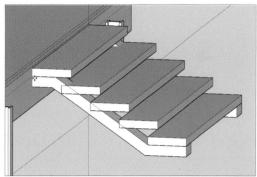

17 Space Bar 를 누른 후 선택 도구로 이동 대상 ❶을 클릭합니다. 이동하기 M 을 누르고 이동 기준점 ❷지점을 클릭하고 목적지 ❸지점을 클릭합니다.

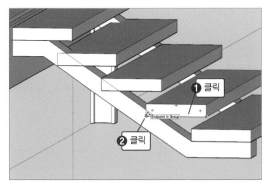 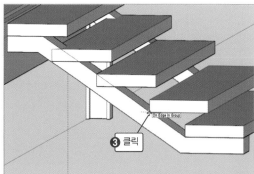

18 나머지 계단 ❶, ❷도 동일한 방법으로 그림과 같이 이동합니다.

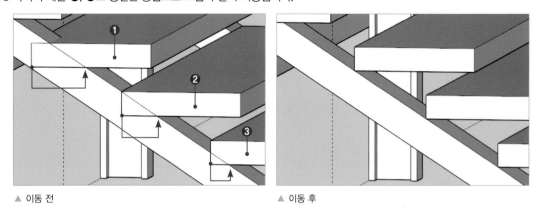

▲ 이동 전   ▲ 이동 후

19 계단 폭을 편집하기 위해 Space Bar 를 눌러 선택 도구로 전환합니다. 마지막 계단 ❶을 더블 클릭해 그룹 편집으로 전환합니다.

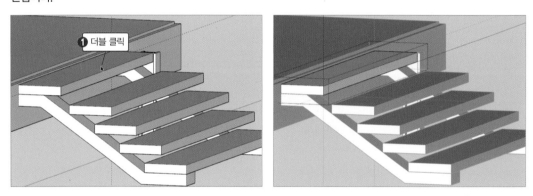

20 밀기/끌기 P 를 누르고 ❶지점을 클릭합니다. 커서를 ❷방향으로 이동한 상태에서 '300'을 입력하고 Enter 를 누릅니다.

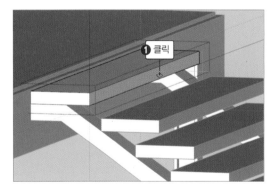
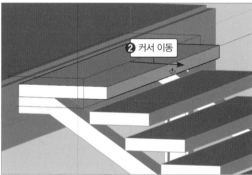

21 그룹 편집을 종료하기 위해 Space Bar 를 눌러 선택 도구로 전환합니다. 편집 영역이 아닌 ❶지점을 클릭합니다.

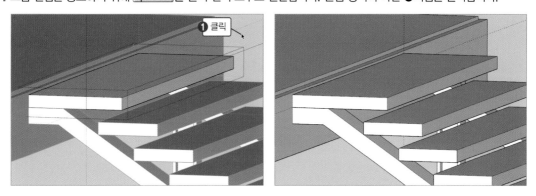

22 Space Bar 를 눌러 선택 도구로 전환합니다. 계단을 포함 선택하기 위해 ❶지점에서 ❷지점까지 클릭 & 드래그합니다.
❸지점에서 마우스 오른쪽 버튼을 클릭하고 메뉴에서 [Make Group]을 클릭합니다.

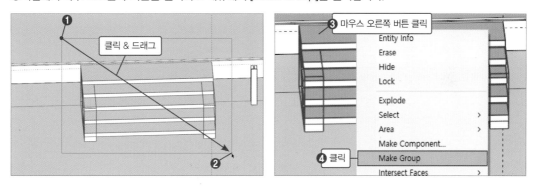

23 계단이 선택된 상태에서 이동하기 M 을 누르고 A 부분의 ❶지점을 클릭합니다. Ctrl 을 누르고 B 부분의 ❷지점을 클릭해 복사합니다.

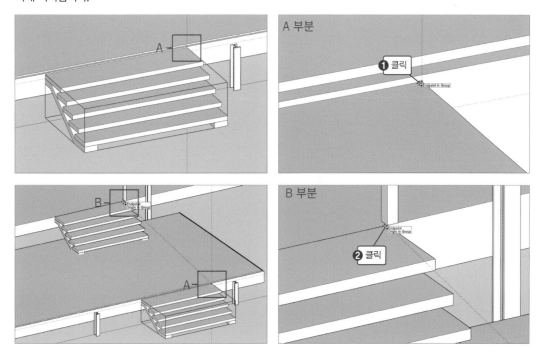

24 복사된 계단틀의 하부가 바닥판 아래 묻혀있는지를 확인합니다. 위치를 확인할 수 있도록 View Style 도구에서 (X-ray)를 클릭합니다.

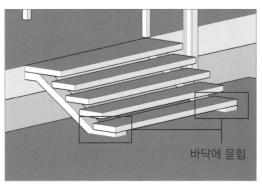
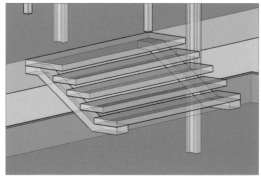

바닥에 묻힘

25 복사된 계단의 높이를 편집하기 위해 Space Bar 를 눌러 선택 도구로 전환합니다. 계단 ❶을 클릭한 후 축척 S 를 누르고 면 그립 ❷를 클릭합니다. 커서를 약간 위로 이동해 On Face in Group이 표시될 때 클릭합니다.

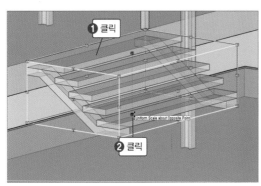
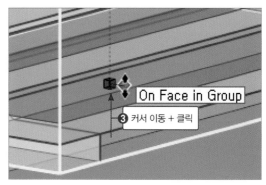

❶ 클릭

❷ 클릭

On Face in Group
❸ 커서 이동 + 클릭

26 편집 결과를 확인하기 위해 View Style 도구에서 (X-ray)를 클릭해 X-ray View를 끕니다.

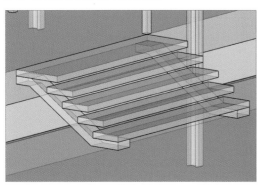
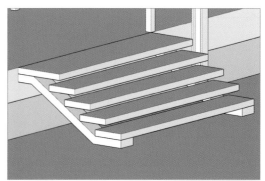

▲ X-ray View – On

▲ X-ray View – Off

27 Space Bar 를 누르고 계단 ❶을 클릭합니다. 이동하기 M 을 누르고 ❷지점을 클릭합니다. Ctrl 을 누르고 ❸지점을 클릭해 복사합니다.

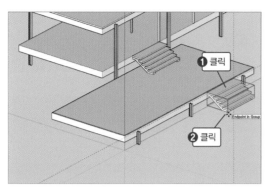
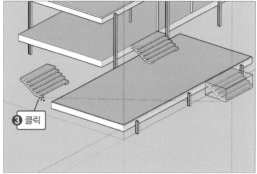

28 복사된 계단의 방향을 대칭시키기 위해 Space Bar 를 눌러 선택 도구로 전환합니다. 계단 ❶을 클릭한 후 축척 S 를 누르고 면 그립 ❷를 클릭합니다. '–1'을 입력하고 Enter 를 누릅니다.

| Green Scale | -1 | ❸ 입력 + Enter |

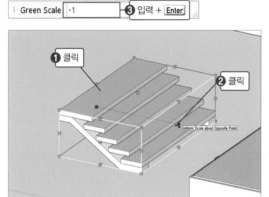
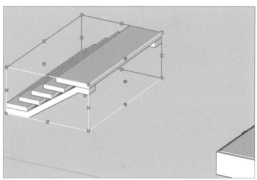

29 시점을 반대편으로 돌려 A 부분을 확대하고, 줄자 T 를 눌러 그림과 같이 계단이 배치될 위치를 표시합니다.
(X축 : 2500, Z축 : 480)

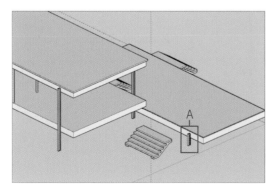
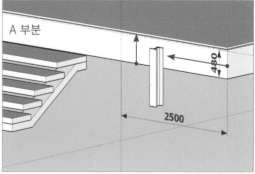

30 Space Bar 를 누른 후 선택 도구로 계단 ❶을 클릭합니다. 이동하기 M 을 누르고 ❷지점을 클릭한 다음 안내선으로 표시한 ❸지점을 클릭합니다.

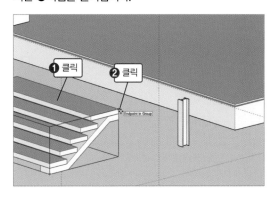 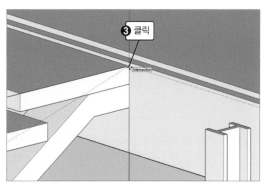

31 굴뚝을 만들기 위해 지붕면에 사각형을 그려 상자 모양을 만듭니다. 위치는 그림과 같지 않아도 됩니다.
(사각형 ❶ : 4000×500, 사각형 ❷ : 600×400, 높이 : 300)

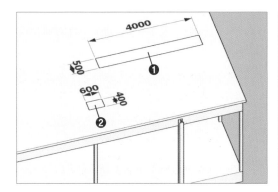 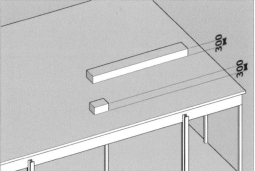

32 상자 2개를 각각 그룹화한 후 안내선을 표시해 다음과 같이 이동합니다.
(X축 : 6000,1600, Y축 : 3500,900)

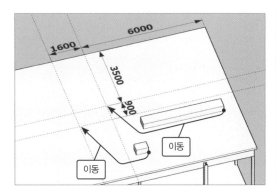 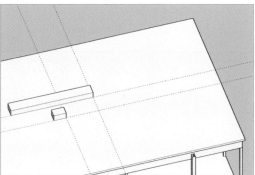

33 작업에 사용한 안내선은 삭제하고, [Camera] 메뉴에서 [Perspective(투시도)]를 클릭합니다. 완성된 계단을 확인하고 다음 학습을 위해 저장합니다.

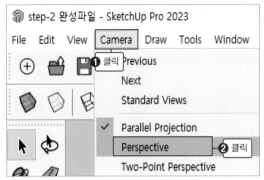 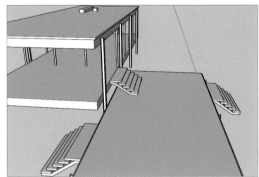

▲ 완성파일 : [예제파일/P03/Ch01/Step–3 완성파일]

STEP **4** 유리벽 만들기

▲ 작성 부분   ▲ 모델 완성

▲ 완성파일 : [예제파일/P03/Ch01 구조 완성파일]

01 STEP·3 의 완성파일 또는 [예제파일/P03/Ch01/Step–3 완성파일]을 더블 클릭해 스케치업을 실행합니다.

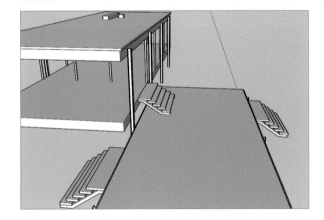

02 시야를 확보하기 위해 지붕을 숨기겠습니다. Space Bar 를 눌러 선택 도구로 전환합니다. 숨기기 대상 ❶을 클릭하고 Shift 를 누른 상태로 ❷, ❸, ❹를 클릭합니다. 마우스 오른쪽 버튼을 클릭하고 메뉴에서 [Hide]를 클릭합니다.

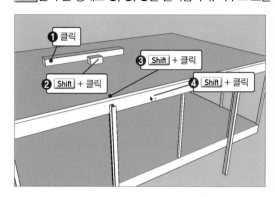

> **Tip** 도면층(Tags)의 활용
>
> ① 도면층을 구성하면 각 도면층을 On/Off하여 숨기기할 수 있습니다. 트레이 패널의 도면층(Tags)을 확장하면 Untagged 도면층 하나가 있습니다. 지금까지 작성한 모든 모델링 요소는 Untagged에 속합니다. 도면층 추가 버튼(⊕)을 클릭하고 이름을 '지붕'으로 입력한 후 Enter 를 누릅니다.
> 도면층은 2019 버전까지 Layers로 표시되며, 2020 버전부터는 Tags로 변경되었습니다.
>
>
>
>
> ② Space Bar 를 누른 후 선택 도구로 도면층 이름과 연관된 지붕 요소를 선택합니다. 도면층(Tags) 컨트롤 패널을 클릭하고 지붕 도면층을 클릭하면 선택된 요소가 지붕 도면층에 속하게 됩니다. 도면층 패널에서 지붕 도면층의 눈(👁)을 클릭하면 해당 도면층이 Off되어 화면에서 숨겨집니다.
>
>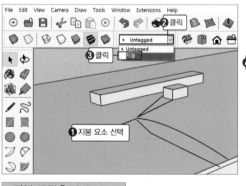
>
>
>

03 사각형 그리기 ⓡ을 누르고 A 부분의 ❶지점(Midpoint)을 클릭합니다. 커서를 B 부분으로 이동해 ❷지점(Midpoint)을 클릭합니다.

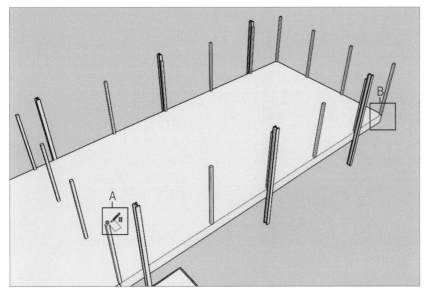

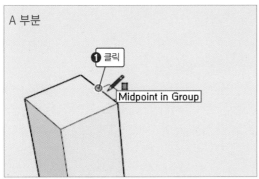

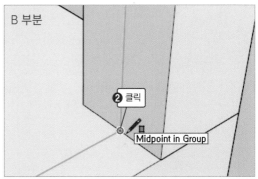

04 밀기/끌기 ⓟ를 누르고 벽면 ❶지점을 클릭합니다. 커서를 ❷방향으로 이동한 상태에서 '10'을 입력하고 Enter 를 누릅니다.

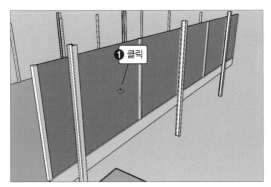

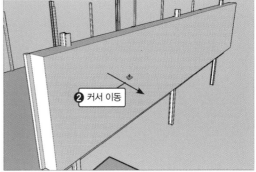

05 [Space Bar]를 눌러 선택 도구로 전환하고 ❶지점에서 트리플 클릭(연속 3번 클릭)합니다. 마우스 오른쪽 버튼을 클릭하고 메뉴에서 [Make Group]을 클릭합니다.

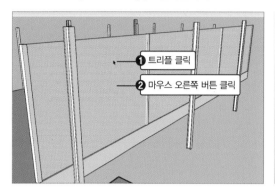
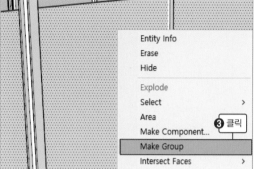

06 사각형 그리기 [R]을 누르고 A 부분의 ❶지점(Midpoint)을 클릭합니다. 커서를 B 부분으로 이동해 ❷지점(Midpoint)을 클릭합니다.

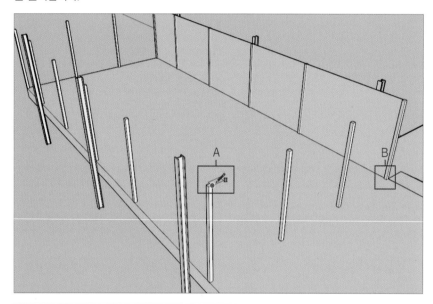

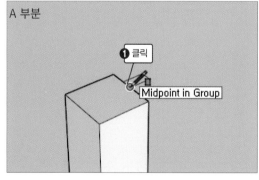

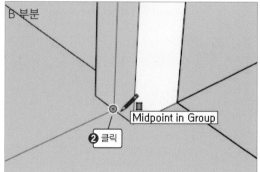

07 밀기/끌기 P를 누르고 벽면 ❶지점을 클릭합니다. 커서를 ❷방향으로 이동한 상태에서 '10'을 입력하고 Enter 를 누릅니다.

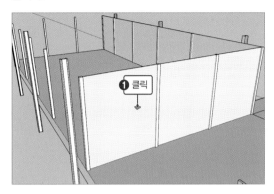 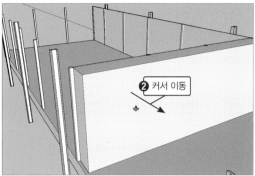

08 Space Bar 를 눌러 선택 도구로 전환하고 ❶지점에서 트리플 클릭(연속 3번 클릭)합니다. 마우스 오른쪽 버튼을 클릭하고 메뉴에서 [Make Group]을 클릭합니다.

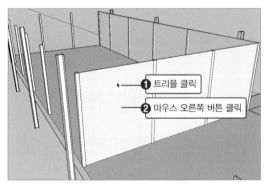 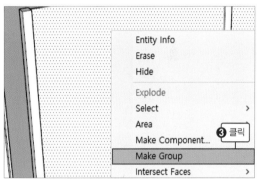

09 작성된 벽 ❶, ❷를 그림과 같이 반대편으로 복사합니다. (X축 : 16410, Y축 : 7910)

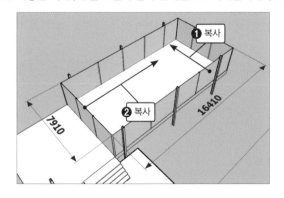

10 지붕을 꺼내기 위해 [Edit] 메뉴에서 [Unhide]의 [All]을 클릭합니다. 완성된 모델을 확인하고 다음 학습을 위해 저장합니다.

 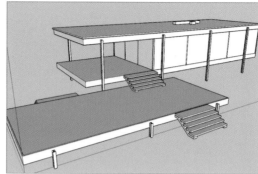

▲ 완성파일 : [예제파일/P03/Ch01/ch01 구조 완성파일]

지붕을 도면층(Tags)으로 숨긴 학습자는 도면층 패널에서 지붕 도면층의 눈(👁)을 클릭해 On으로 변경합니다.

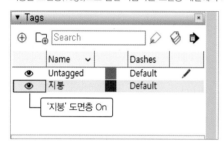

02 컴포넌트를 활용한 내부 모델링(3D Warehouse)

숲을 품은 미니멀한 판스워스 하우스의 평면은 오픈 플랜으로, 입구에서 우측으로 현관, 거실, 침실, 주방, 화장실이 배치됩니다. 실내 공간은 컴포넌트를 활용해 완성하겠습니다.

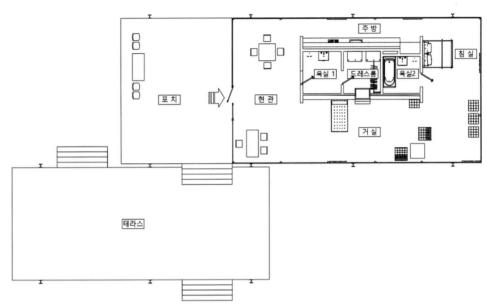

※ 본 실습용 판스워스 하우스는 학습용 모델로 재구성한 것으로 세부적인 치수와 형태는 실제 건축물과 다를 수 있습니다.

STEP 1　단면(Section Plane)으로 시야 확보하기

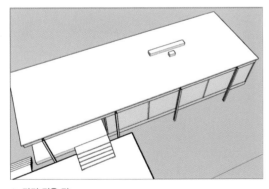

▲ 단면 적용 전

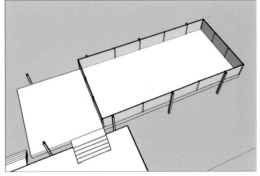

▲ 단면 적용 후

▲ 완성파일 : [예제파일/P03/Ch02/Step-1 완성파일]

01 CHAPTER 01 의 완성파일 또는 [예제파일/P03/Ch01/ch01 구조 완성파일]을 더블 클릭해 스케치업을 실행합니다.

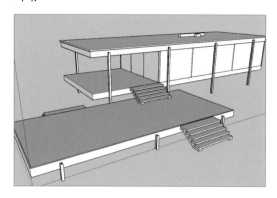

02 현관 출입구 부분을 확대합니다. 현관문 손잡이 위치를 표시하기 위해 줄자 [T]를 누르고 ❶지점을 클릭합니다. 커서를 ❷방향으로 이동한 상태에서 '1370'을 입력하고 [Enter]를 누릅니다.

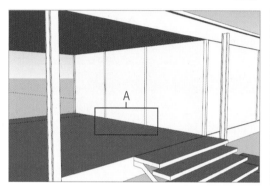
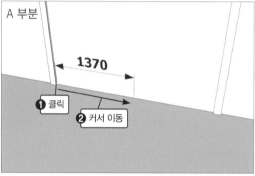

03 [File] 메뉴에서 [Import]를 클릭하고 [예제파일/P03/Ch02/판스워스하우스 가구] 폴더에서 파일 유형을 'SketchUp Files(*.skp)'로 변경합니다. '출입구 손잡이' 파일을 선택하고 [Import] 버튼을 클릭합니다.

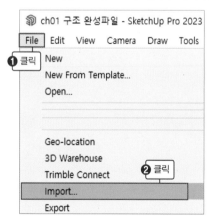
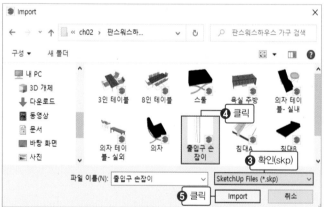

04 표시한 위치(Endpoint)를 클릭해 배치합니다.

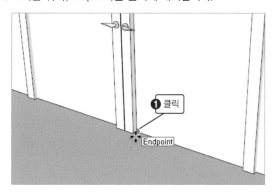

05 실내에 가구 등 구성 요소를 배치하기 위해 시야를 확보하겠습니다. Section 도구막대에서 [Section Plane(⊕)]을 클릭하면 커서 주위로 단면 기호가 나타납니다. ❷지점으로 이동해 Z축 평면(파랑색)이 표시될 때 클릭하고 [OK] 버튼을 클릭합니다.

단면 축이 파랑색으로 표시되지 않으면 방향키([↑])를 눌러줍니다. 2019 버전까지는 Section Plane의 이름을 먼저 설정한 후 Section Plane의 위치를 지정합니다.

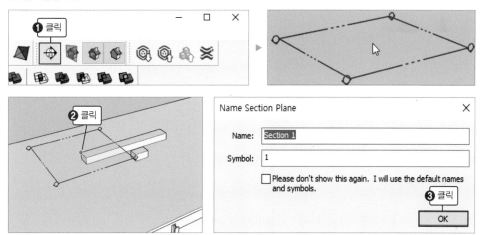

Tip **Section 도구막대가 보이지 않는 경우**

메뉴의 [View]에서 [Toolbars]를 클릭하고 해당 항목의 체크 여부를 확인합니다.

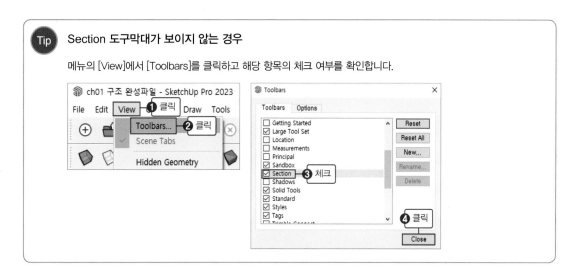

06 선택되지 않은 단면의 표시 기호는 주황색입니다. **❶**을 클릭해 단면 표시를 선택합니다.

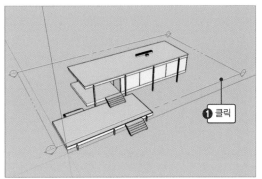 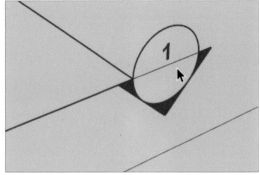

단면 기호 안의 숫자는 앞서 설정한 기호(Symbol)의 번호입니다. 이후 단면을 사용하면 2번으로 넘버링되며, 이후 Entity Info 패널에서 변경할 수 있습니다.

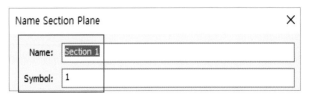 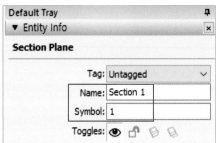

07 이동하기 M을 누르고 **❶**지점을 클릭한 다음 아래쪽으로 내려 **❷**지점을 클릭합니다. 단면 표시 기호 위쪽은 절단되어 보이지 않습니다.

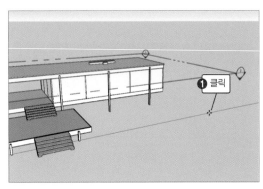 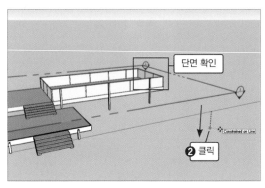

▲ 완성파일 : [예제파일/P03/Ch02/Step-1 완성파일]

Tip **단면(Section) 도구의 이해**

Section 도구막대에서 Display Section Planes, Display Section Cuts, Display Section Fill의 On/Off에 따라 객체의 표시가 달라집니다. Section Plane 도구로 단면 생성 후 DWG 추출 등 다양한 옵션을 추가로 사용할 수 있습니다.

Section 도구막대 ⬚🔲🔲🔲

① ⬚ **Section Plane** : 단면 생성

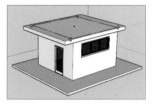  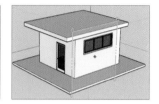

② 🔲 **Display Section Planes** : 단면 기호의 표시 여부를 설정

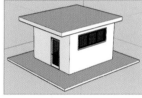 

▲ 비활성화 ⬚🔲🔲🔲   ▲ 활성화 ⬚🔲🔲🔲

③ 🔲 **Display Section Cuts** : 단면 컷의 표시 여부를 설정

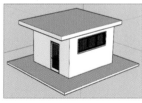 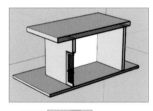

▲ 비활성화 ⬚🔲🔲🔲   ▲ 활성화 ⬚🔲🔲🔲

④ 🔲 **Display Section Fill** : 단면의 채움 여부를 설정(2019 버전 이상)

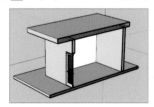 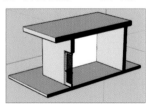

▲ 비활성화 ⬚🔲🔲🔲   ▲ 활성화 ⬚🔲🔲🔲

Display Section Fill의 색상은 트레이 패널 Style에서 설정할 수 있습니다.

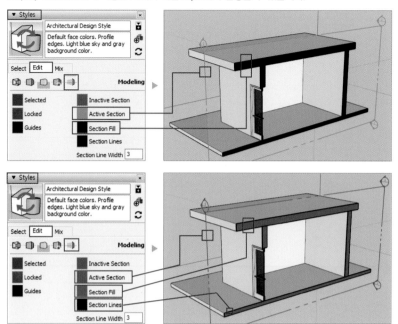

⑤ **단면 옵션**

표시된 단면 기호 또는 단면을 마우스 오른쪽 버튼으로 클릭하면 옵션을 사용할 수 있습니다.

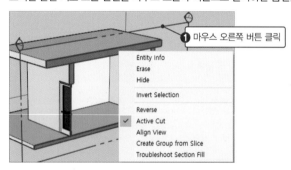

• Reverse : 단면의 방향을 반전

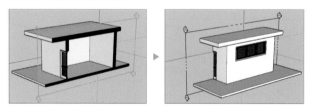

• Align View : 표시된 단면을 방향에 맞춰 화면에 정렬

▲ Camera : Perspective   ▲ Camera : Parallel Projecting

• Create Group from Slice : 표시된 단면의 단면선을 그룹으로 추출

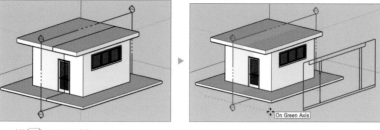

▲ 이동(M) 도구로 이동

• Section Slice : 화면에 표시된 단면을 DWG 및 DXF 형식으로 저장

▲ 오토캐드

STEP **2** 가구(구성 요소) 배치하기

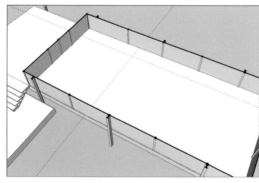

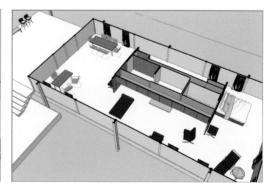

▲ 가구 배치 전

▲ 가구 배치 후

▲ 완성파일 : [예제파일/P03/Ch02/Step-2 완성파일]

01 STEP 1 의 완성파일 또는 [예제파일/P03/Ch02/Step-1 완성파일]을 더블 클릭해 스케치업을 실행합니다.

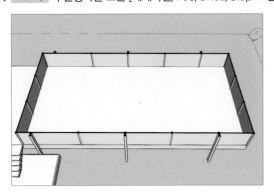

02 미리 작성된 욕실과 주방을 배치하기 위해 줄자 T 를 눌러 가이드 선 ❶, ❷를 표시합니다.

유리벽 안쪽에서 X축 : 5400, Y축 : 1200. 가이드 선의 위치는 표시한 치수와 차이가 있어도 무방합니다.

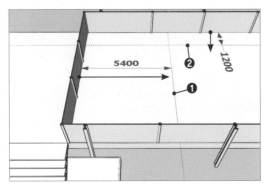

03 [File] 메뉴에서 [Import]를 클릭하고 [예제파일/P03/Ch02/판스워스하우스 가구] 폴더에서 파일 유형을 'SketchUp Files(*.skp)'로 변경합니다. [욕실 주방] 파일을 선택하고 [Import] 버튼을 클릭합니다.

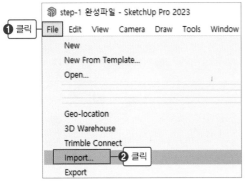

Tip | 컴포넌트 형태 미리 보기

폴더의 파일 보기 형식을 변경하려면 우측 상단의 ⊞▼ 화살표를 클릭해 [보통 아이콘]이나 [큰 아이콘]으로 변경하면 컴포넌트의 형태를 확인할 수 있습니다.

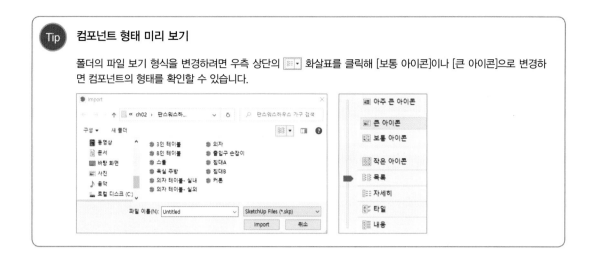

04 커서를 바닥 A 부분으로 이동해 안내선의 교차점(Intersection) 표시가 나타나면 클릭합니다.

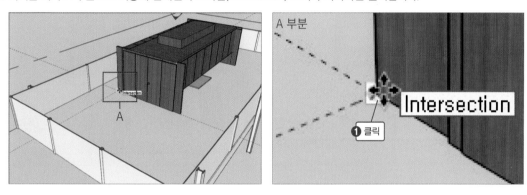

05 현관 앞 8인 테이블, 3인 테이블, 스툴 2개를 배치하겠습니다. [File]–[Import]를 클릭합니다. [8인 테이블] 파일을 선택하고 [Import] 버튼을 클릭합니다.

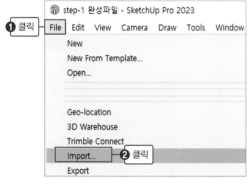

06 8인 테이블을 그림처럼 보기 좋게 배치합니다. 3인 테이블과 스툴 2개도 동일한 방법으로 배치합니다. 삽입점 클릭 시 🕂 On Face in Group 표시가 나타날 때 클릭해야 바닥면에 배치됩니다.

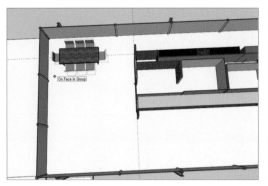
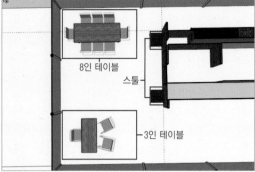

07 거실로 이동해 침대B, 의자 2개, 스툴, 의자 테이블(실내)을 배치합니다.

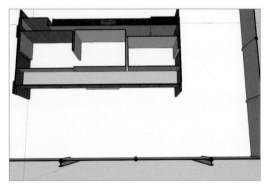

08 배치된 의자를 자연스럽게 연출하기 위해 Space Bar 를 누른 후 선택 도구로 의자 ❶을 클릭합니다. 회전하기 Q 를 누르고 기준점 ❷지점을 클릭합니다. 시작 각도는 ❸지점을 클릭하고 커서를 회전 방향 ❹로 이동한 상태에서 각도값 '90'을 입력하고 Enter 를 누릅니다.

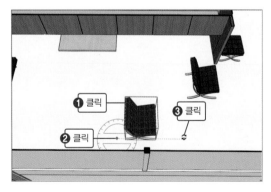

09 `Space Bar`를 누르고 선택 도구로 의자 **❶**을 클릭합니다. 회전하기 `Q`를 눌러 200˚ 회전한 후 의자 2개를 이동하기 `M`을 눌러 보기 좋게 재배치합니다.

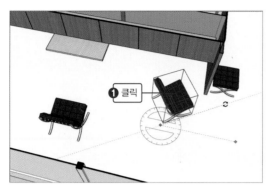

❶ 클릭

10 침실에 침대A를 배치하고 포치에 의자 테이블(실외) 가구를 배치합니다.

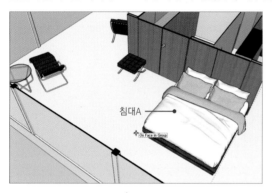

침대A

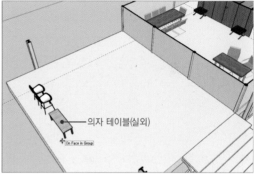

의자 테이블(실외)

11 실내 칸막이벽 안쪽으로 커튼을 배치합니다. 최초 커튼 배치 후 이동하기 `M`을 눌러 보기 좋은 위치에 복사합니다. 반대편 칸막이벽에도 2~3개 정도 배치합니다.

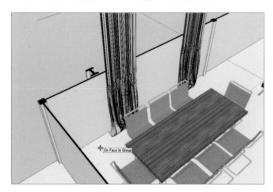

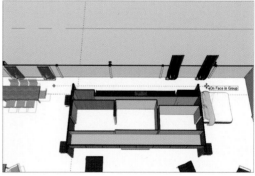

12 침실 쪽은 복사 후 회전시켜 배치합니다. 수량과 위치는 자유롭게 설정합니다.

 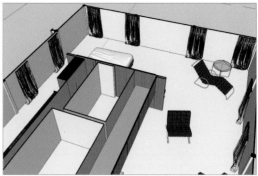

13 불필요한 안내선 등을 삭제하고 빠진 가구가 있는지 확인합니다. 단면 처리한 뷰를 취소하기 위해 Section 도구막대의 'Display Section Planes'과 'Display Section Cuts'을 클릭합니다.

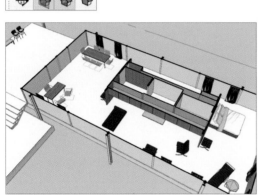 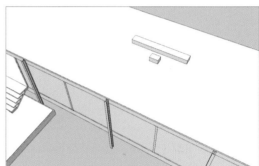

▲ 완성파일 : [예제파일/P03/Ch02/Step-2 완성파일]

Tip **용량을 줄여주는 Purge**

스케치업 모델링에서 가져와 삽입되는 컴포넌트 등을 자주 사용하면 파일의 용량이 커지고 작업 시 느려지는 현상이
발생할 수 있습니다. 이때 Hide(숨기기), Layer(도면층)를 사용해 일시적으로 제어할 수도 있지만 Purge를 이용해
불필요한 요소를 삭제하는 것이 용량을 줄이는 데 더 효과적입니다.

Purge 실행

① 메뉴에서 [Window]의 [Model Info]를 클릭합니다.

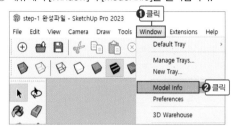

② 'Statistics'의 [Purge Unused]를 클릭하고 [닫기]를 클릭합니다.

03 재질 및 배경 표현

판스워스 하우스는 시카고 근교 시골 마을 숲속에 자리를 잡고 있습니다. 울창한 주변 숲속 경관을 표현하고, 완성된 모델에 사실감을 높이기 위해 재질을 입혀 완성하겠습니다.

※ 본 실습용 판스워스 하우스는 학습용 모델로 재구성한 것으로 주변 환경은 실제 자연 환경과 다를 수 있습니다. 이번 챕터의 실습 내용인 '재질 및 배경 표현'은 렌더링, 조경 표현 및 배경 합성 등을 고려하지 않을 경우의 작업으로 향후 렌더링이나 주변 요소를 합성하는 그래픽 작업을 추가로 진행할 경우 생략이 될 수 있는 부분입니다.

STEP · 1 재질 표현

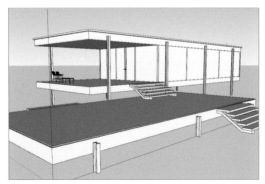

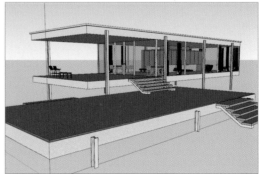

▲ 재질 적용 전

▲ 재질 적용 후

▲ 완성파일 : [예제파일/P03/Ch03/Step-1 완성파일]

01 CHAPTER 02 의 완성파일 또는 [예제파일/P03/Ch02/Step-2 완성파일]을 더블 클릭해 스케치업을 실행합니다. 배치된 가구에만 재질이 적용된 상태입니다.

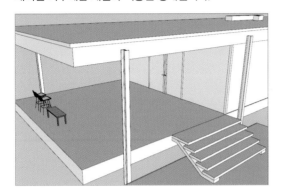

02 칸막이 유리벽 부분을 확대합니다. 커서를 우측 트레이 영역 ❶지점으로 이동해 활성화한 후 Materials ❷를 클릭해 확장합니다. 카테고리 ❸을 Glass and Mirrors로 선택하고 Translucent Glass Gray ❹를 클릭합니다.

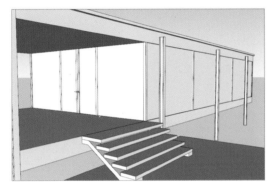

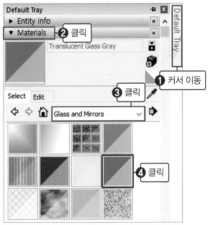

03 유리벽 ❶, ❷지점을 클릭해 재질을 넣고 시점을 돌려서 반대편 ❸, ❹지점도 재질을 표현합니다.

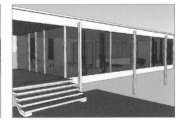

04 적용된 유리 재질의 투명도를 변경하겠습니다. 트레이의 Materials 카테고리에서 Translucent Glass Gray의 재질이 선택된 상태로 [Edit]를 클릭합니다. Opacity 항목을 '10~15' 정도로 변경합니다.

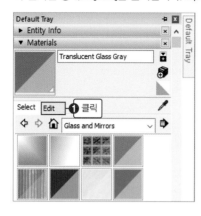 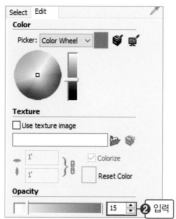

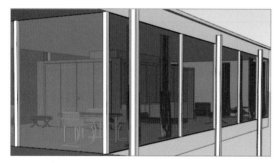 

▲ Opacity(투명도) : 50   ▲ Opacity(투명도) : 15

05 테라스의 바닥과 계단 재질을 그림과 같이 적용합니다.

테라스 부분은 상부 마감 부분과 구조 부분이 모두 그룹으로 지정되어 있어 Space Bar 를 누른 후 선택 커서로 더블 클릭(그룹 편집) 후 재질을 적용해야 합니다.

① **계단 및 바닥 마감** : Tile Large Brown

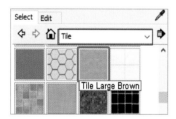

② **계단 받침 프레임** : Metal Silver

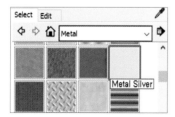

③ 바닥 : Asphalt_Painted_White

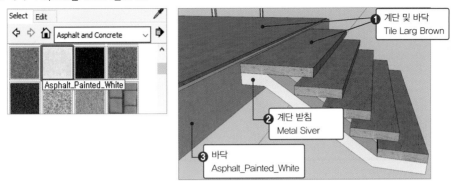

▲ 바닥과 계단의 재질 적용

06 현관 앞 포치의 계단 부분을 확대합니다. 바닥과 계단의 재질은 테라스와 동일하게 적용하며, 작은 기둥과 큰 기둥 모두 계단 받침의 재료와 동일하게 Metal Silver를 적용합니다.

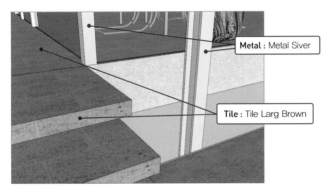

07 지붕 부분을 확대합니다. 지붕과 굴뚝을 모두 바닥 재료와 동일하게 Asphalt_Painted_White를 적용합니다.

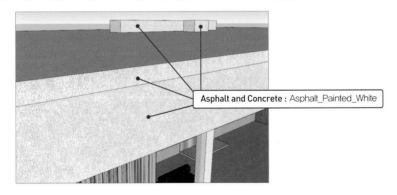

08 재질의 표현은 학습자가 임의로 변경해도 됩니다. 누락된 부분을 확인하고 다음 학습을 위해 저장합니다.

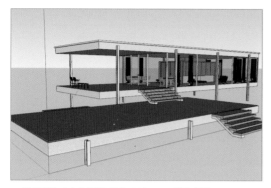

▲ 완성파일 : [예제파일/P03/Ch03/Step-1 완성파일]

STEP · 2 배경 표현

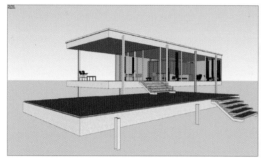

▲ 배경 표현 전

▲ 배경 표현 후

▲ 완성파일 : [예제파일/P03/Ch03/Step-2 완성파일]

01 STEP · 1 의 완성파일 또는 [예제파일/P03/Ch03/Step-1 완성파일]을 더블 클릭해 스케치업을 실행합니다.

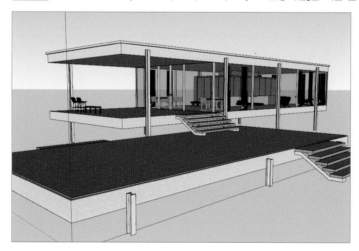

02 대지를 표현하기 위해 사각형 그리기 R을 누르고 원점인 ❶지점을 클릭합니다. Ctrl을 누르고 커서를 ❷방향으로 이동한 상태에서 '500000,500000'을 입력하고 Enter를 누릅니다.

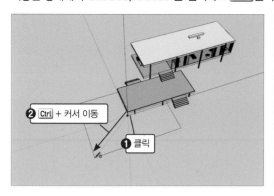 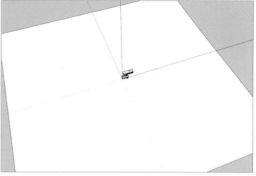

03 커서를 우측 트레이 영역 ❶지점으로 이동해 활성화한 후 Materials 카테고리 ❸에서 Vegetation의 Vegetation Grass2 ❹를 클릭합니다. 사각형 면 ❺지점을 클릭해 잔디 재질을 적용합니다. 작성된 대지는 그룹으로 설정합니다.

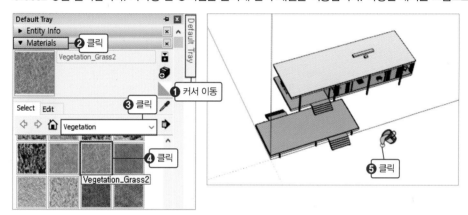

04 [File]-[Import]를 클릭하고 [예제파일/P03/Ch03] 폴더에서 파일 유형을 'SketchUp Files(*.skp)'로 변경합니다. [잔디] 파일을 선택하고 [Import] 버튼을 클릭합니다.

05 ❶지점으로 이동해 On Face 표시가 나타나면 클릭합니다.

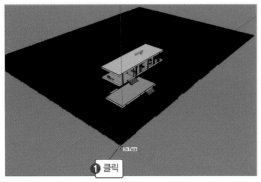

잔디를 배치한 후 컴퓨터가 느려질 수 있습니다. Hide시키거나 삭제 후 잔디2 파일을 사용해 부분적으로 잔디를 표현합니다.

06 [File]-[Import]를 클릭하고 [예제파일/P03/Ch03/나무] 폴더에서 [나무 그룹] 또는 [나무] 파일을 선택해 그림과 같이 배치합니다. 나무 그룹의 위치는 그림과 동일하지 않아도 됩니다.

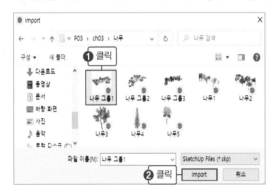 

07 나무 그룹의 배치가 자연스러운지 확인하고 다음 학습을 위해 저장합니다.

▲ 완성파일 : [예제파일/P03/Ch03/Step-2 완성파일]

Tip **재질 등록 및 편집**

1. 재질 등록

자주 사용하는 재질 이미지나 실제 시공에 적용되는 마감재의 재질을 추가할 수 있습니다.

① [예제파일/P03/Ch03/Tip] 폴더에서 [재질연습] 파일을 더블 클릭해 스케치업을 실행합니다.

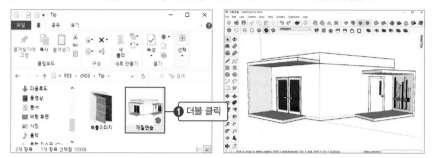

② Materials 패널에서 Default(⬜) 재질을 클릭하고 Create Material(⬛)을 클릭합니다. Texture에서 'Use texture image' 항목을 체크하고 [예제파일/P03/Ch03/Tip/벽돌이미지] 폴더 'WALL003' 이미지를 선택하고 [열기]를 클릭합니다.

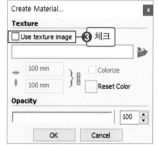

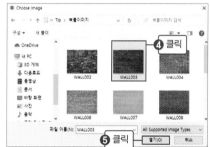

③ 재질의 이름을 brick-brown으로 변경합니다. 이미지의 가로 크기를 링크가 걸린 상태에서 '1500' 정도로 조정하고 [OK] 버튼을 클릭합니다. Space Bar 를 누르고 건물 벽체를 더블 클릭한 후 재질을 적용합니다.

새로 사용한 이미지는 현재 작업 중인 파일(재질 카테고리 'In Model')에 저장되어 언제든 사용이 가능하지만 다른 파일에서는 다시 가져와 사용해야 하는 번거로움이 있습니다. 추가한 재질을 다른 작업파일에서도 사용하려면 재질을 등록해야 합니다.

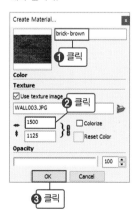

④ 새로운 재질 'WALL003'을 스케치업 Materials에 저장하기 위해 커서를 재질 이미지로 이동해 마우스 오른쪽 버튼을 클릭합니다. 'Save As'를 클릭하고 '새 폴더'를 클릭합니다.

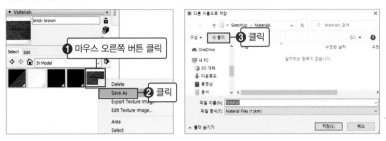

⑤ 폴더의 이름을 'My materials'로 변경하고 더블 클릭해 해당 폴더로 진입합니다. 사용자가 알아보기 쉬운 이름(벽돌—갈색)을 입력하고 [저장] 버튼을 클릭합니다. 이와 같은 과정을 거치면 스케치업 전용 재질인 'skm' 이미지로 등록됩니다.

⑥ 스케치업을 새로 실행하고 'study' 템플릿을 클릭합니다. 적당한 상자를 준비하고 Materials에서 새로 추가한 'My materials'을 클릭합니다.

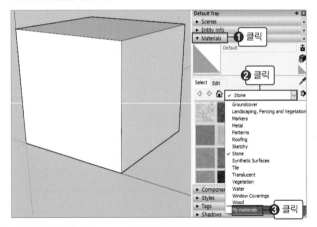

⑦ 신규로 등록한 'brick—brown'을 클릭하면 재질을 사용할 수 있습니다.

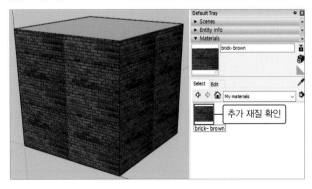

KCC, 현대L&C, LX하우시스 등 대표적인 건축 자재 기업에서는 건축 자재 샘플, 시공 사례, 디자인 예시, 시공 지침서, 시공 결과 시뮬레이션 등을 제공하고 있습니다. 건축, 인테리어 분야의 입문자라면 관련 기업 홈페이지를 방문하는 것만으로도 건축 자재의 특징, 디자인 트렌드 등 많은 정보를 얻을 수 있습니다. (외국어가 가능하다면 해외 홈페이지도 방문해 보십시오)

▲ 출처 : LX하우시스(http://www.lxhausys.co.kr)

⑧ 인터넷 웹페이지에서의 재질 선택

앞서 사용한 brick-brown 재질 이미지는 이미지에 어둡고 밝은 명암 표현이 나타납니다. 이러한 재질 이미지는 좁은 영역에서는 나쁘지 않으나 영역이 큰 부분에 사용하기에는 패턴이 생겨 좋지 않습니다. 웹페이지(구글 등)에서 재질을 검색한 후 이미지에 명암이 없는 재질을 사용하는 것이 좋습니다.

• 검색 예시

[벽돌 재질 검색]

[나무 재질 검색]

[타일 재질 검색]

[천 재질 검색]

• **이미지에 따른 적용 결과**: [예제파일/P03/Ch03/Tip/벽돌이미지] 폴더의 재질을 넣어 확인합니다.

▲ 명암이 있는 이미지

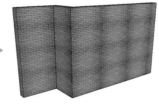

▲ 결과 : 타일처럼 패턴이 생김

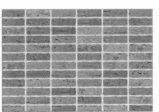

▲ 명암이 없는 이미지

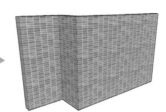

▲ 결과 : 넓은 면적도 자연스럽게 표현됨

2. 재질 편집(Texture Position)

적용된 재질의 색상, 크기는 물론 방향과 시작 위치 등을 편집할 수 있습니다.

① Materials 패널에서 Asphalt and Concrete의 'Concrete Scored Jointless' 재질을 선택해 벽에 적용합니다.

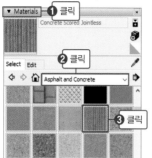 

② 현재 재질을 그대로 사용해도 되지만 재질의 특징을 살리기 위해 패턴을 크게 하고 색상을 어둡게 조정해 보겠습니다. Materials 패널의 Edit 탭을 클릭하고 Color에서 색상과 밝기를 조정합니다. 패턴의 크기를 좀 더 키우기 위해 Texture의 값을 '1200'으로 설정합니다.

링크가 걸려있는 상태로 하나만 입력하면 나머지 하나도 같은 비율로 입력되며, 비율을 유지하지 않을 경우 링크( )를 해제하고 입력하면 됩니다.

Opacity는 유리나 아크릴과 같이 내부가 비치는 재료의 투명도를 설정합니다. 값이 100이면 불투명, 50이면 반투명으로 표현됩니다.

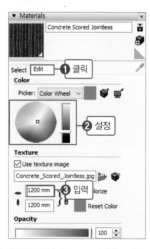 

③ Space Bar 를 누르고 바닥을 더블 클릭해 편집 모드로 변경합니다. Materials 패널에서 Stone의 'Stone Tile Squares' 재질을 선택해 바닥에 적용합니다. 현재 좌표축(X, Y) 방향과 바닥의 형태가 일치해 마감의 줄눈도 바닥의 형태와 일치하게 됩니다.

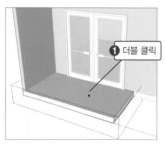  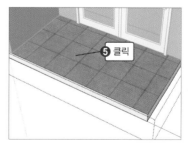

④ 반대편 바닥도 Space Bar 를 누르고 바닥 ❶을 더블 클릭해 편집 모드로 변경합니다. Materials 패널에서 Stone의 'Stone Tile Squares' 재질을 선택해 바닥에 적용합니다. 현재 좌표축(X, Y) 방향과 바닥의 형태가 일치하지 않아 줄눈도 바닥의 형태와 일치하지 않게 됩니다.

 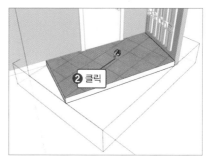

⑤ 재질의 방향과 크기를 편집하기 위해 Space Bar 를 눌러 재질이 적용된 면 ❶을 클릭하고 마우스 오른쪽 버튼을 클릭합니다. Texture의 Position을 클릭하면 편집 화면으로 전환됩니다.

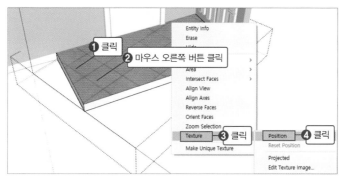

⑥ 화면에 나타난 4개의 핀으로 재질의 위치, 크기, 각도, 모양을 편집합니다. 각 핀을 클릭해 기준 위치를 이동할 수 있고, 클릭 & 드래그로 모양을 설정합니다.

- ⊙ : 재질의 위치를 이동
- ⊙ : 재질의 크기와 각도를 설정
- ⊙ : 재질의 모양을 비틀어 왜곡
- ⊙ : 재질의 모양을 늘리고 축을 회전

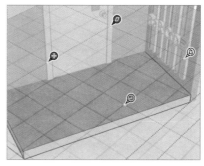

⑦ 빨강색 핀을 클릭 & 드래그로 경계의 구석으로 이동합니다.

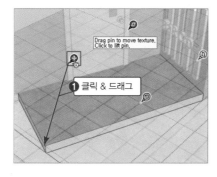 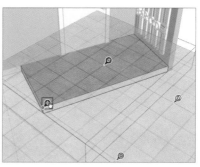

⑧ 녹색 핀을 클릭 & 드래그로 바닥의 모서리 쪽(반시계 방향)으로 움직이면 재질의 방향과 크기가 변경되는 것을 확인할 수 있습니다. 타일 3장 크기가 되는 ❷지점으로 설정합니다.

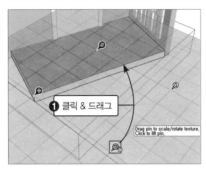 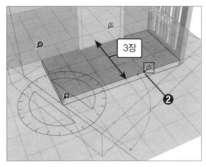

⑨ 편집을 종료하기 위해 마우스 오른쪽 버튼을 클릭하고 Done을 클릭합니다.

 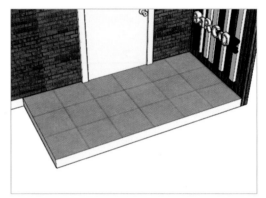

Texture의 'Position' 옵션은 각 면에 하나씩 재질을 적용해야 사용할 수 있습니다. 그룹 상태에서 재질을 적용한 경우에는 사용할 수 없습니다.

04 Scenes(장면) 설정과 애니메이션

작업 시점을 저장하는 Scenes(장면) 설정을 학습하겠습니다. 설정된 장면은 작업 영역의 빠른 이동, 이미지 추출, 애니메이션 등에 사용되어 작업의 편의성과 활용성을 높일 수 있습니다.

STEP 1 장면 설정

🔍 | 실외뷰1 | 실내뷰1 | 동측입면 | 서측입면 | 남측입면 | 북측입면 | ◀ Scenes(장면 탭)

▲ 장면 설정 : 실내뷰1   ▲ 장면 설정 : 실외뷰1
▲ 완성파일 : [예제파일/P03/Ch04/Step-1 완성파일]

01 CHAPTER 03 의 완성파일 또는 [예제파일/P03/Ch03/Step-2 완성파일]을 더블 클릭해 스케치업을 실행합니다. 장면(Scenes)을 사용해 입면뷰 4개, 실내뷰, 실외뷰를 추가해 보겠습니다.

02 실외뷰를 추가하기 위해 좌측 도구막대에서 카메라 위치를 지정하는 Position Camera(🚶) ❶을 클릭합니다. 서서 바라볼 위치 ❷지점을 클릭하면 해당 지점에서 바라보는 뷰로 시점이 변경되고 Look Around(둘러보기)로 자동 전환됩니다.

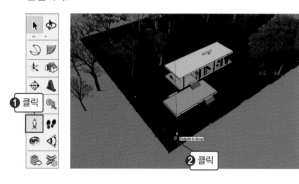

03 Look Around(둘러보기 👁) 상태에서 클릭 & 드래그하여 바라보는 초점을 조정합니다.

▲ 초점 조정 전

▲ 초점 조정 후

04 설정된 뷰를 저장하기 위해 커서를 트레이 패널로 이동합니다. Scenes에서 장면 추가(⊕)를 클릭하고 [Create Scene] 버튼을 클릭합니다.

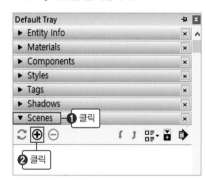

05 좌측 상단에 장면 탭이 추가된 것을 확인하고 커서를 ❷부분으로 이동해 마우스 오른쪽 버튼을 클릭합니다. Rename Scene ❸를 클릭하고 '실외뷰1'을 입력합니다.

설정한 Name은 장면 탭에 표시되며 Description 내용은 장면 탭으로 커서를 이동하면 표시됩니다.

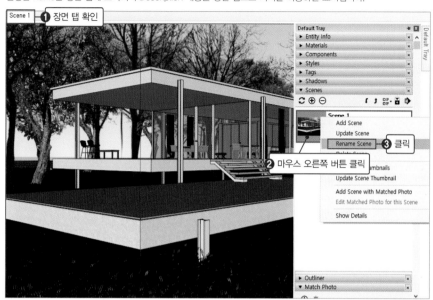

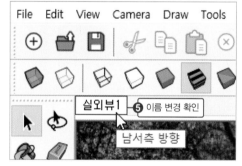

Tip **장면의 이름 변경과 장면 갱신**

장면의 이름 변경(Rename Scene)은 장면 탭에서 마우스 오른쪽 버튼을 클릭해 장면 옵션에서도 설정할 수 있습니다. 저장된 장면의 시점이나 스타일 등을 수정할 경우 화면 설정을 마친 후 장면 갱신(Update Scene(s) ⟳)을 클릭하면 선택된 장면의 정보가 갱신됩니다.

06 실내 뷰를 추가하기 위해 좌측 도구막대에서 카메라 위치를 지정하는 Position Camera(🛉) ❶을 클릭합니다. 서서 바라볼 위치 ❷지점을 클릭하면 해당 지점에서 바라보는 뷰로 시점이 변경되고 Look Around(둘러보기👁)로 자동 전환됩니다.

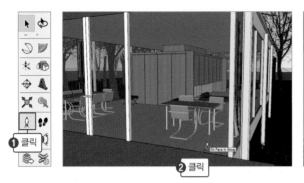 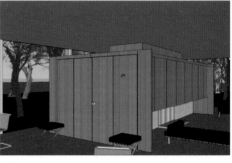

07 Look Around(둘러보기👁) 상태에서 클릭 & 드래그하여 바라보는 초점을 조정합니다.

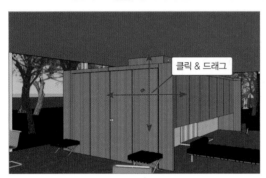 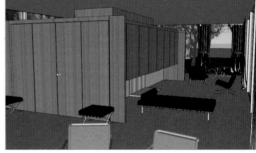

▲ 초점 조정 전　　　　　　　　　　　　　　　　▲ 초점 조정 후

08 설정된 뷰를 저장하기 위해 커서를 트레이 패널로 이동합니다. Scenes에서 장면 추가(⊕)를 클릭합니다.

09 좌측 상단에 장면 탭이 추가된 것을 확인하고 커서를 ❶부분으로 이동해 마우스 오른쪽 버튼을 클릭합니다. Rename Scene ❷를 클릭하고 '실내뷰1'을 입력합니다.

2개 이상의 장면을 저장하면 장면 탭 좌측 끝에 장면 뷰를 검색할 수 있는 돋보기 아이콘이 추가됩니다. 장면 검색 도구는 2022 버전부터 추가된 기능입니다.

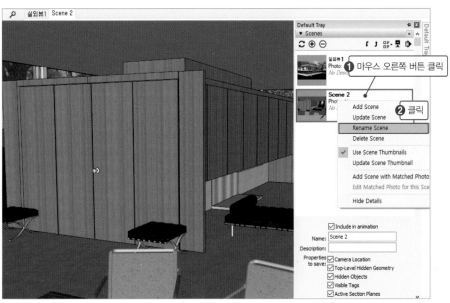

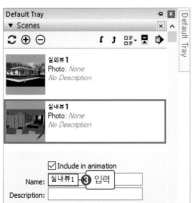

10 계속해서 입면 뷰를 추가하겠습니다. 배치된 나무 및 나무 그룹을 선택한 상태에서 마우스 오른쪽 버튼을 클릭하고 메뉴에서 [Hide]를 클릭합니다.

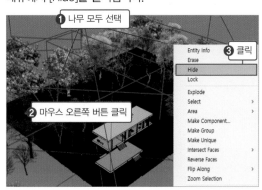
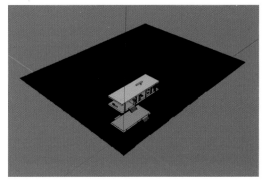

11 [Camera]–[Parallel Projection]을 클릭하고 [Front View(⌂)]를 클릭해 정면 뷰로 변경합니다.

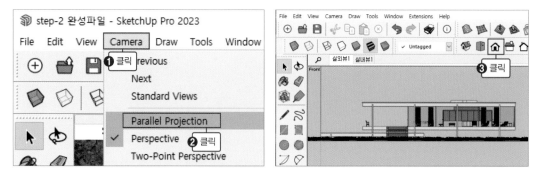

12 Shift를 누른 상태로 마우스 휠을 클릭 & 드래그하여 위치를 조정하고 마우스 휠을 돌려 크기를 조정합니다.

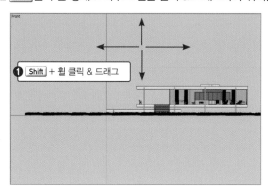
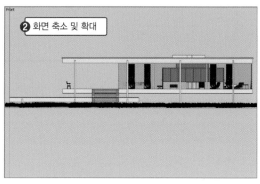

13 '실외뷰'와 '실내뷰'를 장면으로 추가한 것과 동일한 방법으로 현재 뷰를 추가하겠습니다. 트레이 패널 Scenes에서
⊕를 클릭해 장면을 추가하고 장면의 이름을 '남측입면'으로 변경합니다.

14 나머지 '동측입면', '북측입면', '서측입면'을 장면으로 추가합니다.

① 동측입면 :

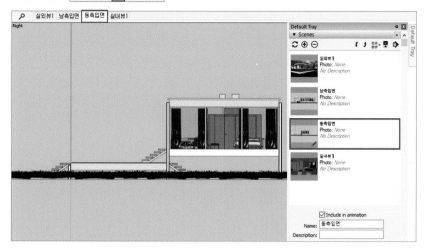

② 북측입면 :

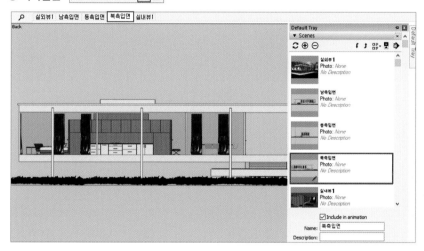

③ 서측입면 :

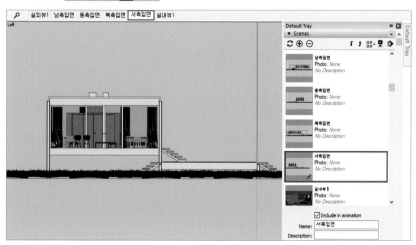

15 상단의 장면 탭을 하나씩 눌러 저장된 뷰를 확인합니다. 어떤 시점이든 해당 탭을 클릭하면 저장된 뷰로 이동되며, 이미지를 내보내기(사진, 동영상) 하거나 편집을 진행할 수 있습니다.

▲ 실외뷰1

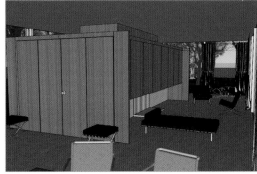

▲ 실내뷰1

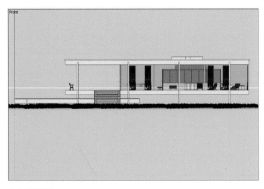

▲ 남측입면

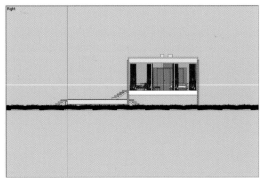

▲ 동측입면

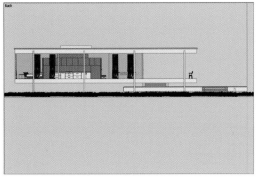

▲ 북측입면

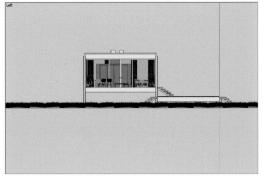

▲ 서측입면

▲ 완성파일 : [예제파일/P03/Ch04/Step-1 완성파일]

STEP 2 이미지(JPEG) 파일로 내보내기

01 STEP 1 의 완성파일 또는 [예제파일/P03/Ch04/Step-1 완성파일]을 더블 클릭하고 상단 장면 탭에서 '실외뷰1'을 클릭합니다.

02 현재 선택된 장면을 이미지 파일로 내보내기 위해 [File]–[Export]–[2D Graphic]을 클릭하고 이미지 파일 형식과 이름을 설정하고 바탕 화면에 [Export(내보내기)] 합니다. 동일한 과정으로 실내뷰 장면도 이미지로 내보내기 합니다.

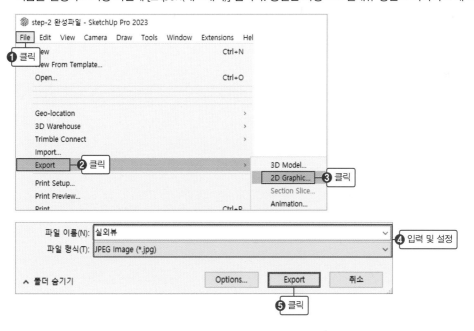

Tip 좌표축 숨기기

View의 Axes를 클릭
하면 화면에 보이는
좌표축을 숨길 수 있
지만 Export로 이미
지 저장 시 좌표는 자
동으로 출력하지 않
습니다.

03 입면 뷰 4개는 배경색을 흰색으로 변경한 후 내보내기를 하겠습니다. 장면 탭에서 '남측입면'을 클릭합니다. 트레이
패널에서 Styles의 Edit 탭을 클릭하고 하늘 배경색 'Sky' 항목을 해제합니다.

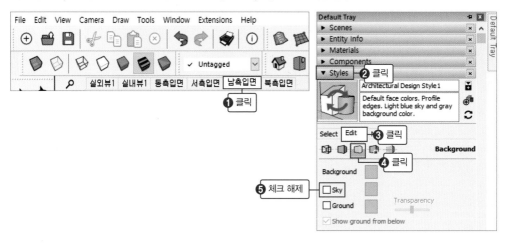

04 배경색 ❶을 클릭하고, 설정 창의 Picker를 'RGB'로 변경합니다. 조정 막대를 모두 우측 끝으로 이동한 다음 [OK]
버튼을 클릭합니다.

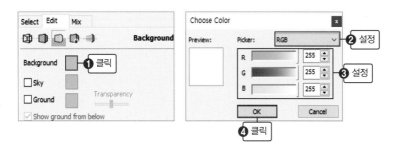

05 변경된 배경을 확인하고 이미지 파일의 형식과 이름을 다음과 같이 설정해 바탕 화면에 Export(내보내기)합니다. 다른 동측, 북측, 서측입면도 동일한 설정으로 저장합니다.

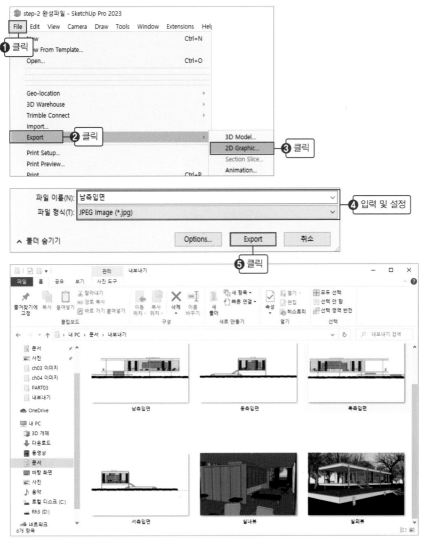

▲ 저장된 사진(jpg) 파일

Tip

저장 이미지 해상도 설정

Export의 [Options]를 클릭하면 이미지의 해상도(픽셀)와 선 두께를 추가로 설정할 수 있습니다.

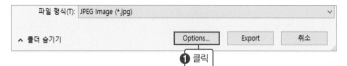

▲ 기본 설정 : Use view size

▲ 기본 픽셀의 약 3배

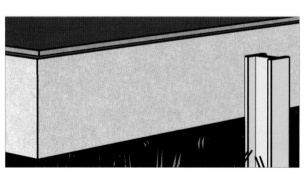
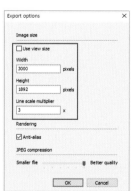

▲ 기본 픽셀의 약 3배, 기본 선 두께의 3배

01 STEP **1** 의 완성파일 또는 [예제파일/P03/Ch04/Step-2 완성파일]을 더블 클릭하고 상단 장면 탭에서 '실외뷰1'을 클릭합니다.

02 커서를 실외뷰1 탭으로 이동해 마우스 오른쪽 버튼을 클릭하고 [Play Animation]을 클릭합니다. 화면으로 재생되는 애니메이션을 확인하고 [닫기] ❸을 클릭합니다.

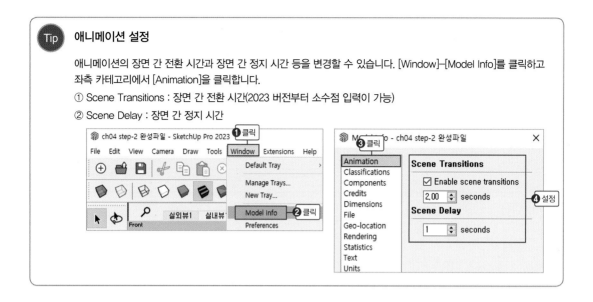
03 화면으로 재생되는 애니메이션을 동영상 파일로 저장하기 위해 [File]–[Export]–[Animation]을 클릭합니다.

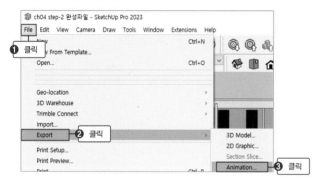

04 다음과 같이 파일명을 입력하고 내보내기 [Export] 버튼을 클릭해 바탕 화면에 내보내기 합니다. 진행이 완료되면 저
장된 파일을 재생해 결과를 확인합니다.

컴퓨터 사양에 따라 많은 시간이 소요될 수 있으며 [Options] 버튼을 클릭해 해상도 및 프레임 등을 설정할 수 있습니다.

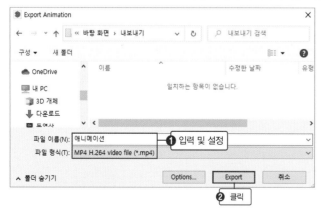

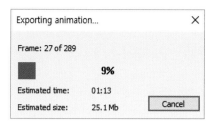

▲ 진행 과정

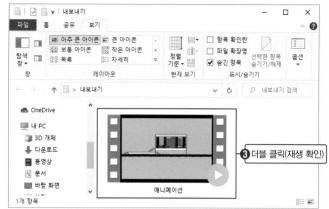

③ 더블 클릭(재생 확인)

▲ 저장된 파일(mp4)

Tip **동영상 품질 설정**

① Export의 [Options]를 클릭하면 동영상의 품질 설정이 가능합니다.

② [Resolution]을 1080p Full HD, [Frame rate]을 30프레임으로 설정하면 고해상도의 부드러운 영상을 출력할 수 있습니다.

05 모델링에 유용한 기능과 실무자 TIP

지금까지 학습한 스케치업의 핵심 도구와 기능 외에 모델링에 도움이 될 수 있는 몇 가지 사항을 추가로 학습합니다.

STEP·1 스케치 기준면 지정

스케치업에서 모델링은 2D 스케치로 시작됩니다. 스케치의 기준면과 관련된 기능을 학습합니다.

[예제파일/P03/Ch05/스케치 기준면] 파일을 더블 클릭해 스케치업을 실행합니다.

01 방향키(⬇)로 기준면 지정

물체의 경사면과 동일한 각도로 사각형을 그려보겠습니다. ®을 누르고 커서를 경사면 ❶지점으로 이동해 방향키 ⬇를 누르면 현재 면이 스케치 기준면으로 고정됩니다.

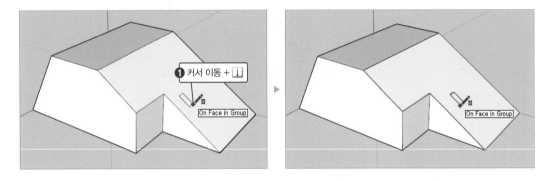

02 ❶지점을 클릭합니다. 커서를 ❷방향으로 이동한 상태에서 '500,500'을 입력하고 Enter를 누르면 경사면과 같은 각도로 사각형이 그려집니다.

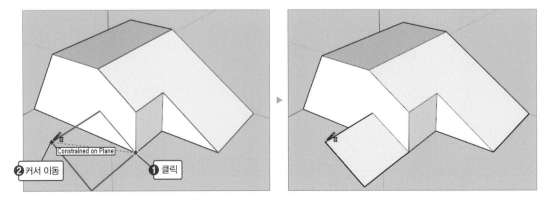

03 Align Axes(좌표 정렬)

그룹 객체에 사각형을 그리겠습니다. Space Bar를 눌러 더블 객체 ❶을 클릭하고 사각형을 그리면 X, Y 좌표축이 물체와 맞지 않습니다. Space Bar를 눌러 스케치할 면 ❷를 마우스 오른쪽 버튼으로 클릭하고 메뉴에서 [Align Axes]을 클릭합니다.

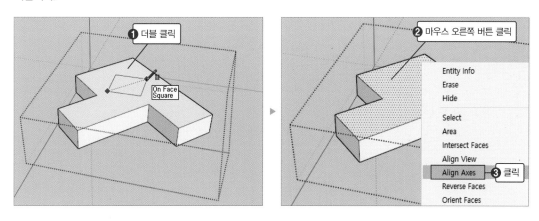

04 물체의 모서리와 X, Y 좌표축이 일치된 것을 확인하고 다시 사각형을 그립니다.

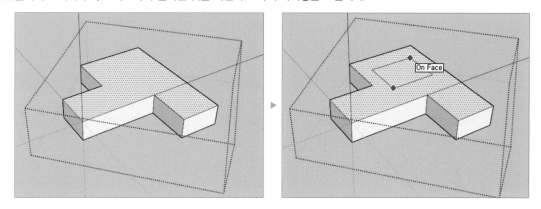

05 Align View

작업 시점과 스케치할 면을 보기 좋게 맞춰보겠습니다. 스케치할 면 ❶을 마우스 오른쪽 버튼으로 클릭하고 메뉴에서 [Align View]를 클릭합니다. 선택한 면이 정면 시점으로 변경되어 작업에 용이합니다.

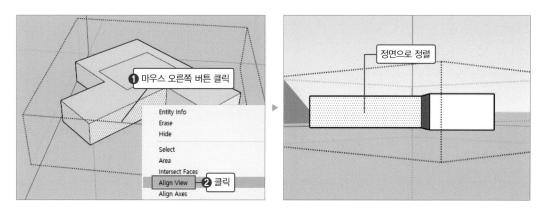

2022 버전 이상부터 사용 가능한 Lasso(올가미) 선택 도구와 반전 선택에 대해 학습하겠습니다.

올가미 선택 : Shift + Space Bar , 반전 선택 : Shift + 선택

[예제파일/P03/Ch05/선택] 파일을 더블 클릭해 스케치업을 실행합니다.

01 낮은 기둥을 모두 선택하겠습니다. 먼저 걸침 선택으로 높은 기둥 4개를 선택합니다. 이후 Shift 를 누른 상태로 모든 기둥을 포함 선택하면 앞서 선택한 높은 기둥 4개를 제외한 모든 기둥이 선택됩니다.

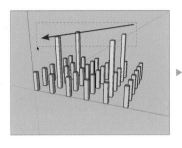 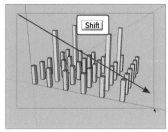 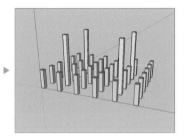

02 수직면에만 재질을 적용해 보겠습니다. 먼저 선택이 쉬운 수평면을 Shift 를 사용해 모두 선택합니다. Shift 를 누른 상태로 전체를 포함 선택합니다.

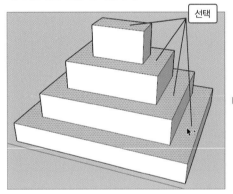 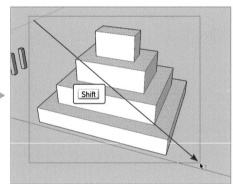

03 앞서 선택한 수평면 4개를 제외한 모든 면이 선택됩니다. 적당한 재질을 선택해 적용하면 모든 수직면에 재질이 한 번에 입혀집니다.

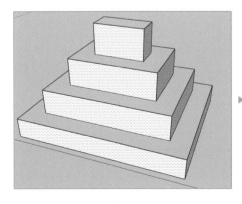 

04 올가미 선택

장면 탭 ❶을 클릭합니다. Shift 를 누른 상태로 Space Bar 를 누르면 커서의 모양이 올가미 모양(🔄)으로 나타납니다.

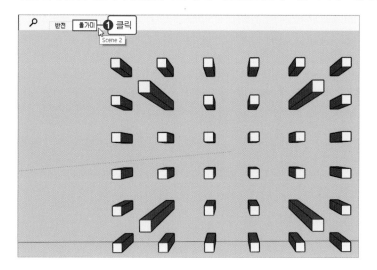

05 시작점 ❶지점에서 시계 방향으로 ❷지점까지 클릭 & 드래그로 선택합니다. 올가미 선택을 사용하면 굴곡진 범위도 쉽게 선택할 수 있습니다.

시계 방향은 포함 선택, 반시계 방향은 걸침 선택입니다.

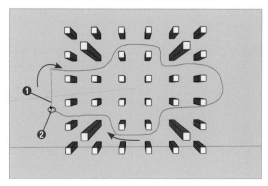
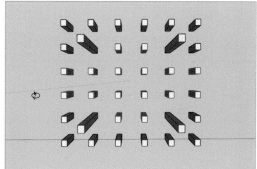

STEP 3 줄자로 객체 크기 변경

객체의 크기는 Scale(스케일) 도구로 변경할 수 있지만 길이가 아닌 배율 값으로 조정해야 합니다. Tape Measure(줄자)를 사용하면 길이를 입력해 크기를 조정할 수 있습니다.

[예제파일/P03/Ch05/크기 변경] 파일을 더블 클릭해 스케치업을 실행합니다.

01 벽과 벽 사이는 2100이며 가구 길이는 1700입니다. 가구의 길이를 2100으로 변경해 보겠습니다. Space Bar 를 눌러 가구 ❶을 더블 클릭해 그룹 편집모드로 변경합니다.

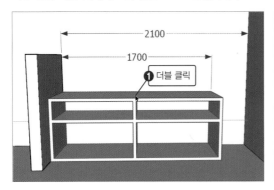 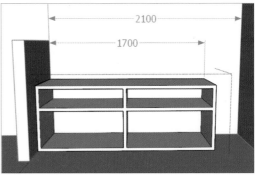

02 T 를 눌러 Tape Measure(줄자)를 실행합니다. 길이 부분인 ❶, ❷를 클릭하고 VCB 창에 '2100'을 입력합니다. 크기 조정에 대한 메시지가 나타나면 [예]를 클릭합니다.

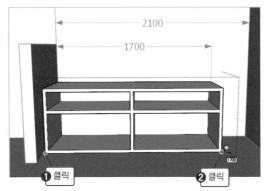 

03 줄자로 측정한 부분이 2100으로 변경되면서 나머지 깊이와 높이도 동일한 배율로 변경됩니다.

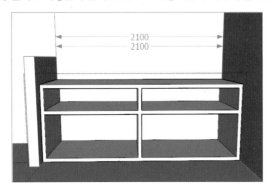

Rotate(회전) 도구는 X, Y, Z 회전축을 지정해 사용합니다. 하지만 회전축이 경사면 모서리일 때는 축을 지정할 수 없는 경우가 있습니다.

[예제파일/P03/Ch05/회전축] 파일을 더블 클릭해 스케치업을 실행합니다.

01 모서리 ❶을 회전축으로 하여 우측 프레임을 90° 회전하기 위해서는 경사면 ❷와 직각이 되는 면이 필요합니다. 하지만 프레임의 끝은 곡면으로 되어 있어 축을 정확하게 지정할 수 없습니다.

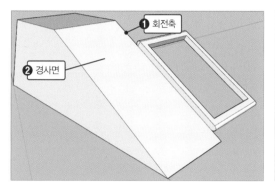
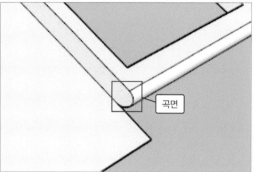

02 Space Bar 를 눌러 프레임 ❶을 클릭하고 Q 를 누릅니다. ❷지점에서 ❸지점까지 클릭 & 드래그로 회전축을 지정합니다. ❹지점에 회전 시작점을 클릭합니다.

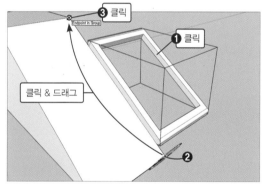
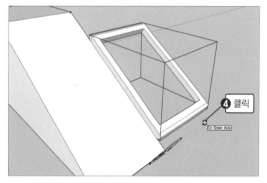

03 커서를 ❶지점으로 이동해 '90'을 입력하고 Enter 를 누릅니다. 시점을 반대편으로 이동해 회전 결과를 확인합니다.

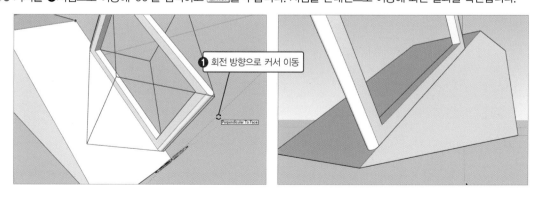

Section(단면) 도구를 사용하면 평면, 종단면, 횡단면 등을 표현할 수 있으나 표시된 여러 개의 단면 중 1개의 단면만 활성화할 수 있습니다. 하지만 그룹을 활용하면 2개 단면까지 동시에 활성화가 가능합니다.

[예제파일/P03/Ch05/단면+단면] 파일을 더블 클릭해 스케치업을 실행합니다.

01 Section Plane(단면) 도구(⊕)를 클릭합니다. ❶지점을 클릭하고 이름을 '종단면'으로 설정합니다.

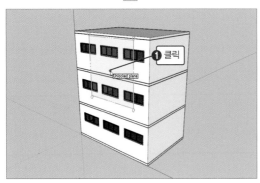 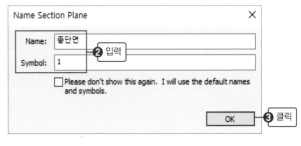

02 단면기호 ❶을 클릭하고 M을 누릅니다. 출입문 ❷가 절단되도록 단면기호를 이동합니다.

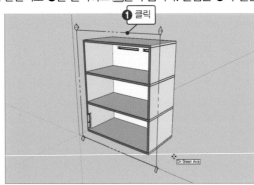 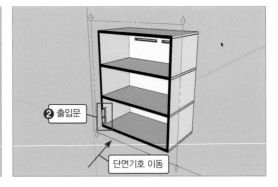

03 Space Bar 를 눌러 건물 ❶을 더블 클릭하고 Section Plane(단면) 도구(⊕)를 클릭합니다. ❷지점을 클릭하고 이름을 '횡단면'으로 설정합니다.

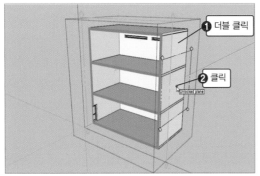 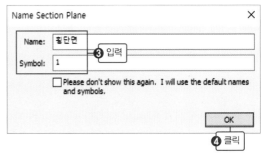

04 단면기호 ❶을 클릭하고 M을 누릅니다. 창문 ❷가 절단되도록 단면기호를 이동합니다. Space Bar 를 눌러 빈 공간 ❸
을 클릭해 그룹편집을 종료합니다.

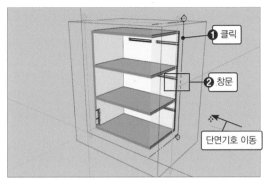 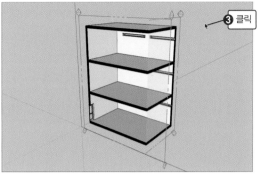

05 Display Section Planes ❶을 클릭해 단면 기호를 숨겨줍니다. 그룹객체의 경우 그룹 내부에서 단면을 표시하고 그
룹 외부에서 단면을 표시하면 2개 단면을 동시에 활성화할 수 있습니다.

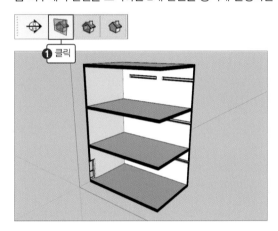

STEP 6 제자리 붙여넣기(Paste In Place)의 활용

모델링 작업 중 일부 요소를 복사해 붙여 넣는 경우 Ctrl + C 로 복사해 Ctrl + V 로 붙여 넣습니다. 하지만 원본과
사본의 위치가 동일해야 하는 경우에는 Edit 메뉴의 Paste In Place를 사용하는 것이 효과적입니다. 기본 단축키
는 없으므로 자주 사용하는 경우 Ctrl + Shift + V 로 등록합니다.

01 하나의 프로젝트를 다수 인원이 협업하는 경우

작업자 A가 대지 및 주변 환경을 완성 후 작업자 B가 완성한 모델을 가져와 결합하는 과정입니다. (단, 2개의 모델이
동일한 원점을 기준으로 작업한 경우)

[예제파일/P03/Ch05/환경] 파일을 더블 클릭해 스케치업을 실행하고 [예제파일/P03/Ch05/건물] 파일도 더블 클릭해 실행합니다.

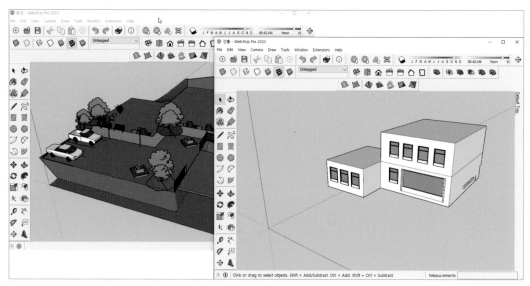

▲ 작업자 A가 완성한 '환경' 모델   ▲ 작업자 B가 완성한 '건물' 모델

02 건물 ❶을 클릭하고 Ctrl + C로 복사합니다. '환경' 모델 창으로 넘어와 Edit 메뉴의 Paste In Place ❷를 클릭합니다.

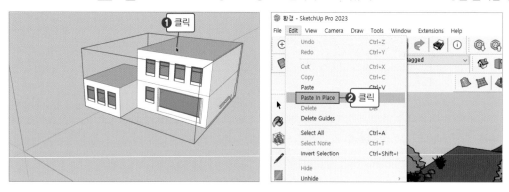

03 건물과 환경의 모델링 원점이 동일하므로 대지에 정확하게 배치됩니다.

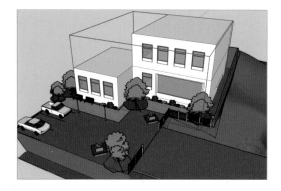

04 그룹 내부의 요소를 그룹 밖으로 이동해야 하는 경우 또는 반대의 경우

[예제파일/P03/Ch05/제자리붙이기] 파일을 더블 클릭해 스케치업을 실행합니다.

❶부분을 클릭해 이동하면 건물의 그룹 상태를 확인할 수 있습니다. 1층과 3층은 그룹으로 묶여 있으나 2층과 1층의 창문 표시 부분은 그룹에 포함되어 있지 않은 상태입니다. 확인 후 이동을 취소합니다.

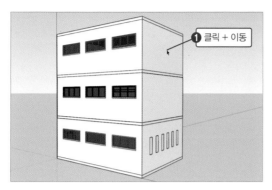 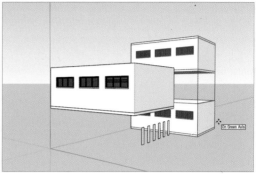

05 2층을 1층과 3층 그룹으로 포함시키기 위해 ❶부분을 클릭하고 Ctrl + X 로 잘라냅니다. Space Bar 를 누르고 ❸부분을 더블 클릭한 후 Edit 메뉴의 Paste In Place를 클릭하면 1층과 3층 그룹으로 2층이 들어옵니다.

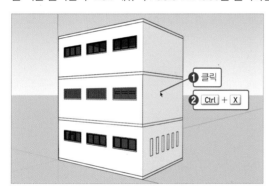 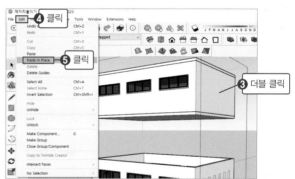

06 1층에 사각형으로 표시된 영역을 밀어 개구부를 오픈하겠습니다. 1층 ❶부분을 선택 도구로 클릭해 보면 표시한 6개의 사각형은 1층 벽체 그룹에 포함되지 않은 상태입니다. 사각형은 그룹 외부에 작성된 것으로 벽체를 끌 수 있으나 밀어낼 수 없습니다. 확인 후 취소합니다.

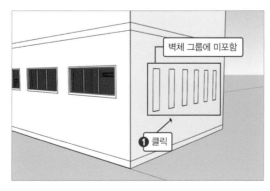 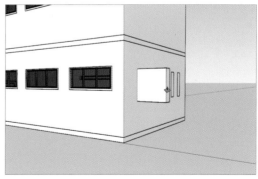

07 Space Bar 를 누르고 ❶부분에서 ❷부분까지 클릭 & 드래그로 사각형을 모두 선택하고 Ctrl + X 로 잘라냅니다. ❹부분을 더블 클릭하고 벽체를 클릭해 보면 벽체도 그룹으로 묶여 있습니다. 한 번 더 ❹부분을 더블 클릭해 벽체 면이 선택되는지 확인합니다.

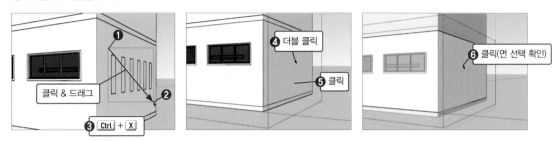

08 Edit 메뉴의 Paste In Place를 클릭하면 1층과 3층 그룹으로 2층이 들어옵니다. P 를 눌러 개구부를 오픈합니다.

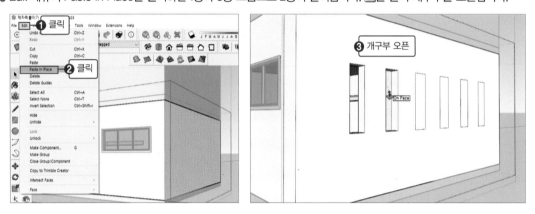

SketchUp 2023

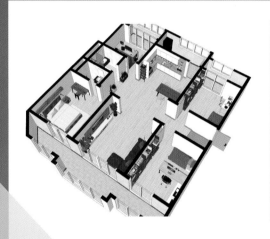

Chapter 01   아이소메트릭
Chapter 02   투시도

Part

04

모델링 실무편
아이소메트릭, 투시도

01 아이소메트릭

캐드(CAD) 프로그램으로 작성된 아파트 평면도(DWG)를 바탕으로 아이소메트릭 모델을 작성하겠습니다.

STEP 1 바닥과 벽체 만들기

01 스케치업을 실행하고 'study' 템플릿을 클릭합니다.

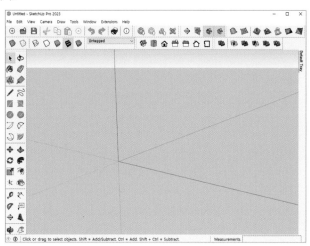

02 모델링에 필요한 부분만 편집된 캐드도면을 사용하겠습니다. [File]에서 [Import]를 클릭하고 [예제파일/P04/CH01/ 캐드도면] 파일을 불러옵니다.

사용할 캐드도면은 미리 정리된 파일입니다.

캐드도면 파일이 보이지 않는 경우 파일 유형이 'AutoCAD File(dwg, dxf)'로 설정되어 있는지 확인합니다.

Import로 불러온 도면은 그룹으로 지정됩니다.

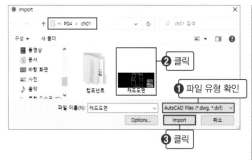
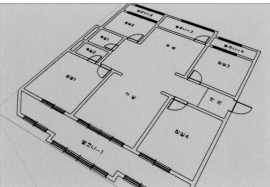

03 모델링에 사용할 도면층(Tag)을 구성합니다. Tags 패널에서 도면층 추가(⊕)를 클릭해 모델링 구성요소인 구조, 가구, 창, 문, 걸레받이와 불러온 캐드도면의 도면층을 다음과 같이 구성합니다.

WID, WAL Tag는 캐드 평면도에서 사용된 도면층이며, 각 도면층(Tag)의 색상은 랜덤으로 아래와 같이 일치하지 않아도 됩니다.

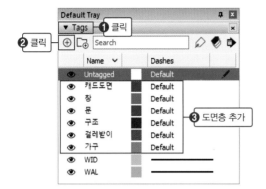

04 Space Bar 를 눌러 선택 커서로 캐드도면을 클릭합니다. 도면층(Tags) 컨트롤 도구에 'Untagged'로 표시됩니다. 화살표를 클릭하고 변경할 도면층인 [캐드도면] 도면층을 클릭합니다.

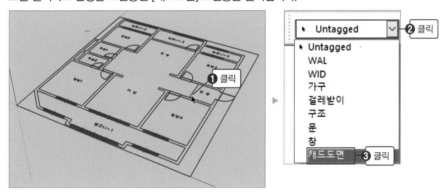

Tip **객체의 도면층(Tag)**

① 선의 유형 설정

도면층(Tag)의 'Dashes' 항목에서 다양한 선의 유형을 설정할 수 있습니다. 일점쇄선으로 구조체의 중심이나 반복된 요소의 위치를 표시할 수 있습니다.

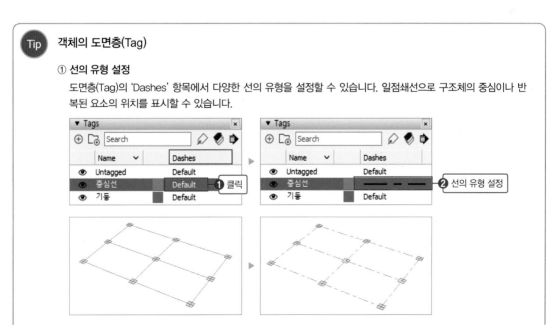

② 정보 확인

Space Bar 를 눌러 객체를 선택하면 도면층(Tags) 컨트롤 도구와 Entity Info 패널에서 선택된 객체의 도면층이 표시됩니다. Entity Info에서는 도면층 이외에 길이, 면적, 용적 등 객체의 특성 정보를 확인할 수 있습니다.

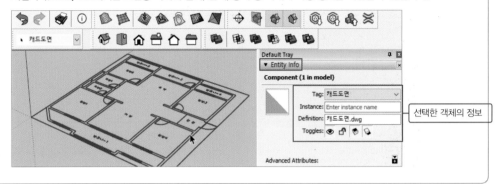

05 바닥 만들기

선 그리기 L 을 누르고 ❶부터 ⓮지점까지 클릭해 바닥 모양의 면을 그립니다. 밀기/끌기 P 를 누르고 아래쪽으로 200 밀어 전체 바닥판을 만듭니다.

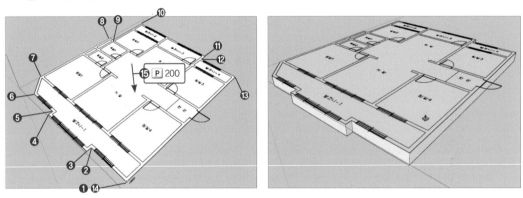

06 바닥 구분

사각형 그리기 R 을 누릅니다. ❶지점을 클릭하고 ❷지점을 클릭해 '발코니2'의 바닥공간을 표시합니다. Space Bar 를 눌러 바닥면을 클릭해 면이 분리됨을 확인합니다.

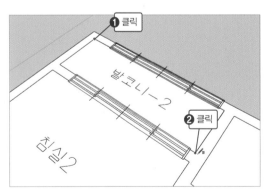

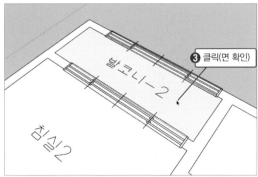

07 위의 **03**과 동일한 방법으로 바닥 높이가 다른 나머지 ❶부터 ❼의 공간에도 사각형을 그려줍니다. '발코니1'은 선 그리기 ⒧을 누르고 ❽부터 ⓰지점까지 클릭해 바닥 모양의 면을 그립니다.

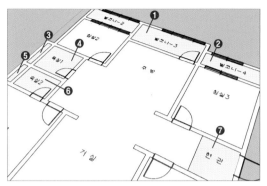
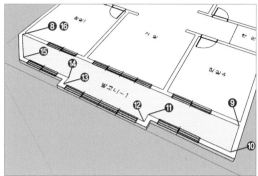

08 바닥 높이 조정

밀기/끌기 ⓅP를 누르고 ❶부터 ❼까지 바닥면을 아래로 100 밀어 낮게 만듭니다.

최초 100 입력 이후 나머지 부분은 더블 클릭으로 입력하면 빠른 작업이 가능합니다.

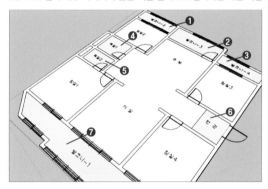
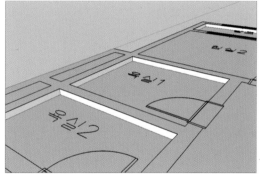

09 밀기/끌기 ⓅP를 누릅니다. 욕실 좌측의 P.S(Pipe Shaft)는 끝까지 밀어 구멍을 냅니다.

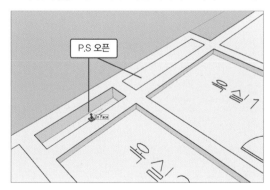
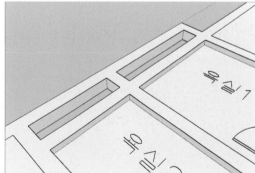

10 Space Bar 를 눌러 완성된 바닥을 트리플 클릭으로 모두 선택합니다. 마우스 오른쪽 버튼을 클릭하고 메뉴에서 [Make Group]을 클릭합니다.

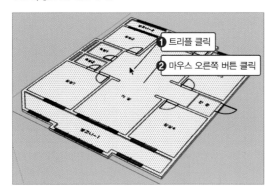
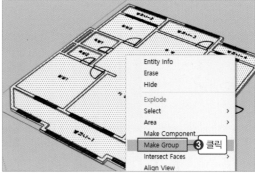

11 벽체 만들기

사각형 그리기 R을 누릅니다. ❶지점을 클릭하고 ❷지점을 클릭해 벽체의 면을 그리고, P를 눌러 2000 높이로 끌어 올립니다. 벽체는 그룹으로 작성합니다.

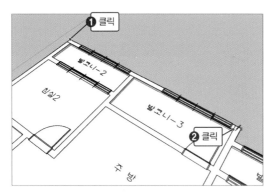
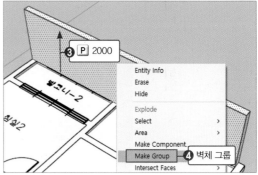

12 위의 **11**과 동일한 과정으로 총 24개의 벽체(그룹)을 모두 만듭니다.

발코니-1의 사선벽은 선 그리기 L을 눌러 벽 모양을 그립니다.

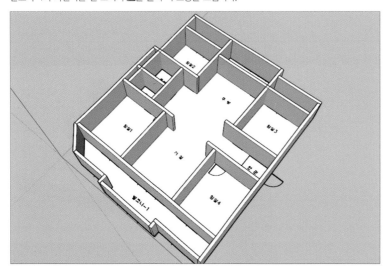

13 24개의 벽체와 바닥을 하나로 합치기 위해 Union(🔲) ❶을 클릭합니다. 벽체 ❷를 클릭한 후 나머지 벽체와 바닥을 모두 클릭해 하나로 만듭니다.

벽체 ❷가 아닌 다른 벽체를 먼저 클릭해도 무방합니다.
바닥을 합친 후 보이는 경계선은 Import한 캐드도면입니다. 도면층을 Off하면 하나로 합쳐져 있음을 확인할 수 있습니다.

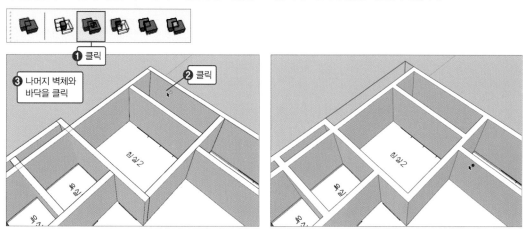

14 Space Bar 를 누르고 합쳐진 구조체를 선택합니다. 이동하기 M 을 눌러 모든 객체가 같이 움직이는지 확인 후 Space Bar 를 눌러 취소합니다. 완성된 구조체를 '구조' 도면층으로 변경합니다.

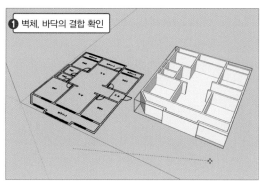

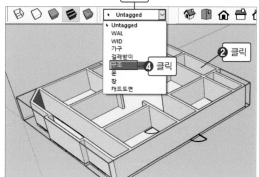

STEP · 2 개구부 오픈하기

01 개구부 영역 표시

시야를 확보하기 위해 Tags 패널에서 구조 도면층의 눈을 클릭합니다. 도면층이 Off되면서 구조체가 숨겨지고 캐드도 면만 보이게 됩니다.

개구부: 벽체에 문이나 창을 내기 위해 비어 있는 부분

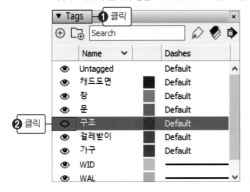
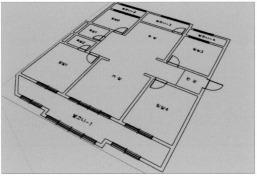

02 '발코니-3'을 확대합니다. 사각형 그리기 R을 눌러 창과 문의 크기로 사각형을 그려줍니다. 밀기/끌기 P를 누르고 4000 높이로 끌어 올립니다.

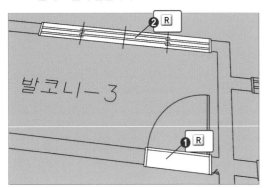
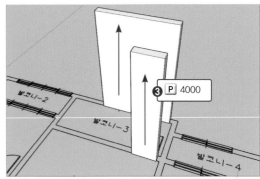

03 Space Bar를 누릅니다. 창과 문 크기로 만든 상자를 트리플 클릭으로 선택해 각각 그룹으로 작성합니다.

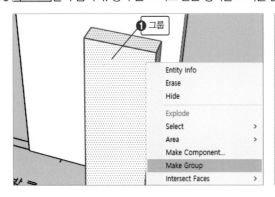
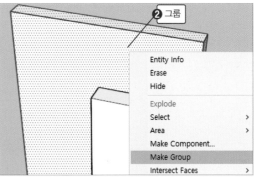

04 **01**~**03**과 동일한 방법으로 나머지 모든 문과 창 부분에 상자 모양을 만들어 각각 그룹으로 작성합니다. '구조' 도면층의 눈을 클릭해 구조체가 보이게 설정합니다.

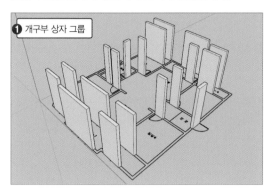

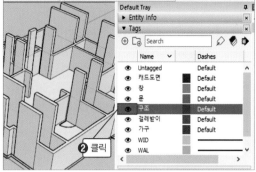

05 개구부 뚫기

Space Bar 를 누릅니다. 하부에 벽체가 있는 창 ❶, ❷, ❸을 선택해 이동하기 M 을 눌러 위쪽(Z축)으로 1100 이동시킵니다.

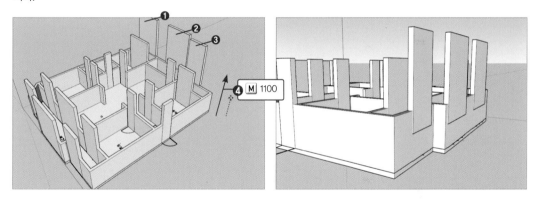

06 Space Bar 를 누릅니다. 객체 ❶을 클릭하고 마우스 오른쪽 버튼을 클릭합니다. Select의 All with Same Tag를 클릭합니다.

All with Same Tag는 동일한 도면층(Tag)의 객체를 모두 선택하는 도구입니다. 개구부 크기의 모든 상자는 도면층을 지정하지 않아 모두 Untagged 도면층으로 작성되었으므로 모든 상자가 선택됩니다.

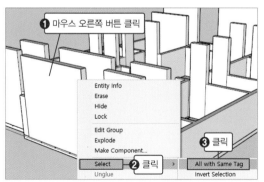

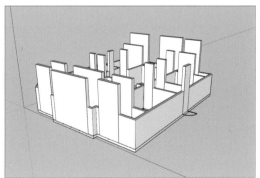

Select 옵션은 2022 버전부터 추가된 기능으로 2021 버전 이하의 사용자는 Right View()를 클릭하고 Camera를
Parallel Projection으로 설정해 걸침선택으로 객체를 선택합니다.

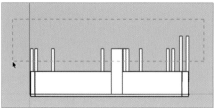

07 모든 상자를 선택한 후 ❶지점에서 마우스 오른쪽 버튼을 클릭합니다. 메뉴에서 [Explode]를 클릭하고 다시 마우스
오른쪽 버튼을 클릭해 [Make Group]을 클릭합니다.

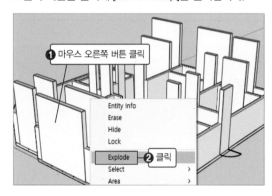
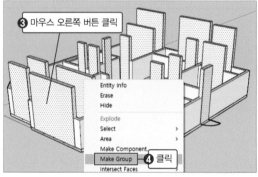

Tip **분해 후 다시 그룹을 설정한 이유**

고체 도구는 그룹 객체를 교차시켜 겹치는 부분을 제거하거나 잘라냅니다. 하지만 해당 그룹이 여러 번에 걸쳐 그룹
으로 설정된 경우에는 고체 도구를 사용할 수 없습니다. Part 2의 Chapter 6에서 진행한 버스 정류장 내용과 동일합
니다.

08 모든 상자가 하나의 그룹으로 묶였습니다. Space Bar 를 눌러 선택 도구로 전환하고 빈 공간 ❶을 클릭하거나 Ctrl + T
를 눌러 선택을 해제합니다.

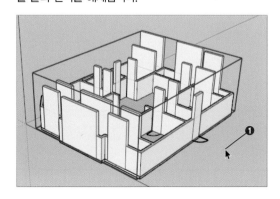

09 고체 도구막대에서 빼기(Subtract🔳) ❶을 클릭합니다. 빼낼 ❷를 먼저 클릭하고 ❸을 클릭하면 겹쳐진 부분과 먼저 클릭한 그룹이 제거됩니다.

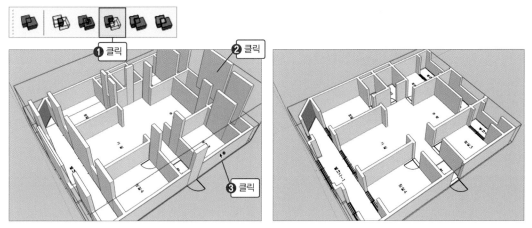

▲ 완성파일 : [예제파일/P04/Ch01/Step-2 완성파일]

STEP · **3** 문 만들기

01 시야를 확보하기 위해 Tags 패널에서 '구조' 도면층의 눈을 클릭합니다. 도면층이 Off되면서 구조체가 숨겨지고 캐드도면만 보이게 됩니다.

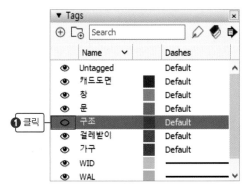

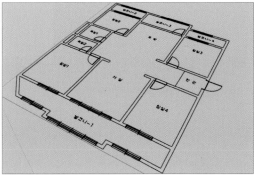

02 '침실2'의 문 부분을 확대합니다. 사각형 그리기 R을 눌러 문틀 ❶, ❷와 문짝 ❸을 그려줍니다. 밀기/끌기 P를 누르고 문틀과 문짝을 2000 높이로 끌어 올립니다.

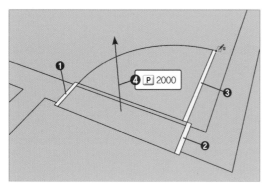 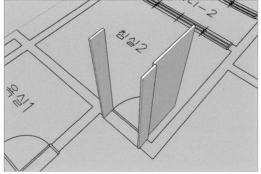

03 Space Bar 를 누릅니다. 문틀과 문짝을 트리플 클릭으로 선택해 그룹으로 작성합니다.

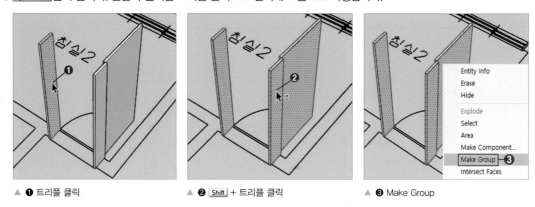

▲ ❶ 트리플 클릭   ▲ ❷ Shift + 트리플 클릭   ▲ ❸ Make Group

04 [File] 메뉴에서 [Import]를 클릭하고 [예제파일/P04/Ch01/컴포넌트/문] 폴더에서 도어핸들을 선택해 ❹지점에 배치합니다.

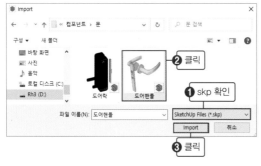 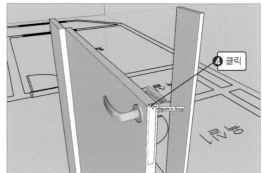

05 이동하기 M을 눌러 아래쪽(-Z축)으로 1000 이동합니다.

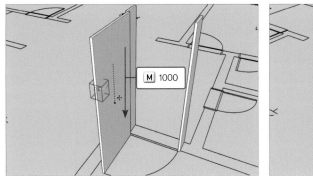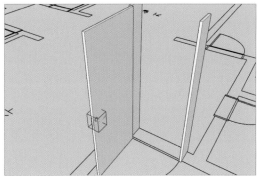

06 Space Bar를 누릅니다. 문짝 ❶을 더블 클릭하고 잠금장치 크기로 사각형을 그려줍니다. 사각형 안쪽 면 ❸를 삭제하고 편집을 종료합니다.

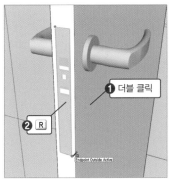

07 작업자 취향에 따라 문과 손잡이에 추가적인 디자인과 재질을 적용합니다. Space Bar를 눌러 문을 이루는 모든 구성 요소를 선택합니다.

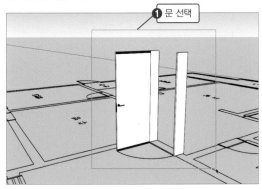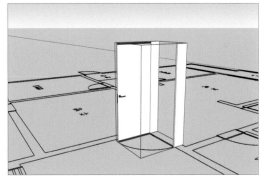

08 마우스 오른쪽 버튼을 클릭해 컴포넌트로 작성합니다. 컴포넌트의 정보를 간단히 입력하고 [Create] 버튼을 클릭합니다.

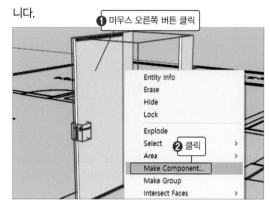
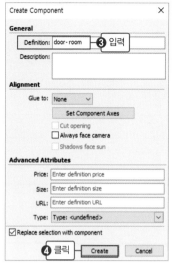

09 Space Bar 를 눌러 작성된 문 컴포넌트 ❶를 클릭합니다. 이동하기 M 을 누르고 Ctrl 을 누릅니다. 복사 기준점 ❷지점을 클릭하고 ❸지점을 클릭해 복사합니다(2023 버전 사용자는 플립(Flip) 도구를 사용해 대칭으로 한 번에 복사합니다).

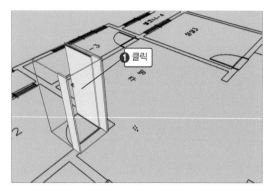
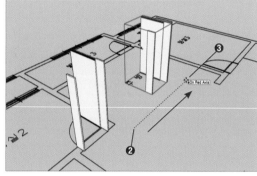

10 복사된 문을 대칭시키기 위해 S 를 누르고 ❶지점을 클릭합니다. VCB 창에 '−1'을 입력하고 Enter 를 누릅니다.

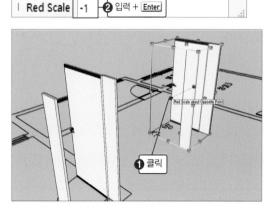
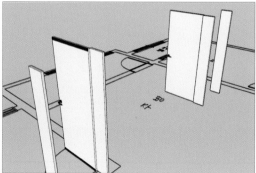

11 Space Bar 를 눌러 작성된 문 ❶과 ❷를 클릭합니다. 이동하기 M 을 누르고 Ctrl 을 누릅니다. 복사 기준점 ❸지점을 클릭하고 ❹지점을 클릭해 복사합니다.

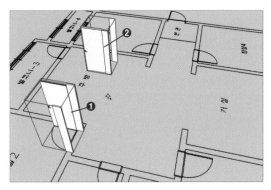 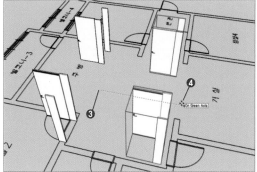

12 복사된 문 2개가 선택된 상태로 S 를 누르고 ❶지점을 클릭합니다. VCB 창에 '-1'을 입력하고 Enter 를 누릅니다.

| Green Scale | -1 | ❷ 입력 + Enter |

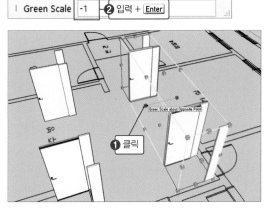 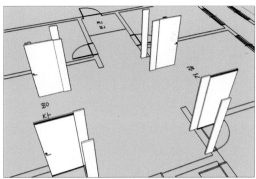

13 Space Bar 를 눌러 '침실1' 문을 클릭합니다. 이동하기 M 을 누릅니다. ❶지점을 클릭하고 ❷지점을 클릭해 캐드도면과 동일한 위치로 이동시킵니다.

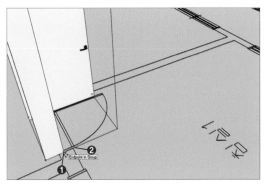 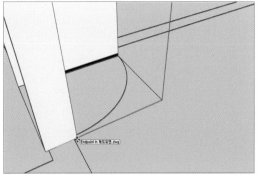

▲ 침실1

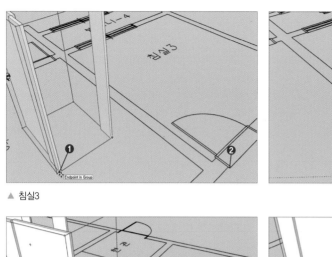
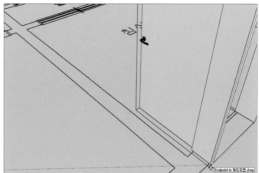

▲ 침실3

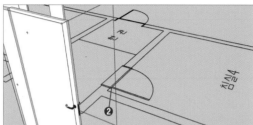
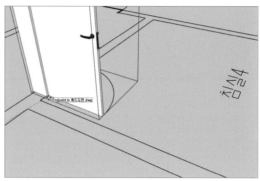

▲ 침실4

14 '발코니-3'의 문은 '침실2'의 문을 복사해 배치합니다.

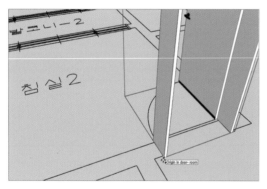
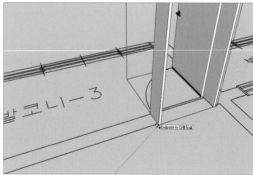

15 '욕실1'과 '욕실2'의 문은 침실 문과 크기가 다르므로 위의 **02**부터 **13**까지의 과정과 동일한 방법으로 만듭니다. '구조' 도면층의 눈을 클릭해 바닥과 벽체가 보이게 설정합니다.

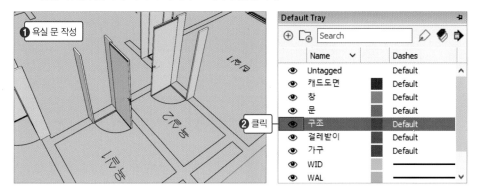

16 현관문 작성

현관 부분을 확대하면 바닥이 낮아 현관문 위치에 턱이 생겼음을 확인할 수 있습니다. 턱을 수정하기 위해 Space Bar 를 누르고 벽을 더블 클릭합니다.

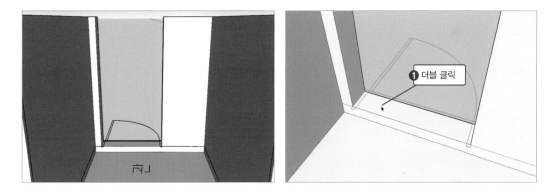

17 밀기/끌기 P 를 누릅니다. ❶지점을 클릭하고 ❷지점을 클릭해 현관 바닥과 높이를 맞춥니다.

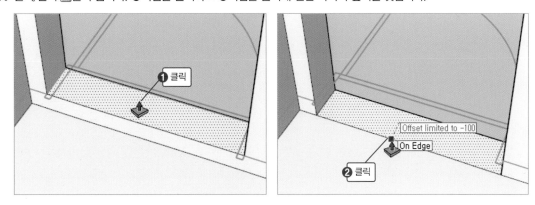

18 지우기 E를 누르고 경계선 ❶을 클릭해 선을 삭제한 후 그룹 편집 모드를 종료합니다. '캐드도면' 도면층의 눈을 클릭해 도면이 보이지 않게 설정합니다.

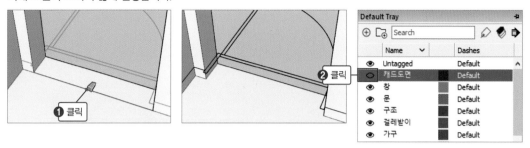

19 R을 눌러 현관문 크기에 맞춰 사각형 ❶을 그려줍니다. Space Bar를 누르고 선 ❷, ❸, ❹를 클릭합니다. F를 눌러 안쪽으로 30 복사한 후 선 ❻은 삭제합니다.

20 밀기/끌기 P를 누르고 ❶지점을 클릭해 150 밀어 문틀을 만듭니다. Space Bar를 눌러 문틀 ❷를 트리플 클릭해 그룹으로 작성합니다.

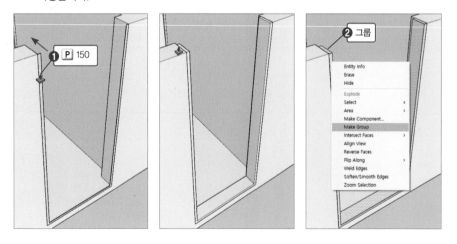

21 문짝을 만들기 위해 R을 눌러 현관문 크기에 맞춰 사각형을 그려줍니다. P를 누르고 ❷지점을 클릭해 30 밀어 문 짝을 만듭니다. Space Bar를 눌러 문짝을 트리플 클릭해 그룹으로 작성합니다.

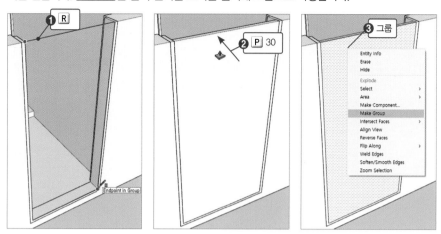

22 회전하기 Q를 눌러 작성된 문짝을 ❶지점을 기준으로 90˚ 회전시킵니다.

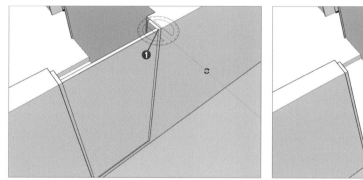
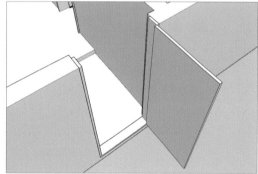

23 [File] 메뉴에서 [Import]를 클릭하고 [예제파일/P04/Ch01/컴포넌트/문] 폴더에서 도어락을 선택해 ❶지점에 배치합 니다. 이동하기 M을 눌러 아래쪽으로 1000 이동합니다.

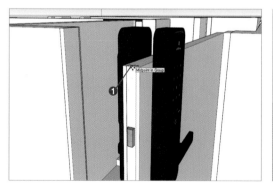
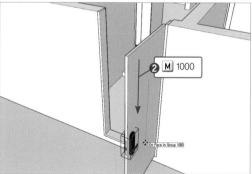

24 Space Bar 를 누릅니다. 문짝 ❶을 더블 클릭하고 잠금장치 크기로 사각형을 그려줍니다. 사각형 안쪽 면 ❸을 삭제하고 편집을 종료합니다.

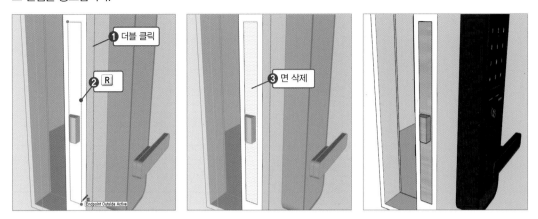

25 작업자 취향에 따라 현관문에 추가적인 디자인과 재질을 적용합니다. Space Bar 를 눌러 문을 이루는 모든 구성요소를 선택해 그룹으로 작성합니다.

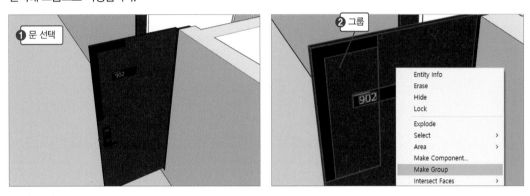

26 Space Bar 를 누릅니다. 작성된 모든 문을 선택해 '문' 도면층으로 변경합니다.

문 하나를 마우스 오른쪽 버튼으로 클릭해 Select 옵션에서 All with Same Tag를 클릭하면 도면층 지정이 안 된 모든 문이 선택됩니다.

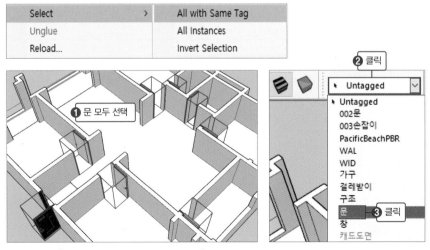

▲ 완성파일 : [예제파일/P04/Ch01/Step-3 완성파일]

01 '침실2'의 발코니 부분을 확대합니다. R을 눌러 창 크기에 맞춰 사각형 ❶을 그려줍니다. Space Bar를 누르고 선 ❷, ❸, ❹를 클릭합니다. F를 눌러 안쪽으로 30 복사한 후 선 ❻은 삭제합니다.

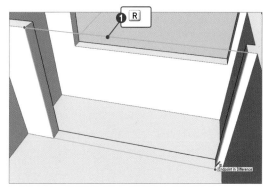 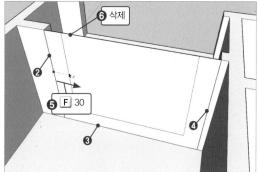

02 밀기/끌기 P를 누르고, ❶지점을 클릭해 240 밀어 틀을 만듭니다. Space Bar를 눌러 틀을 트리플 클릭해 그룹으로 작성합니다.

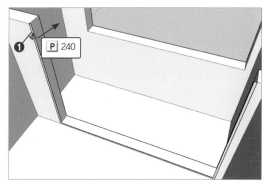 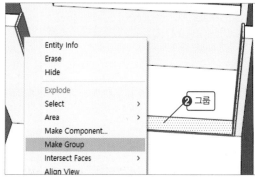

03 이동하기 M을 누르고, 틀의 중간 ❶지점을 클릭하고, 벽체의 중간 ❷지점을 클릭합니다.

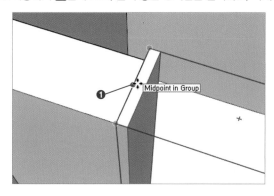 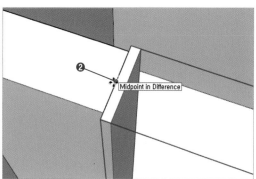

04 Space Bar 를 눌러 작성된 틀을 더블 클릭(편집 모드)하고 아래쪽 선을 마우스 오른쪽 버튼으로 클릭합니다. [Divide] 를 클릭해 선을 4등분하고 편집 모드를 종료합니다. (등분 값은 VCB 창에 입력하고 Enter 를 눌러도 됩니다)

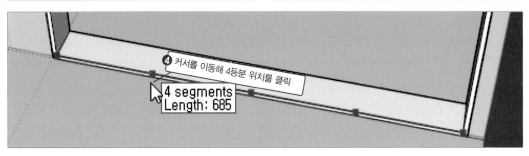

05 R 을 눌러 창 크기에 맞춰 사각형 ❶을 그려줍니다. Space Bar 를 누르고 선 ❷를 클릭합니다. 이동하기 M 을 눌러 오른쪽으로 40 이동합니다.

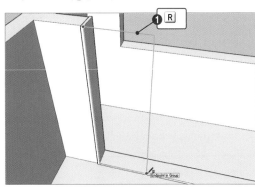
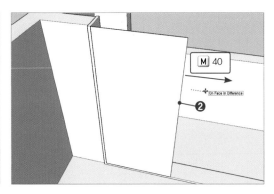

06 Space Bar 를 누르고 선 ❶, ❷, ❸을 클릭합니다. F 를 눌러 안쪽으로 80 복사한 후 선 ❺는 삭제합니다.

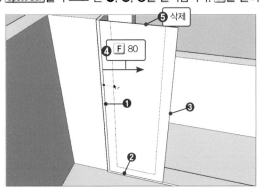
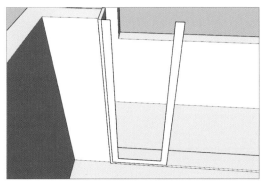

07 밀기/끌기 P 를 누르고 ❶지점을 클릭해 30 밀어 창틀을 만듭니다. Space Bar 를 눌러 문틀을 트리플 클릭해 그룹으로 작성합니다.

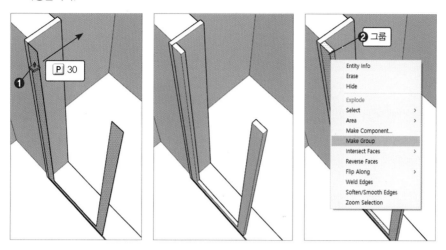

08 창유리를 만들기 위해 R 을 누릅니다. ❶과 ❷지점의 중간점을 클릭해 창틀 크기에 맞춰 사각형을 그려줍니다.

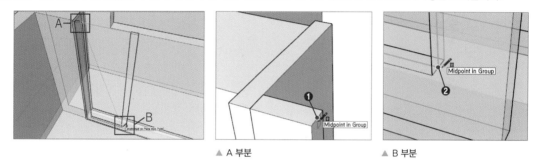

▲ A 부분　　　　　　　　　▲ B 부분

09 P 를 누르고 ❶지점을 클릭해 5 밀어 유리를 만듭니다. Space Bar 를 눌러 유리를 트리플 클릭해 그룹으로 작성합니다.

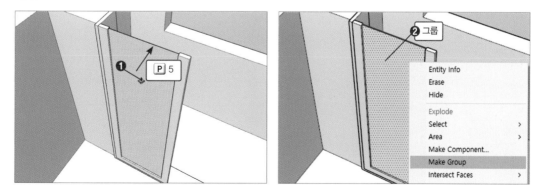

10 ❶ 틀, ❷ 창틀, ❸ 유리에 재질을 자유롭게 적용합니다.

투명도를 더 낮추려면 Edit의 Opacity를 0에 가깝게 설정합니다.

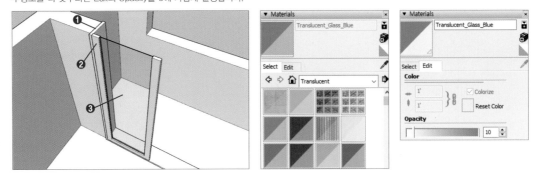

11 Space Bar를 눌러 유리 ❶과 창틀 ❷를 선택합니다. M을 누르고 Ctrl을 누릅니다. 한 번 더 Ctrl을 눌러 다음과 같이 창을 복사합니다.

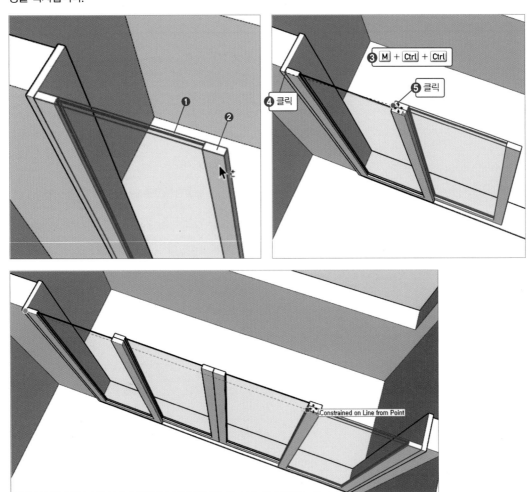

12 Space Bar 를 눌러 4짝의 창틀과 유리를 모두 선택해 그룹으로 작성합니다. 이동하기 M 을 눌러 바깥쪽으로 50 이동합니다.

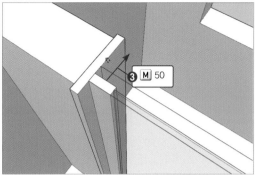

13 M 을 누르고 Ctrl 을 눌러 바깥쪽으로 100 거리를 두어 복사합니다. 작성된 틀 ❷, 창틀 ❸, ❹를 모두 선택해 그룹으로 작성합니다.

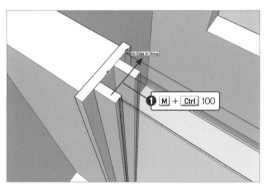
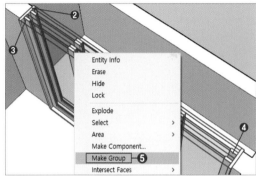

14 완성된 '침실2'의 창을 선택해 발코니 창 위치에 맞춰 복사합니다.

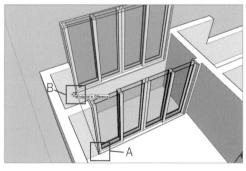
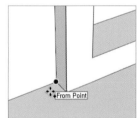

▲ A 부분　　　　　▲ B 부분

15 Space Bar 를 누릅니다. '발코니2'로 복사한 창을 더블 클릭하고 다시 틀 ❶을 더블 클릭해 틀의 높이를 벽의 상단 ❷에 맞도록 편집합니다.

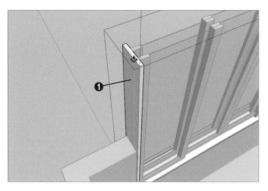 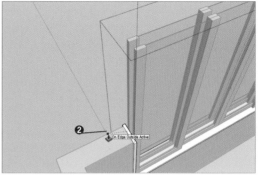

16 위의 **15**와 동일한 방법으로 반대편 틀 및 모든 창틀과 유리를 벽과 같은 높이로 편집합니다.

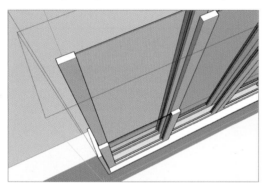 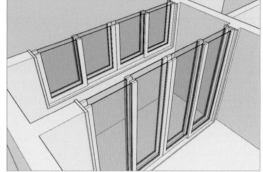

17 Space Bar 를 누릅니다. 창 ❶, ❷를 선택해 '창' 도면층으로 변경합니다.

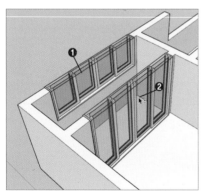 

18 완성된 '발코니2'의 창을 '발코니3'으로 복사합니다.

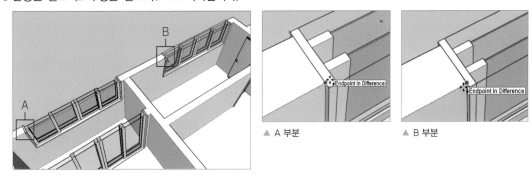

▲ A 부분　　　▲ B 부분

19 위의 **01**부터 **18**까지의 방법으로 나머지 창을 모두 완성합니다. 창 ❶, ❷, ❸, ❹, ❺는 동일한 크기입니다.

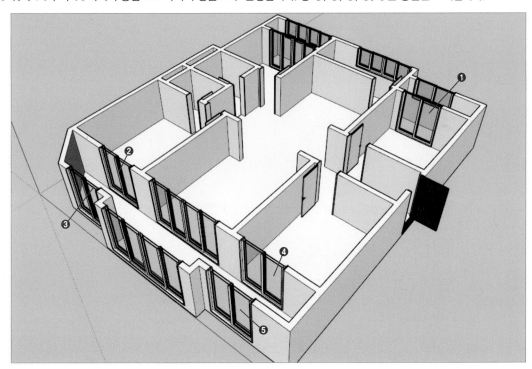

▲ 완성파일 : [예제파일/P04/Ch01/Step-4 완성파일]

STEP 5 걸레받이 만들기

01 거실과 주방 부분을 확대합니다. 선 그리기 ⌊L⌉을 눌러 ❶지점부터 거실과 주방의 둘레를 따라 선을 그려줍니다.

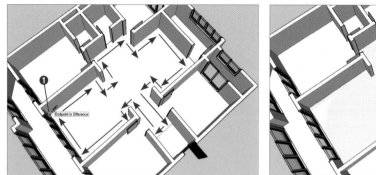
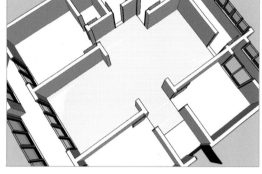

02 ⌈Space Bar⌉를 눌러 거실과 주방의 바닥면 ❶을 더블 클릭합니다. ⌈Shift⌉를 누른 상태로 바닥면 ❷와 선 ❸을 클릭해서 선택 제외한 후 ⌈F⌉를 눌러 안쪽으로 20 복사합니다.

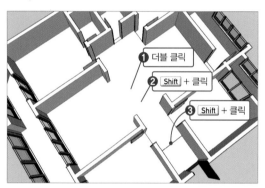
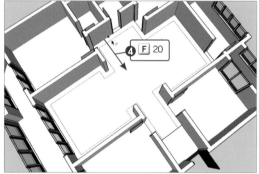

03 ⌈Space Bar⌉를 눌러 바닥면 ❶과 선 ❷를 클릭하고 ⌈Delete⌉를 눌러 삭제합니다. 20 간격 띄운 A 부분을 확대하고 ⌈P⌉를 눌러 100 높이로 끌어줍니다.

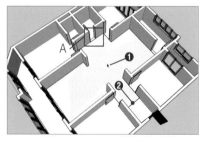
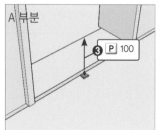
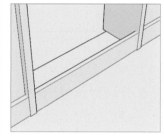

04 선 그리기 ⓛ을 누릅니다. 문틀과 걸레받이가 교차하는 A, B 부분에 경계선을 그립니다.

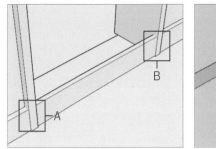
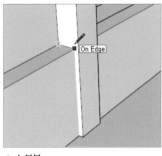
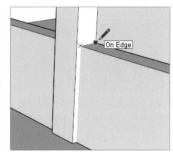

▲ A 부분　　　　　　　　　　▲ B 부분

05 ⓟ를 눌러 바닥까지 밀어줍니다. 바닥에 남은 선은 ⓔ를 눌러 삭제합니다.

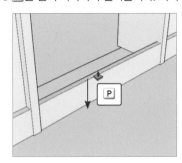
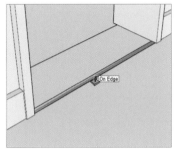
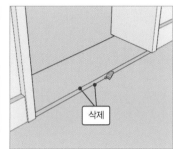

06 걸레받이와 창호가 교차되는 ❶~❻의 걸레받이 부분을 위의 **04**~**05**와 동일한 방법으로 편집합니다. 교차 부분에 경계선을 그릴 때는 충분히 확대하여 정확하게 그려줍니다. 실내 걸레받이를 모두 완성한 후 현관과 발코니 부분도 걸레받이를 만들어 봅니다.

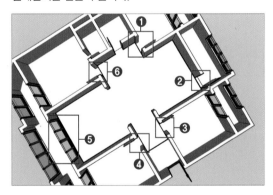

Tip 현관 걸레받이 작성 과정

① 선 ❶, ❷, ❸을 그려 20 간격으로 복사합니다.

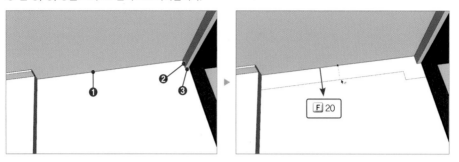

② ❶부분과 ❷부분을 선으로 연결해 면을 만든 후 P를 눌러 100 끌어줍니다.

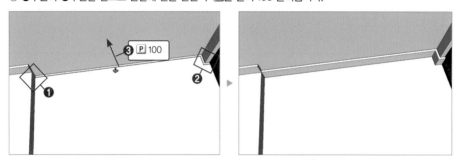

③ ❶지점에서 ❷지점까지 사선을 긋고 P를 눌러 20 끌어줍니다.

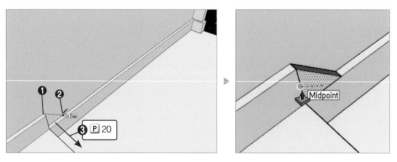

④ 남은 경계선 ❶, ❷는 E를 눌러 지우개로 삭제합니다.

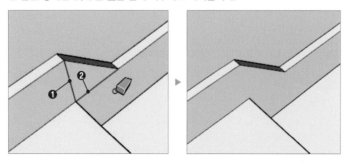

07 Space Bar 를 누릅니다. 완성된 모든 걸레받이를 선택해 그룹으로 작성하고 '걸레받이' 도면층으로 변경합니다.

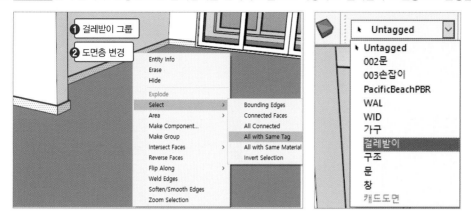

08 완성된 걸레받이에 Wood 계열이나 Color 재질을 적용합니다.

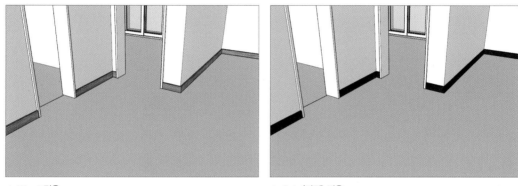

▲ Wood 적용　　　　　　　　　　　　　　　　　▲ Color(검정) 적용

▲ 완성파일 : [예제파일/P04/Ch01/Step-5 완성파일]

STEP **6** 바닥, 벽의 재질 적용

01 Space Bar 를 누르고 구조체 ❶을 더블 클릭합니다. Materials 패널의 Colors 카테고리에서 M09(검정) 재질을 선택합니다.

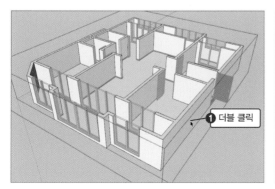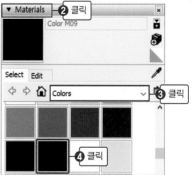

02 벽체 상단 절단면 **❶**을 모두 클릭해 M09(검정) 재질을 적용합니다.

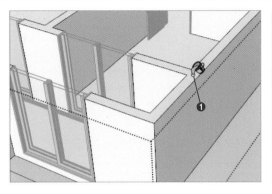 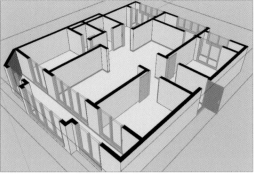

03 각 실의 바닥 재질은 외부 이미지를 사용해 재질을 적용하겠습니다. Materials 패널에서 Default **❶**( )을 클릭하고 Create Material **❷**( )를 클릭합니다. Texture의 'Use texture image' 항목을 체크하거나 이미지 열기( )를 클릭합니다.

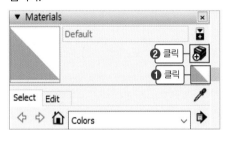 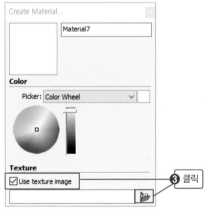

04 [예제파일/P04/Ch01/재질/마루] 폴더에서 바닥으로 사용할 이미지를 선택하고 [열기]를 클릭합니다. 새로운 재질의 이름(실내 바닥)과 크기(2500)를 설정하고 [OK] 버튼을 클릭합니다.

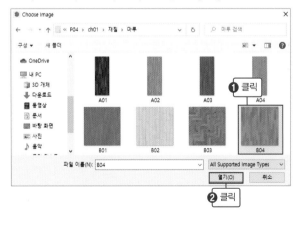 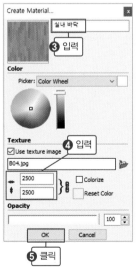

05 바닥면 ❶부분을 클릭해 마루 재질을 적용합니다.

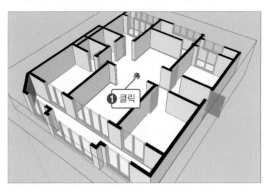 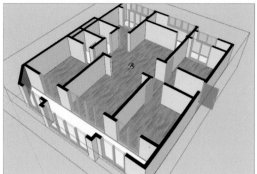

 각 실별 적용

현재 바닥면은 각 실과 실에 경계선이 없는 상태이므로 모두 동일한 재질로 적용됩니다. 각 실에 별도의 재질을 적용하려면 다음과 같이 경계선을 그리면 별도의 재질 적용이 가능합니다.

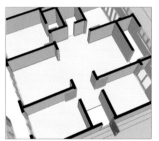  

▲ 하나의 바닥면   ▲ 경계선 작성   ▲ 면이 분할되어 따로 선택됨

06 위의 **03~05**와 동일한 방법으로 욕실, 발코니, 현관 바닥에 작업자 취향대로 재질을 적용합니다.

이미지 재질의 패턴이 나타날 수 있도록 크기 조절에 주의합니다.

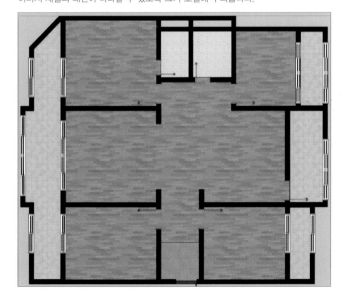

07 욕실과 발코니의 벽도 외부 이미지를 사용해 취향대로 재질을 적용하고 남은 실의 벽은 모두 흰색으로 마무리합니다.

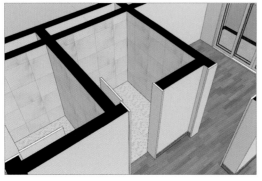

▲ 욕실 벽

▲ 발코니 벽

▲ 완성파일 : [예제파일/P04/Ch01/Step-6 완성파일]

STEP 7 가구 배치 및 이미지 출력

01 각 실의 기능 및 목적을 고려하여 적절한 가구를 배치합니다. 가구 및 소품 컴포넌트는 [예제파일/P04/Ch01/컴포넌트] 폴더의 파일이나 3D Warehouse를 방문해 다운로드합니다.

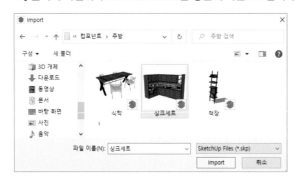

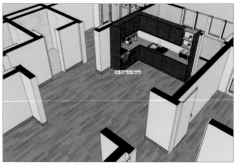

02 가구를 배치한 후 재질의 크기, 색감 등을 보완해 아이소메트릭을 완성합니다.

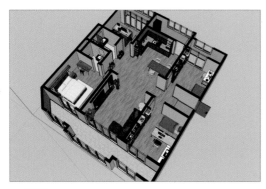

▲ 스타일 A

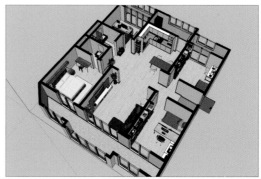

▲ 스타일 B

03 Style 패널 Edit의 Background Setting(▢)을 클릭합니다. Background의 색상(▢)을 클릭하고 R.G.B 바를 오른쪽
으로 밀어 배경색을 흰색으로 수정합니다.

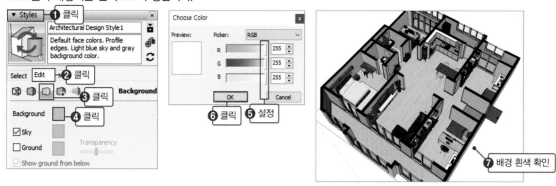

04 Shadows 패널에서 Use sun for shading 항목을 체크해 그림자가 꺼진 상태로 밝게 처리합니다. 기타 Time,
Light, Dark의 설정 값은 작업자의 취향에 맞도록 조정합니다.

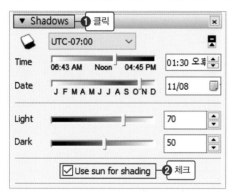
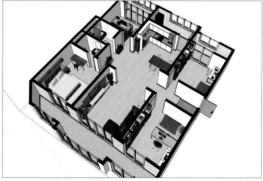

05 카메라의 유형을 선택하고 Scenes 패널에서 장면 추가 Add Scene을 클릭해 현재 뷰를 저장합니다.

자연스러운 모델의 표현은 Perspective, 각 실의 크기 비율과 공간에 대한 시야를 확보하려면 Parallel Projection을 선택합니다.

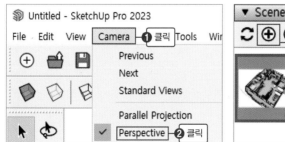

06 카메라의 유형을 Parallel Projection으로 변경하고 Top 뷰(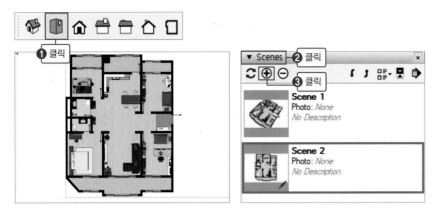)를 클릭합니다. Scenes 패널에서 장면 추가 Add Scene을 클릭해 현재 뷰를 저장합니다.

07 'Scene 1'을 클릭하고 File의 Export에서 2D Graphic을 클릭합니다. 저장 폴더와 파일 이름을 설정하고 [Options]를 클릭합니다.

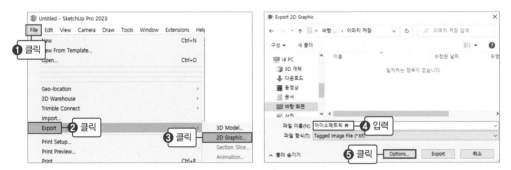

08 Use view size 항목을 해제합니다. With 픽셀 값을 3000 내외로 수정하고, 선의 디테일한 표현을 위해 Line scale multiplier은 최소 값 0.25로 설정합니다. [OK] 버튼을 클릭하고 [Export] 버튼을 클릭해 최종 이미지로 출력합니다.

합성 및 2차 작업을 위해 바탕을 투명으로 설정하려면 Transparent background를 체크하면 됩니다.

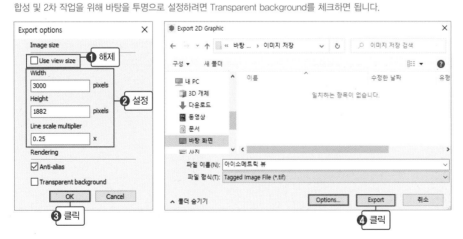

09 'Scene 2'를 클릭하고 'Scene 1'과 동일한 설정으로 최종 이미지를 출력합니다.

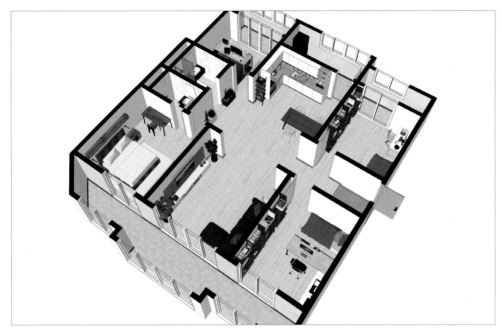

▲ 아이소메트릭 뷰

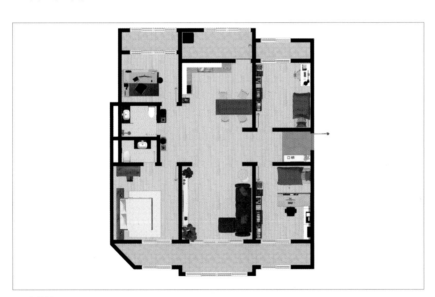

▲ 평면 뷰

▲ 완성파일 : [예제파일/P04/Ch01/Step-7 완성파일]

02 투시도

캐드(CAD) 프로그램으로 작성된 건물 도면(DWG) 배치도, 평면도, 입면도를 바탕으로 외부 투시도를 작성하겠습니다.

STEP 1 캐드도면 불러오기

01 스케치업을 실행하고 'study' 템플릿을 클릭합니다.

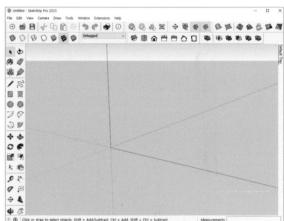

02 모델링에 필요한 부분만 편집된 캐드도면을 사용하겠습니다. 메뉴 [File]에서 [Import]를 클릭하고 [예제파일/P04/CH02/캐드도면] 폴더에서 '1층 평면도' 파일을 불러옵니다.

사용할 캐드도면은 미리 정리된 파일입니다.
캐드도면 파일이 보이지 않는 경우 파일 유형이 'AutoCAD File(dwg, dxf)'로 설정되어 있는지 확인합니다.

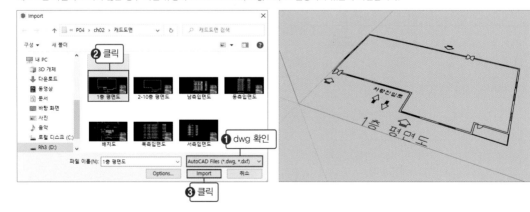

03 '1층 평면도'를 선택합니다. 벽체 코너 ❶지점을 기준점으로 클릭해 원점 ❷로 이동시킵니다.

원점으로 이동은 기준을 지정하기 위한 목적으로 다른 코너점을 이동해도 무방합니다.

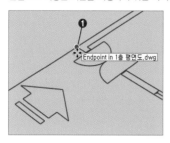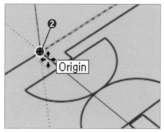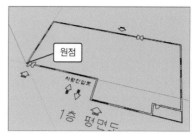

04 계속해서 모델링에 필요한 '2~10층 평면도', '동측입면도', '서측입면도', '남측입면도', '북측입면도'를 Import로 불러와 다음과 같이 방위에 맞추어 적절한 위치로 이동시킵니다.

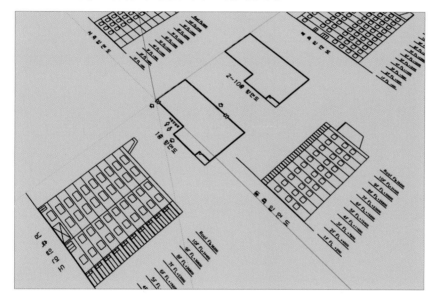

05 모델링에 사용할 도면층(Tag)을 구성합니다. Tags 패널에서 도면층 추가(⊕)를 클릭해 '캐드도면' 도면층을 추가하고 배치된 캐드도면을 '캐드도면' 도면층으로 이동합니다.

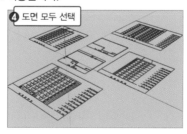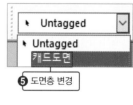

06 4개의 입면도를 회전도구를 사용해 90°로 세우고 각 방향에 맞도록 회전시킵니다. 평면도와 입면도의 구석점 위치가 일치하도록 나란하게 이동시킵니다.

북측입면도 이동 시 방향에 주의합니다.

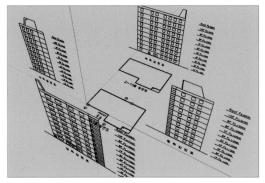 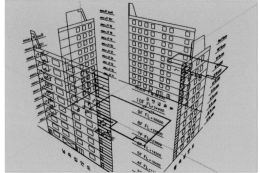

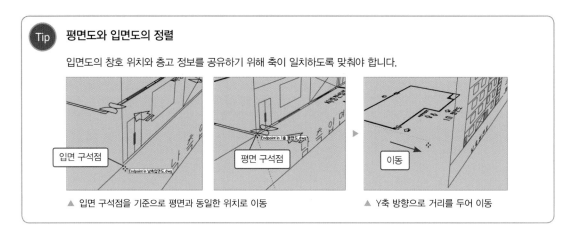

> **Tip 평면도와 입면도의 정렬**
>
> 입면도의 창호 위치와 층고 정보를 공유하기 위해 축이 일치하도록 맞춰야 합니다.
>
> ▲ 입면 구석점을 기준으로 평면과 동일한 위치로 이동   ▲ Y축 방향으로 거리를 두어 이동

STEP 2 바닥과 벽체 만들기

01 선그리기 ⬜을 누릅니다. 1층 평면도의 윤곽을 따라 그려 바닥면을 만듭니다.

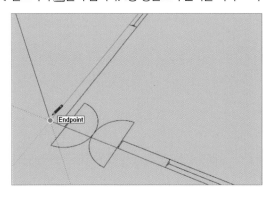 

02 간격띄우기 F를 눌러 윤곽선을 안쪽으로 300 복사합니다. 안쪽 면을 클릭하고 Ctrl+X를 눌러 면을 잘라냅니다.

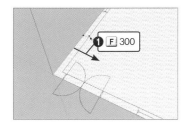 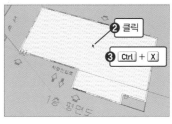 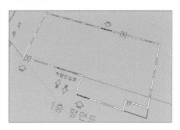

03 밀기/끌기 P를 누릅니다. ❶지점을 클릭하고 입면도의 2층 레벨 ❷지점을 클릭합니다. 1층 벽체를 트리플 클릭으로 모두 선택해 그룹으로 작성합니다.

❷지점의 위치는 4개의 입면도가 모두 동일합니다.

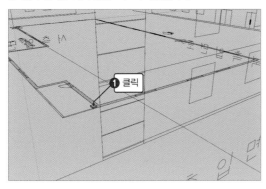 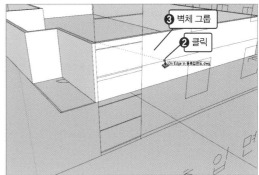

04 Ctrl+V를 눌러 잘라낸 바닥 모양을 벽체 안쪽 구석에 배치합니다. 밀기/끌기 P를 눌러 위쪽으로 200 끌어 바닥 두께를 만들고 그룹으로 작성합니다. (Ctrl+V 대신 메뉴 [Edit]의 'Paste In Place'를 클릭하면 제자리에 붙여집니다)

Ctrl+V로 바닥 배치 시 기준점이 바닥의 구석이 아닌 경우 빈 공간에 배치 후 다시 이동해 배치합니다.

 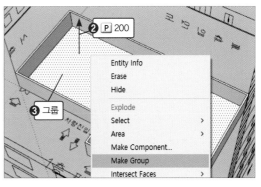

05 벽체와 바닥을 하나로 합치기 위해 Union(🔲)을 클릭합니다. 바닥 ❷를 클릭한 후 벽체 ❸을 클릭해 하나로 만듭니다.

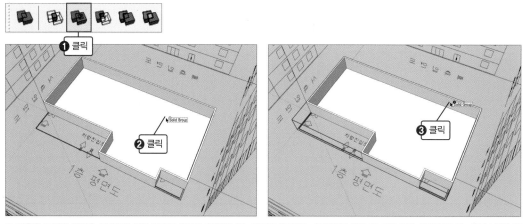

본 내용은 모델링 과정을 이해하기 위한 것으로 외부만 진행됩니다. 내부를 포함하는 모델링인 경우 위 과정 이후 칸막이벽 및 계단실 등을 구성해야 합니다.

STEP 3 개구부 오픈하기

01 남측입면도의 1층 부분을 확대하고 사각형 그리기 R을 누릅니다. 1층에 해당되는 개구부의 모양으로 사각형을 그려줍니다.

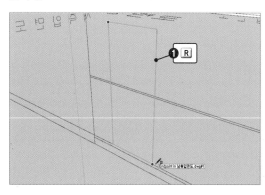 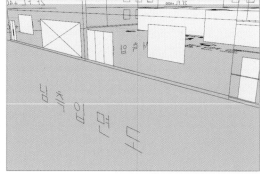

02 나머지 3개의 입면도에도 개구부 크기의 면을 그려줍니다.

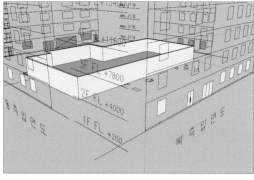 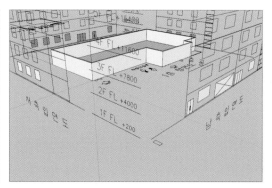

▲ 동측, 북측   ▲ 서측, 남측

03 밀기/끌기 P 를 누릅니다. 개구부 면 **❶**, **❷**, **❸**을 벽체가 통과하도록 밀어 교차되도록 합니다. 개구부 모양의 객체를
모두 선택해 그룹으로 작성합니다.

객체를 추가 선택할 경우 Shift 를 누른 상태로 트리플 클릭으로 추가 선택합니다.

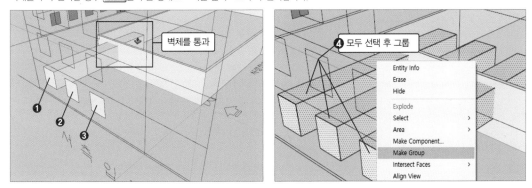

04 고체 도구막대에서 빼기(Subtract▣) **❶**을 클릭합니다. 빼낼 객체가 선택된 상태이므로 벽체 **❷**를 클릭해 개구부를
오픈합니다.

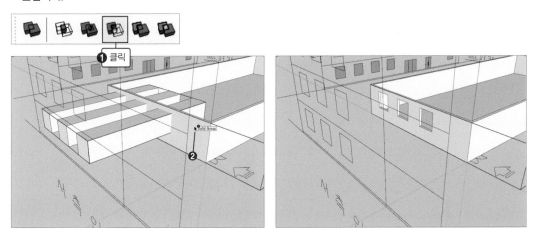

05 서측 1층의 개구부 오픈과 동일한 방법으로 동측 1층의 개구부를 오픈합니다. (고체 도구의 사용은 그룹 객체만 가능
합니다)

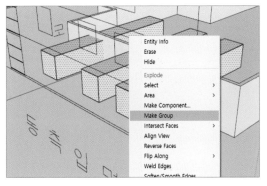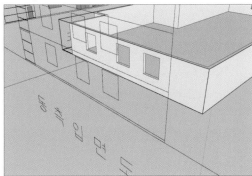

06 Space Bar를 눌러 1층을 선택합니다. M을 누르고 Ctrl을 누릅니다. 기준점 ❶지점을 클릭하고 ❷지점을 클릭해 2층으로 복사합니다.

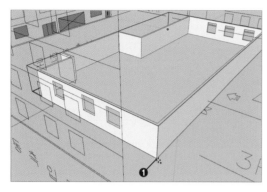 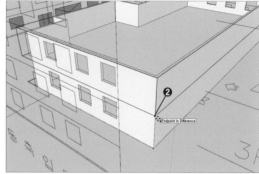

07 남측과 북측 입면도 2층에 개구부 크기의 사각형을 그려 개구부를 오픈합니다.

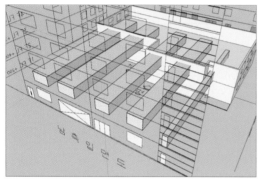 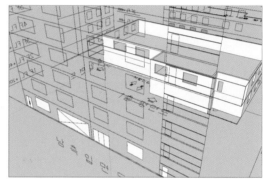

▲ 남측 2층 개구부 오픈

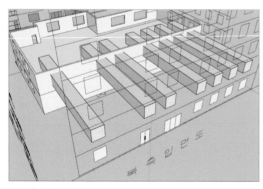 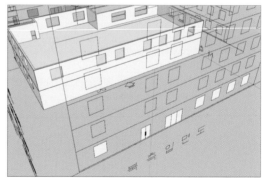

▲ 북측 2층 개구부 오픈

08 2층을 마우스 오른쪽 버튼으로 선택해 Hide를 클릭합니다.

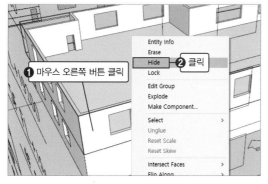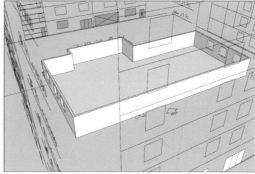

09 남측과 북측 입면도 1층의 개구부를 오픈합니다.

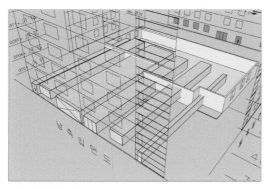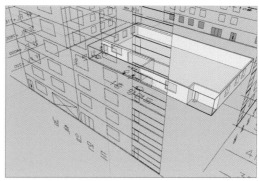

▲ 남측 1층 개구부 오픈

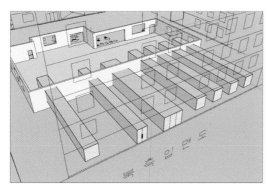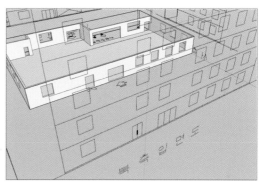

▲ 북측 1층 개구부 오픈

10 Edit의 Unhide에서 All을 클릭해 2층의 Hide를 해제합니다.

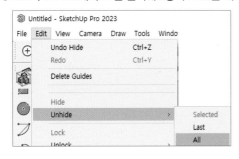 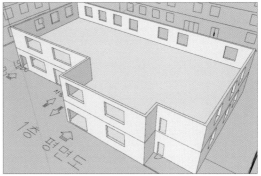

11 남측면 오른쪽을 확대하고 R을 눌러 외부 바닥 모양을 그립니다. P를 누르고 바닥면을 150 끌어 바닥을 만듭니다. 바닥은 그룹으로 작성합니다.

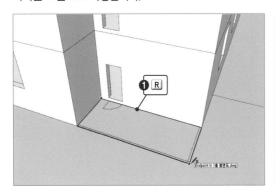 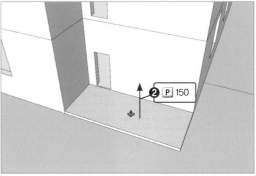

12 L을 눌러 ㄱ자 선을 그리고 F를 눌러 안쪽으로 30 복사합니다. 선의 시작 A 부분과 끝 B 부분에 선을 그려 면을 만듭니다.

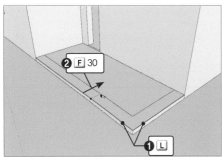 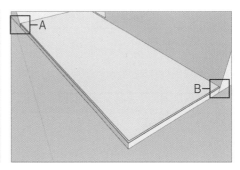

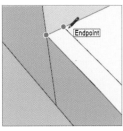 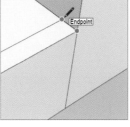

▲ A 부분   ▲ B 부분

13 P를 눌러 면 ❶을 1200 높이로 끌어줍니다.

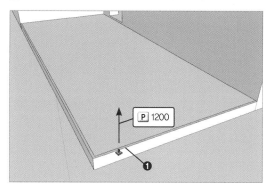 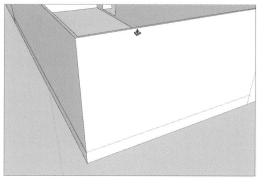

14 P를 눌러 난간면 ❶, ❷를 안쪽으로 15 밀어줍니다. 유리벽의 상단면을 다시 사용하기 위해 ❸지점을 더블 클릭하고 Ctrl + C를 눌러 클립보드에 복사합니다.

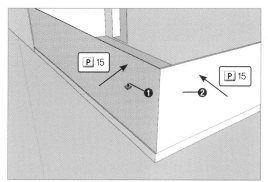 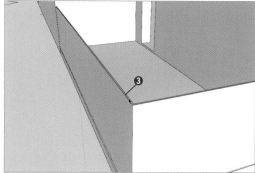

15 유리벽을 트리플 클릭으로 선택해 그룹으로 작성합니다. Ctrl + V를 눌러 유리벽의 상단면을 ❷지점에 복사합니다. (유리벽 상단면은 메뉴 [Edit]의 'Paste In Place'를 클릭해 붙여도 됩니다)

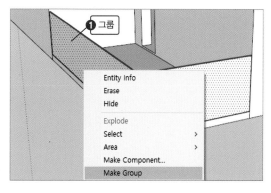 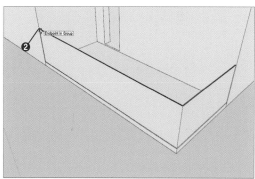

16 P를 누릅니다. 난간의 상단면을 15 끌어 프레임을 만들고 그룹으로 작성합니다. 유리벽과 프레임에 적절한 재질을 적용하고 상단으로 2개 더 복사합니다. 바닥, 유리벽, 프레임을 모두 선택해 그룹으로 작성합니다.

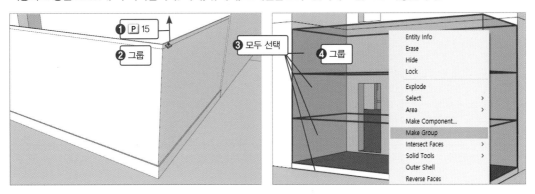

STEP **4** 창호 배치(기본 컴포넌트 사용)

01 1층 주출입구를 확대합니다. Components 패널 [Components/Architecture/Doors]에서 자동문 ❶을 선택해 ❷지점에 배치합니다.

실제 업무에서는 창호의 특징을 위주로 직접 모델링합니다.

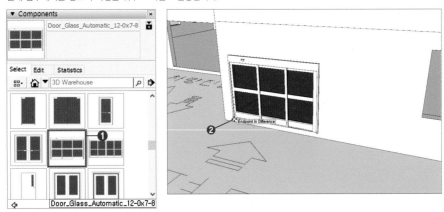

02 삽입된 자동문을 선택하고 S를 누릅니다. 모서리 중간점 ❶을 클릭하고 개구부 모서리 ❷지점을 클릭해 크기를 맞춥니다.

개구부 모서리 파악이 어려우면 X-Ray 모드를 활성화합니다.

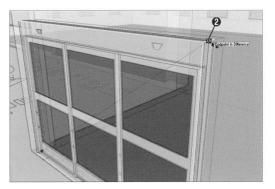

03 **01~02**의 방법으로 1층과 2층의 모든 창호를 자유롭게 배치합니다.

창 경로: Components → Architecture → Windows

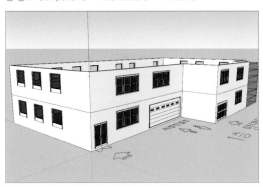 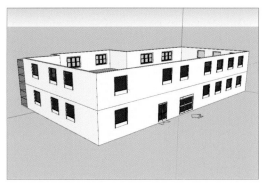

04 2층 벽 **❶**을 더블 클릭으로 선택합니다. P를 누르고 벽체의 상단 면 **❷**를 클릭해 200 밀어 벽 높이를 3800으로 수정합니다. 1층과 2층 벽에 적절한 재질을 적용합니다.

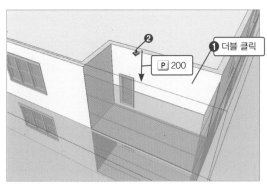 

05 2층의 모든 요소를 선택하고 그룹으로 작성합니다. 2층이 선택된 상태에서 M을 누르고 Ctrl을 누릅니다. 복사 기준점 **❷**지점을 클릭하고 **❸**지점을 클릭합니다. 복사 직후 '*8'을 입력해 10층까지 복사합니다.

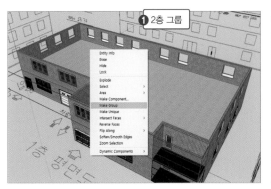 

06 Space Bar 를 눌러 10층을 더블 클릭합니다. 다시 유리벽을 더블 클릭하고 바닥 ❶을 클릭합니다. M을 누르고 Ctrl을 누릅니다. 복사 기준점 ❷지점을 클릭하고 ❸지점을 클릭합니다.

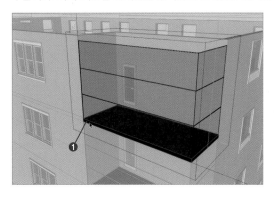
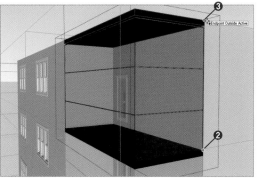

07 최상층 바닥 ❶을 더블 클릭으로 선택합니다. P를 눌러 바닥면 ❷를 클릭해 프레임 ❸부분까지 끌어 공간을 메워 줍니다.

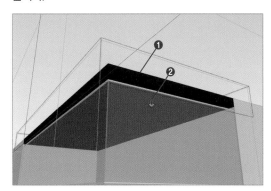
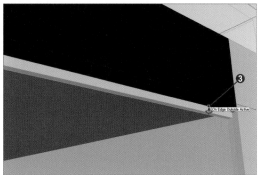

STEP **5** 옥상

01 선그리기 L을 누릅니다. 10층 외벽을 따라 ❶지점부터 선을 그려 옥상의 바닥면을 작성합니다.

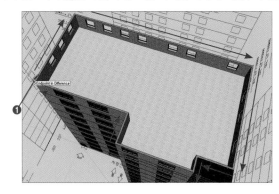

02 P를 눌러 위쪽으로 200 끌어 바닥 두께를 만듭니다. F를 눌러 바닥의 윤곽선을 안쪽으로 200 띄어 복사합니다.

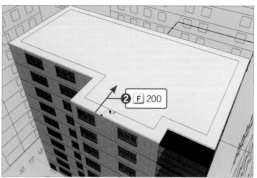

03 P를 눌러 ❶지점을 클릭하고 옥상 난간벽 높이 ❷지점을 클릭합니다. 옥상 및 난간벽을 트리플 클릭으로 선택해 그룹으로 작성합니다.

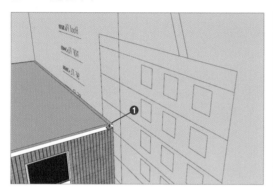
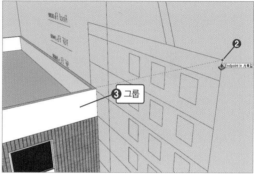

04 남측입면도의 옥상 장식을 확대합니다. L을 눌러 장식의 윤곽을 따라 ❶지점부터 선을 그려줍니다.

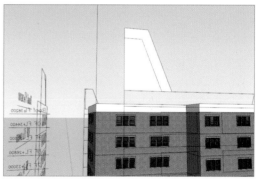

05 P를 누르고 면 **❶**을 클릭합니다. 200 끌어 장식의 두께를 만들고 그룹으로 작성해 난간벽 위로 이동시킵니다.

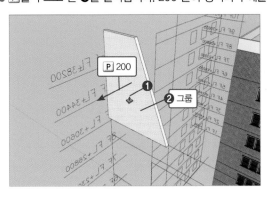
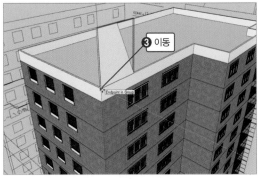

06 서측입면도의 옥상 장식을 확대합니다. L을 눌러 장식의 윤곽을 따라 **❶**지점부터 선을 그려줍니다.

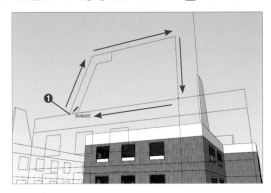
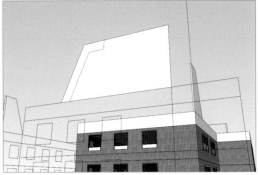

07 P를 누르고 면 **❶**을 클릭합니다. 200 끌어 장식의 두께를 만들고 그룹으로 작성해 난간벽 위로 이동시킵니다.

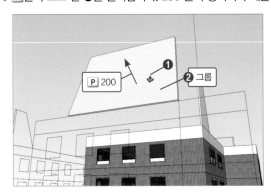
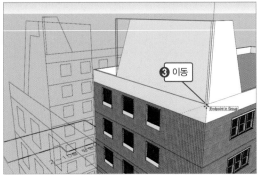

08 2개의 장식을 하나로 합치기 위해 Union()❶을 클릭합니다. 장식 ❷를 클릭한 후 나머지 장식 ❸을 클릭해 하나로 만듭니다.

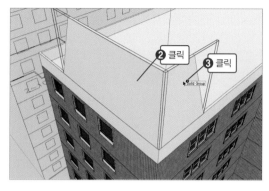

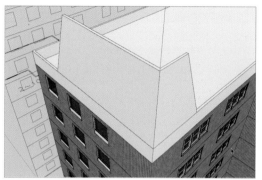

09 난간 및 장식벽에 적절한 재질을 적용하고 캐드도면의 도면층(Tag)을 Off합니다.

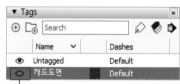

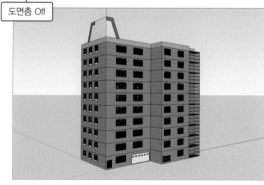

▲ 재질 적용의 예 1

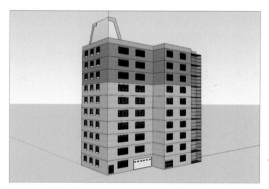

▲ 재질 적용의 예 2

10 3D Text 도구()를 사용해 사인물을 만들어 배치합니다. 완성된 모델은 저장하고 작업을 종료합니다.

▲ 완성파일 : [예제파일/P04/Ch02/Step-6 완성파일]

01 스케치업을 실행하고 'study' 템플릿을 클릭합니다.

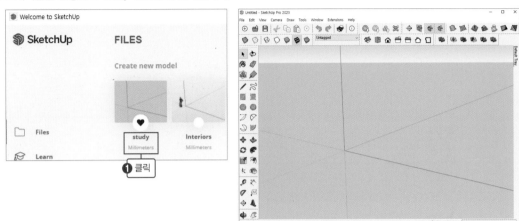

02 주변 경관을 조성하기 위해 [File]에서 [Import]를 클릭하고 [예제파일/P04/CH02/투시도컴포넌트] 폴더에서 '대지모델' 파일을 불러옵니다.

스케치업 파일이 보이지 않는 경우 파일 유형이 'SketchUp File'로 설정되어 있는지 확인합니다.
[예제파일/P04/CH02/캐드도면]의 배치도를 활용해 대지 및 주변 경관을 직접 조성해도 됩니다.

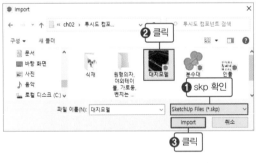
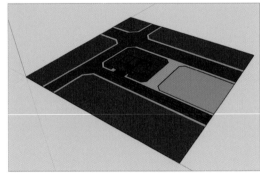

03 주변 건물의 매스를 자유롭게 작성하고 회색 계열로 재질을 적용합니다.

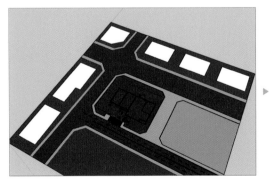
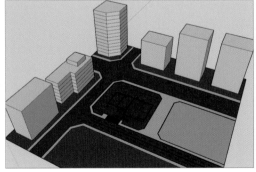

04 [예제파일/P04/CH02/투시도컴포넌트] 폴더의 컴포넌트를 활용해 다음과 같이 조경요소, 차량, 인물을 배치합니다. 건물 매스와 조경요소 도면층(Tag) 등을 추가해 모델링 요소를 구분하고 관리합니다.

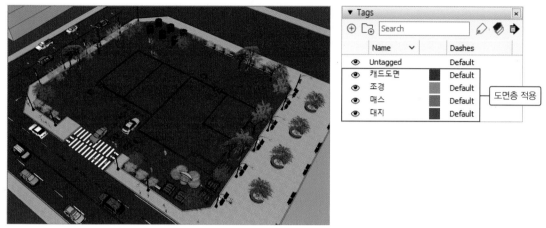

▲ 완성파일 : [예제파일/P04/Ch02/Step-7(주변경관) 완성파일]

05 [File]에서 [Import]를 클릭하고 STEP 6 에서 완성한 건물을 불러옵니다. 벽체 구서점 ❶지점을 클릭해 건물을 배치하고 '캐드도면' 도면층은 Off합니다.

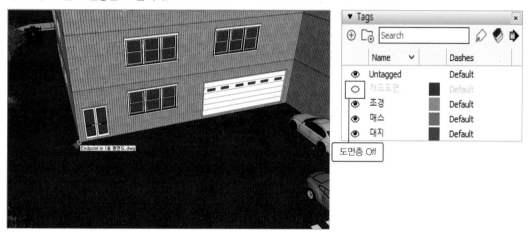

컴포넌트의 선택과 교체

컴포넌트 패널에서 옵션을 사용하면 빠르게 컴포넌트를 선택하고 교체할 수 있습니다. (교체하고자 하는 새로운 컴포넌트가 모델에 포함되어 있어야 합니다)

① 🏠을 클릭해 모델링에 사용한 컴포넌트 목록을 확인합니다. 교체할 컴포넌트를 마우스 오른쪽 버튼으로 클릭하고, Select Instances를 클릭하면 동일한 컴포넌트가 모두 선택됩니다.

② 대체할 새로운 컴포넌트를 마우스 오른쪽 버튼으로 클릭합니다. 옵션에서 Replace Selected를 클릭하면 새로운 컴포넌트로 교체됩니다.

01 Shadow 패널에서 Show Shadow(🔲)를 클릭해 그림자를 활성화합니다. 기타 Time, Light, Dark의 설정 값은 작업자의 취향에 맞도록 조정합니다.

> UTC(Universal Time Coordinated)는 세계의 표준시간으로 우리나라는 UTC+9(동경 135° 자오선)를 사용합니다. 하지만 +표준시로 설정하면 객체가 검게 보이게 현상이 나타나므로 −표준시로 설정합니다.

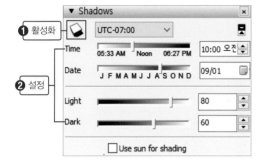

02 남서 방향에서 바라본 건물 뷰를 설정하고 Camera는 Two−Point Perspective로 변경합니다. 변경 후 클릭 & 드래그로 시점을 조정합니다.

03 Scenes 패널에서 장면 추가 Add Scene를 클릭해 현재 뷰를 저장합니다.

04 남동 방향에서 바라본 건물 뷰를 설정하고 Camera는 Two-Point Perspective로 변경합니다. 변경 후 클릭 & 드래 그로 시점을 조정합니다. Scenes 패널에서 장면 추가 Add Scene를 클릭해 현재 뷰를 저장합니다.

05 Scene 1을 클릭하고 File의 Export에서 2D Graphic을 클릭합니다. 저장 폴더와 파일 이름을 설정하고 [Options]를 클릭합니다.

06 Use view size 항목을 해제합니다. With 픽셀 값을 3000 내외로 수정하고 선의 디테일한 표현을 위해 Line scale multiplier은 최소 값 0.25로 설정합니다. [OK] 버튼을 클릭하고 [Export] 버튼을 클릭해 최종 이미지로 출력합니다.

합성 및 2차 작업을 위해 바탕을 투명으로 설정하려면 Transparent background를 체크하면 됩니다.

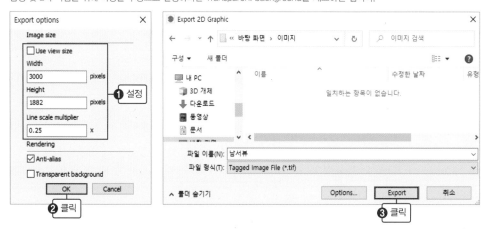

07 Scene 2을 클릭하고 Scene 1과 동일한 설정으로 최종 이미지를 출력합니다.

▲ 남서 뷰   ▲ 남동 뷰

▲ 완성파일 : [예제파일/P04/Ch02/Step-8 완성파일]

Tip **Field of View의 각도**

Camera의 Field of View를 클릭하면 뷰의 화각을 설정할 수 있습니다. 각도에 따라 화면에 담을 수 있는 영역을 조절하고 특정 부분을 부각시킬 수 있지만 과도하게 높이면 왜곡이 심해집니다.

① Field of View 35˚(기본값)   ② Field of View 60˚

| Field of View | 35.00 deg. | | Field of View | 60.00 deg. |

 ▶

SketchUp 2023

Chapter 01   V-Ray 기본 설정
Chapter 02   V-Ray 주요 도구
Chapter 03   Twinmotion 활용하기

Part

05

렌더링(Rendering)

01 V-Ray 기본 설정

스케치업은 다양한 플러그인(Plug-in) 소프트웨어를 설치해 렌더링과 같은 특정 목적의 작업을 진행할 수 있으며, 대표적으로 포디움(Podium)과 V-Ray가 있습니다. 이 중에서 가장 많이 사용되는 V-Ray를 사용해 사실적인 이미지를 추출해 보겠습니다.

STEP 1 V-Ray 설치하기

01 V-Ray 30일 무료 버전을 설치하기 위해 검색 사이트에서 '카오스그룹'을 입력해 홈페이지(https://www.chaos.com/kr)에 접속하고 우측 상단에서 '로그인하기'를 클릭해 계정을 생성합니다.

2023 버전 사용자는 V-Ray 설치 유무를 확인하고 진행합니다.

02 홈페이지 하단의 [지금 평가판 시작하기]를 클릭합니다. V-Ray 다운로드 및 설치를 진행합니다.

03 V-Ray 설치 후 SketchUp을 실행해 추가된 V-Ray 도구 막대(4개)를 배치합니다.

교재에서 사용된 V-Ray 버전은 5.20.05입니다.

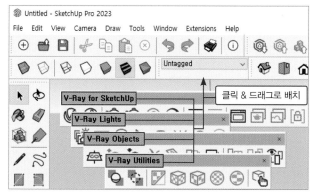

▲ V-Ray 설치 후 추가된 도구 막대

▲ 상단에 배치한 V-Ray 도구

Tip V-Ray 도구막대

V-Ray 설치 후 도구막대가 나타나지 않는 경우 View 메뉴에서 Toolbars를 클릭하고 4개의 V-Ray 도구를 모두 체크합니다.

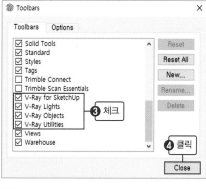

01 렌더링 이미지 저장

[예제파일/P05/Ch01/Step-1]을 더블 클릭해 스케치업을 실행합니다. 설정 없이 V-Ray 도구막대의 Render(◎)를 클릭합니다. V-Ray Frame Buffer 창이 나타나고 렌더링이 시작됩니다. 렌더링 진행 중 V-Ray Frame Buffer 창을 닫아도 렌더링은 계속 진행되므로 스케치업에서 다른 작업을 계속할 수 있습니다.

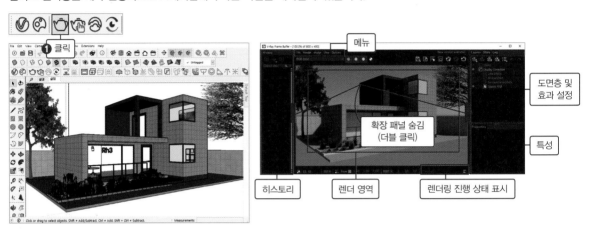

02 V-Ray Frame Buffer 창 상단에서 저장(⊟)을 클릭합니다. 렌더링 연습 폴더를 만들고 파일의 이름은 'test01', 저장 포맷은 'tif'로 저장한 후 우측 상단의 [닫기]를 클릭해 종료합니다. V-Ray Frame Buffer 창을 닫은 후 다시 보려면 V-Ray for SketchUp 도구에서 ▣을 클릭하면 됩니다.

저장 포맷의 특징

이미지 파일의 저장은 압축 포맷인 jpg 보다 향후 포토샵에서 합성 및 편집이 용이한 png, 품질이 좋은 tif를 많이 사용합니다.

포맷 형식	배경 유무	용량	품질
jpg	있음	적음	낮음
png	없음(투명)	적음	중간
tif	없음	큼	높음

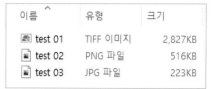

이름 ^	유형	크기
test 01	TIFF 이미지	2,827KB
test 02	PNG 파일	516KB
test 03	JPG 파일	223KB

▲ jpg 저장 이미지

▲ png 저장 이미지

▲ tif 저장 이미지

STEP 3 V-Ray의 기본 설정 익히기

01 렌더링 기본 설정

렌더링 영역을 설정하기 위해 V-Ray for SketchUp 도구에서 Asset Editor(ⓥ)를 클릭하고 Setting을 클릭합니다. 다음과 같이 Engine은 CPU, Quality는 Medium, Update Effects는 At the End, Denoiser는 비활성화합니다.

❶ 클릭

PC 사양이 i7급 미만인 경우 Quality 항목을 Low로 설정합니다.

Tip Rendering Setting

렌더 엔진 및 디노이저 등 일부 렌더링 세팅을 변경할 경우 연관된 옵션이 연동되어 같이 변경됩니다. 렌더링 세팅과 관련된 Tip은 STEP 2 학습을 마친 후 확인해 보세요.

① 렌더 엔진

- CPU : CPU를 렌더링 엔진으로 사용
- CUDA : CPU와 GPU를 렌더링 엔진으로 사용(렌더링 시간 단축)
- CUDA 설정 시 우측 Select Device(▤) ❶을 클릭해 사용할 CPU/GPU 항목을 체크합니다.

- RTX : GPU를 렌더링 엔진으로 사용

    RTX 설정 시 우측 Select Device(▤) ❶을 클릭해 RTX 지원 여부를 확인해야 합니다. 지원하지 않을 경우 선택하면 렌더링을 할 수 없습니다.

② 렌더 방식

- Progressive : 점진적 방식으로 이미지를 전체적으로 렌더링합니다. 비활성화할 경우 Bucket 방식으로 전환되어 부분적으로 렌더링이 진행됩니다.
- Interactive : 상호 간에 진행되는 방식으로 스케치업의 모델링 변화에 따라 즉각적으로 렌더링에 적용되나 노이즈가 많은 단점이 있습니다.

③ 렌더 품질 : 렌더링 시간과 직접적으로 연관되므로 테스트 렌더링에는 Low, 최종 결과물은 High를 사용하는 것이 일반적입니다(Very High는 렌더링 시간이 매우 깁니다).

④ 효과 적용 : 렌더링 진행 시 렌더 효과의 변경 사항에 대한 적용 시점을 설정합니다. 기본 설정인 At the End를 설정하면 마지막 시점에 효과가 적용됩니다.

⑤ Denoiser : 노이즈를 제거할 수 있으나 이미지가 흐릿하게 되거나 뿌옇게 되는 단점이 있습니다. V-Ray 버전 5.1 이상에서는 Intel Open Image 옵션을 적용하면 흐릿해지는 단점을 보완할 수 있습니다.

02 렌더링 영역 설정

Render Output을 클릭해 확장합니다. Safe Frame을 활성화하면 스케치업의 작업 화면에 렌더링 영역이 표시됩니다. Image Width/Heigt의 픽셀 값과 화면 비율을 다음과 같이 설정합니다.

가로 픽셀 값 2000은 A4 크기 내외의 이미지에 적절합니다. 출력 이미지 사이즈가 커지면 픽셀 값을 크게 해야 선명한 이미지를 출력할 수 있습니다.

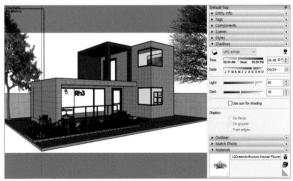

03 설정 확인을 위해 Render(🫖)를 클릭합니다. 스케치업에 밝게 표시된 영역을 여러 개의 작은 상자(Bucket)가 이동하면서 렌더링이 진행됩니다.

Bucket의 수는 CPU의 코어 수에 비례합니다.

출력되지 않는 영역(어두운 부분)은 모니터 비율에 따라 상하가 아닌 좌우로 나타날 수 있습니다.

04 그림자 설정

그림자의 경계선을 부드럽게 하기 위해 Environment 설정에서 Background의 Texture Slot(🔳) ❶을 클릭합니다. Color and Intensity에서 Size Multiplier 값을 2로 높여주고 다시 Setting(⚙)을 클릭합니다.

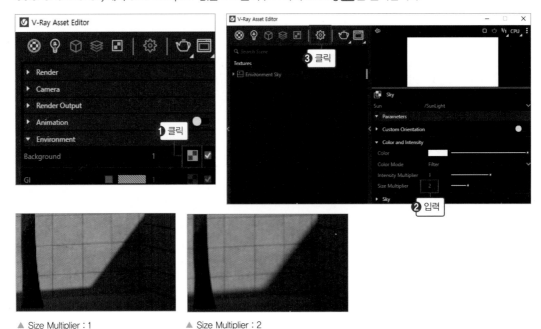

▲ Size Multiplier : 1   ▲ Size Multiplier : 2

05 GI(Global Illumination) 설정

렌더링 품질 및 속도 향상을 위해 Primary Rays 항목을 Irradiance map으로 변경하고 Render(🔘)를 클릭합니다. png 포맷으로 이미지를 저장하고 처음 렌더 이미지와 비교해 봅니다. 창문, 벽, 담장 부분을 보면 처음 이미지에 비해 많이 깨끗해졌음을 알 수 있습니다.

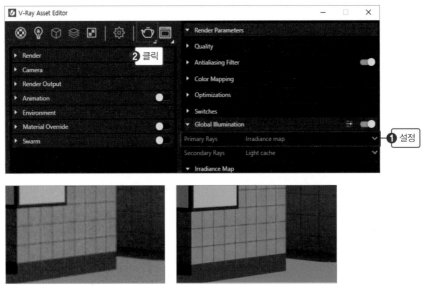

▲ Primary Rays : Brute force   ▲ Primary Rays : Irradiance map

06 선명도 설정(Antialiasing Filter)

Asset Editor(◉)를 클릭하고 Setting을 클릭합니다.

Render Parameters의 Antialiasing Filter를 Catmuil Rom으로 설정합니다.

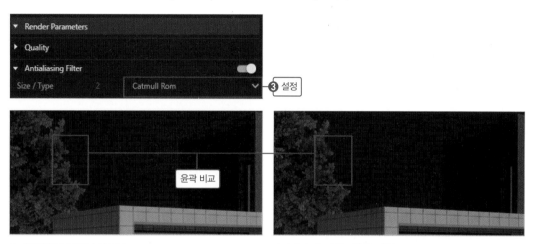

▲ Antialiasing Filter : Lanczos   ▲ Antialiasing Filter : Catmuil Rom

02 V-Ray 주요 도구

V-Ray의 Materials(재질)과 Lights(조명) 설정으로 좀 더 사실적인 렌더링이 가능합니다. V-Ray Asset Editor 및 Frame Buffer의 주요 설정 항목을 살펴보고 적용해 보도록 하겠습니다.

STEP 1 V-Ray의 재질 효과 익히기

01 잔디 구성

화단을 선택하고 Delete를 눌러 삭제합니다. 선 그리기 L을 눌러 ❷지점을 시작으로 ㄴ자 모양의 잔디 영역을 그려줍니다.

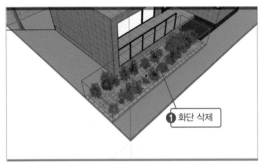

02 재료의 겹침을 방지하기 위해 P를 눌러 잔디 영역을 10 높이로 끌어 올립니다. 잔디 영역을 트리플 클릭으로 선택해 그룹으로 작성합니다.

잔디 효과(Fur)는 그룹/컴포넌트에만 적용이 가능합니다.

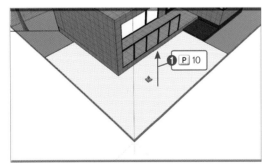
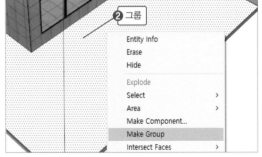

03 Materials 패널에서 Vegetation의 Vegetation_Grass_Blue ❶을 선택해 재질을 적용합니다.

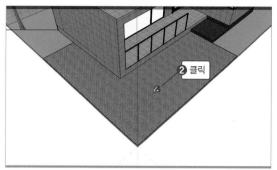

04 시점을 다음과 유사하게 설정하고 Render(◉)를 클릭합니다. 잔디처럼 보이기는 하지만 평면적으로 표현되어 입체 감이 떨어집니다.

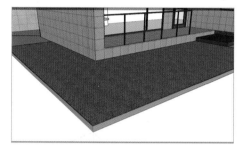
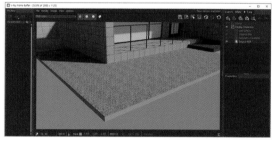

> **Tip** **재료(면) 겹침**
>
> 잔디 영역에 두께를 적용하지 않으면 재질이 적용된 면의 레벨이 동일하게 됩니다. 스케치업 작업화면 및 렌더링 결과도 재질면의 겹침 현상으로 이미지가 깨져서 출력됩니다.
>
>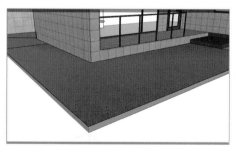
>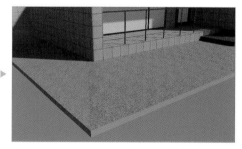
>
> ▲ 스케치업 작업화면   ▲ 렌더링 이미지

05 히스토리 활성화(History)

Fur 적용 효과를 비교하기 위해 History 패널을 활성화하겠습니다. V-Ray Frame Buffer 창의 Options에서 VFB setting ❶을 클릭합니다. History 탭 ❷를 클릭합니다. Enabled ❸을 체크 후 Use Project Path ❹를 체크하고 Save and close ❺를 클릭하면 좌측 History 패널이 활성화됩니다.

> **Tip** **History 저장 폴더**
>
> History 탭에서 'Use Project Path'를 체크하면 히스토리 파일은 스케치업 파일이 저장된 경로와 동일한 위치에 저장됩니다. 저장 폴더를 지정하려면 'Use Project Path' 항목 ❶의 체크를 해제하고 Browse(🗁) ❷를 클릭합니다.
>
>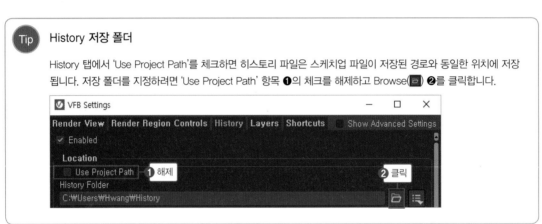

06 History 패널에서 Save to history(🖼) ❶을 클릭해 현재 렌더 이미지를 저장합니다.

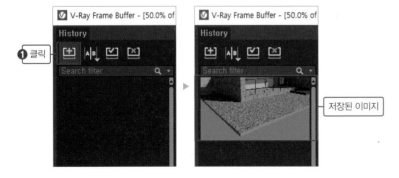

07 Fur 적용

잔디 그룹 ❶을 선택하고 V-Ray ObJects에서 Add Fur to Selection(🔥) ❷를 클릭하면 잔디 영역이 붉은색 선으로 표시됩니다.

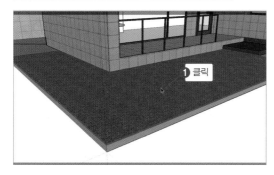

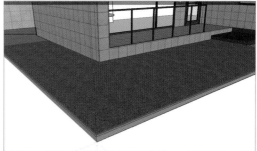

08 Asset Editor(🔞)를 클릭하고 Geometry ❶의 Fur를 클릭합니다. Parameters에서 Count 값 7, Length 값 3, Thickness 0.07 정도로 설정하고 Render(🔞)를 클릭합니다.

> **Tip** 퍼(Fur)의 유형
>
> ① **잔디의 밀집도 설정(Distribution)**
>   • Per Area : 잔디, 실내의 러그나 카펫 등 평면적인 요소일 때 설정합니다.
>   • Per Face : 계단 모양의 잔디나 식물과 같이 입체적인 요소일 때 설정합니다.
> ② **잔디의 길이와 두께(Length, Thickness)**
>   가까운 경우 짧고 가늘게, 먼 경우 길고 굵게 표현하는 것이 유리합니다.

09 렌더링이 완료되면 History 패널에서 Save to history(⊞)를 클릭해 현재 렌더 이미지를 저장하고 A/B horizontal(ᴬᴮ)을 클릭합니다. 저장된 이미지의 ❸지점과 ❹지점을 클릭해 A/B를 설정합니다.

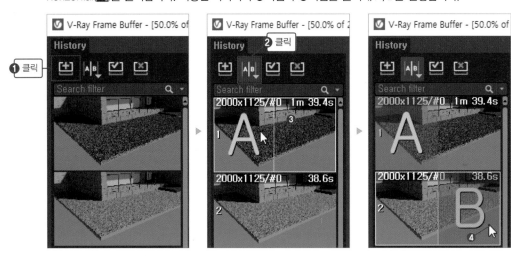

10 렌더 이미지가 좌우로 나누어져 표시됩니다. 중간에 흰색 선을 클릭 & 드래그로 움직이면서 비교할 수 있습니다. Fur 효과를 적용하여 잔디가 이전보다 입체적으로 표현됩니다.

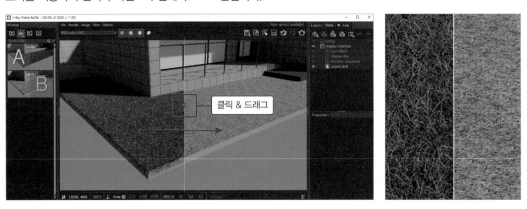

11 무한 평면(Infinite Plane)

무한 평면의 대지를 만들기 위해 🏠 ❶을 클릭합니다. 빈 공간 ❷지점을 클릭하고 Space Bar 를 누르면 무한으로 된 평면이 만들어집니다.

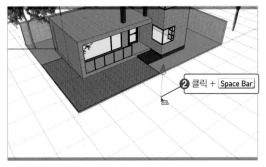

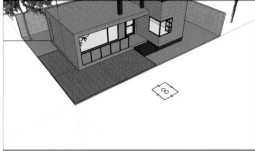

12 Materials 패널의 카테고리에서 Asphalt and Concrete ❶을 선택, 재질 Concrete_Block_Square_Red ❷를 클릭합니다. 만들어 놓은 무한 평면 ❸을 클릭해 재질을 적용합니다.

화면상에 재질 표현은 되지 않습니다.

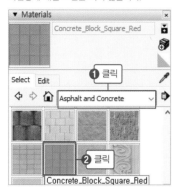 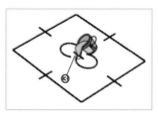

13 '실외' 장면 탭 ❶을 클릭하고 Render(📷)를 클릭합니다. 렌더링이 완료되면 History 패널에서 Save to history(🖼)
❷를 클릭해 현재 렌더 이미지를 저장합니다.

14 '실내' 장면 탭 ❶을 클릭하고 Render(📷)를 클릭합니다. 렌더링이 완료되면 History 패널에서 Save to history(🖼)
❷를 클릭해 현재 렌더 이미지를 저장합니다.

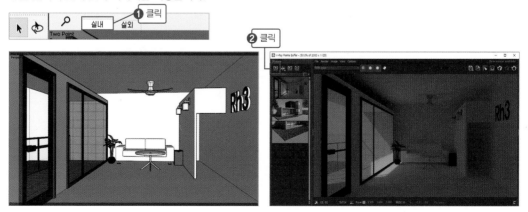

15 V-Ray 재질 적용

바닥 재질과 소파 재질을 V-Ray의 Asset Editor로 적용해보겠습니다. V-Ray 도구막대의 Asset Editor(◙)를 클릭하고 Materials(◙) ❶을 클릭합니다. 좌측과 우측의 메뉴 확장 버튼 ❷, ❸을 클릭합니다.

▲ 메뉴 확장 전　　　　　　　　　　　　　　　　　▲ 메뉴 확장 후

16 좌측 메뉴에서 Materials ❶을 클릭하면 V-Ray의 재질 목록이 나타납니다. Wood & Laminate ❷에서 'Flooring Laminate D' 재질 ❸을 찾아 현재 모델링에 적용할 수 있도록 메인 메뉴 ❸부분으로 클릭 & 드래그합니다. 메인 메뉴를 아래로 스크롤하면 추가된 재질 및 미리보기 이미지를 확인할 수 있습니다.

선택 재질은 Flooring Laminate D가 아닌 다른 재료를 선택해도 됩니다.

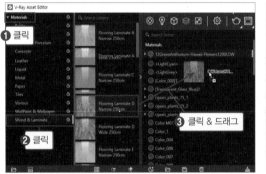 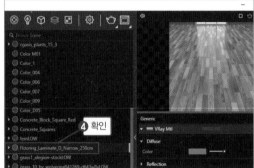

17 같은 방법으로 Leather A01 Black 25cm를 찾아 메인 메뉴 ❷부분으로 클릭 & 드래그합니다.

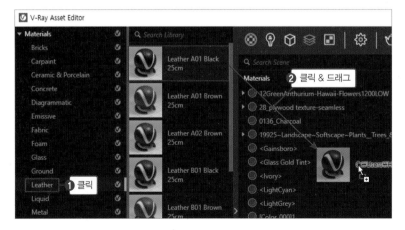

18 추가한 Leather A01 Black 25cm를 클릭합니다. 스케치업 작업화면에서 페인트 통 B를 누르고 소파 ❷를 클릭합니다. 다시 추가한 바닥 재질 Flooring Laminate D를 클릭하고 바닥을 클릭합니다. 설정 창은 닫습니다. 작업화면에서 페인트 통이 나타나지 않으면 작업화면을 한 번 클릭하고 다시 B를 눌러 바닥을 클릭합니다.

19 Render(◎)를 클릭합니다. 소파의 가죽과 마룻널 표현은 잘 되었지만 빛의 유입이 많지 않아 어두운 상태입니다. History 패널에서 Save to history(💾) ❶을 클릭해 현재 렌더 이미지를 저장합니다.

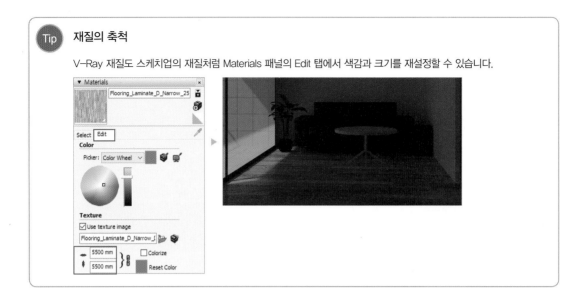
20 태양광(SunLight)

밝게 하기 위해 태양광의 세기를 높여 보겠습니다. V-Ray 도구막대의 Asset Editor(⊘)를 클릭합니다. 조명 ❶을 클릭하고 SunLight의 값을 '1'에서 '6'으로 수정합니다. 우측 Intensity Multiplier도 변경된 것을 확인합니다.

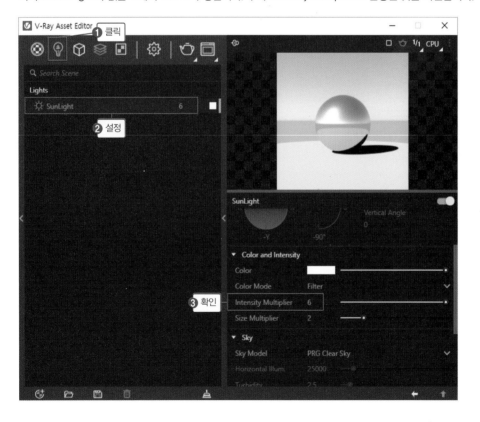

21 Render(◉)를 클릭합니다. 렌더링이 완료되면 History 패널에서 Save to history(🔛)를 클릭해 현재 렌더 이미지를 저장합니다. 창 유리의 재질이 뿌옇게 나옴을 확인합니다.

22 굴절(Refraction)

스케치업 작업화면에서 페인트 통 B 를 누르고 Alt 를 누릅니다. 재질을 편집할 창 유리를 클릭합니다. Asset Editor(◉)를 클릭하면 추출된 유리 재질(Translucent_Glass_Aqua)의 정보가 나타납니다. Refraction(굴절)에서 Refraction Color 조절막대를 우측 끝으로 이동하고 IOR(굴절률)은 2로 설정합니다.

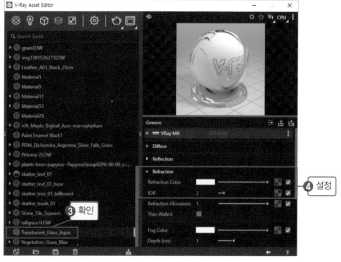

23 Render(⊙)를 클릭합니다. 렌더링이 완료되면 History 패널에서 Save to history(▣)를 클릭해 현재 렌더 이미지를 저장합니다.

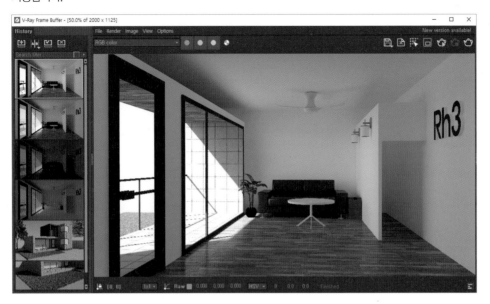

24 모서리 음영(Ambient Occlusion)

Asset Editor(◉)를 클릭하고 설정(⚙)을 클릭합니다. 모서리를 강조하기 위해 Global Illumination의 화살표 ❷를 클릭해 확장하고 ❸을 클릭합니다. Ambient Occlusion 항목을 활성화하고 확장해 'Radius : 25, Occlusion Amount : 0.3'으로 수정합니다.

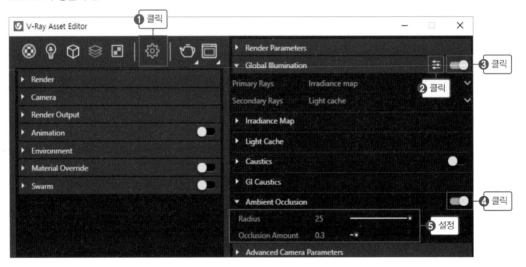

25 Render(◉)를 클릭합니다. 렌더링이 완료되면 History 패널에서 Save to history(🗗) ❶을 클릭해 현재 렌더 이미지를 저장합니다.

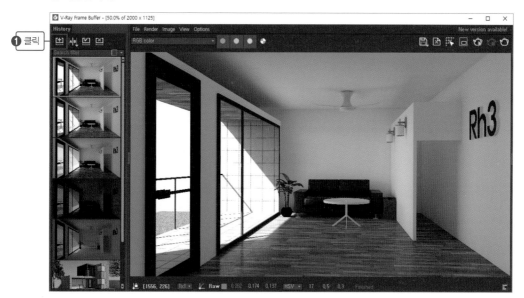

26 History 패널에서 A/B horizontal(⋈)을 클릭합니다. 저장된 이미지의 ❷지점과 ❸지점을 클릭해 A/B를 설정합니다. 중간에 흰색 선을 클릭 & 드래그로 움직이면서 천장과 벽이 만나는 코너의 음영 처리를 확인합니다.

27 반사(Reflection)

스케치업 작업화면에서 페인트 통 B를 누르고 Alt를 누릅니다. 재질을 편집할 문틀을 클릭합니다. Asset Editor(⊘)를 클릭하면 추출된 문틀 재질(Color_007)의 정보가 나타납니다. Reflection(반사)에서 Reflection Color의 조절막대를 중간 정도로 이동합니다.

창틀과 문틀은 'Color_007' 재질이 적용되어 있습니다.

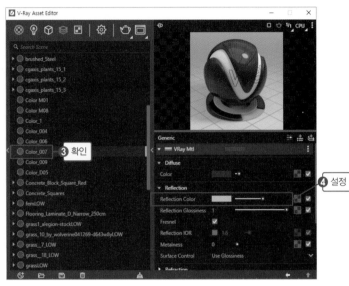

28

Render(⊙)를 클릭합니다. 렌더링이 완료되면 History 패널에서 Save to history(⊟)를 클릭해 현재 렌더 이미지를 저장합니다. History 패널에서 A/B horizontal(⊞)을 클릭합니다. 저장된 이미지의 ❷지점과 ❸지점을 클릭해 A/B를 설정합니다. 중간에 흰색 선을 클릭 & 드래그로 움직이면서 문틀과 창틀의 반사 효과를 확인합니다.

29 반사(Reflection) – 크롬 및 거울의 표현

스케치업 작업화면에서 페인트 통 B 를 누르고 Alt 를 누릅니다. 재질을 편집할 휴지통을 클릭합니다. Asset Editor(✅)를 클릭하면 추출된 휴지통 재질(Color M05)의 정보가 나타납니다. Reflection(반사)에서 Reflection Color 의 조절막대를 우측 끝으로 이동해 반사를 활성화하고 거울처럼 반사되도록 Fresnel을 비활성화합니다.

벽부등, 휴지통, 소파의 다리는 모두 'Color M05' 재질이 적용되어 있습니다.

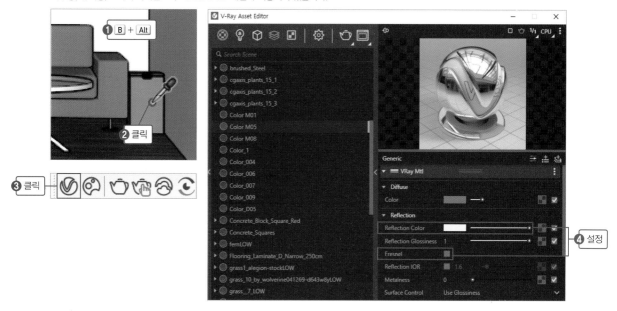

30 해당되는 부분만 렌더링을 하기 위해 V–Ray Frame Buffer 창에서 region render(▣) ❶을 클릭합니다. 렌더 영역 인 ❷지점과 ❸지점을 클릭하고 Render(🔴)를 클릭합니다.

region render(▣)를 한 번 더 클릭하면 부분 렌더 영역이 사라집니다. 효과를 추가할수록 렌더 타임은 길어지므로 region render를 사용해 확인할 영역만 렌더링을 진행하면 작업시간을 단축시킬 수 있습니다.

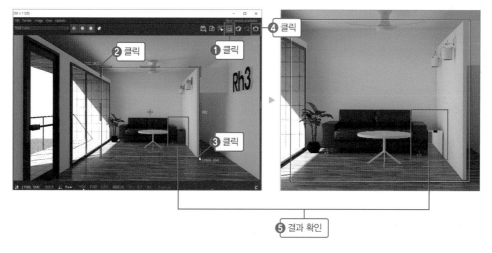

31 자체 광원(Emissive)

벽에 부착된 브라켓의 둥근면에서 빛이 발산되도록 설정하겠습니다. 스케치업 작업화면에서 페인트 통 **B**를 누르고 **Alt**를 누릅니다. 재질을 편집할 브라켓의 노란 부분을 클릭합니다. Asset Editor(◎)를 클릭하면 추출된 브라켓 재질 (Color_D05)의 정보가 나타납니다. Generic에서 Add Layer(▦)를 클릭하고 Emissive를 클릭합니다.

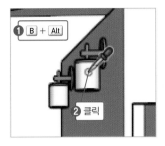

32 Render(◎)를 클릭해 Emissive 적용 효과를 확인합니다.

▲ Emissive 적용 전

▲ Emissive 적용 후

33 천장의 실링팬과 원형 테이블은 재질이 적용되지 않은 상태입니다. 자유롭게 재질을 적용하고 Render(📷)를 클릭합니다. 렌더링이 완료되면 PNG 또는 TIF 이미지로 저장합니다.

Tip **카메라 노출 값과 렌더링 설정 저장**

① **노출 값(Exposure Value)**
카메라 셔터의 노출 시간을 조정하여 광량을 조절할 수 있습니다. 실내에 광량을 높여 좀 더 밝고 화사한 분위기로 연출할 수 있습니다.

▲ Exposure Value(E.V) : 14.229

▲ Exposure Value(E.V) : 13.5

② 렌더링 설정 저장

렌더링의 설정은 실내/실외 및 각 실의 위치와 크기에 따라 달라질 수 있습니다. 해당 장면에 적용한 렌더링 설정을 저장할 필요가 있습니다. V-Ray 도구막대의 Asset Editor(◎)의 Settings(◎)를 클릭하고 Save Render Settings To File(🖫)을 클릭해 현재 설정을 저장할 수 있습니다. 설정을 불러올 때는 Load Render Settings From File(🗁)을 클릭합니다. Materials와 Lights 설정은 별도로 저장해야 하며, Revert to Default Render Settings(↺)를 클릭하면 설정이 기본값으로 초기화됩니다.

34 '실외' 장면 탭을 클릭하고 V-Ray 도구막대의 Asset Editor(◎)를 클릭합니다. Lights(◉)를 클릭하고 SunLight의 값 '2'로 수정합니다. Render(◎)를 클릭해 렌더링 이미지와 스케치업 화면의 가구 위치가 다름을 확인합니다.

35 스케치업 작업화면에서 페인트 통 B를 누르고 Alt를 누릅니다. 재질을 편집할 창 유리를 클릭합니다. Asset Editor(◎)를 클릭하면 추출된 유리재질(Translucent_Glass_Aqua)의 정보가 나타납니다. Refraction(굴절)에서 IOR(굴절률)은 1(굴절 없음)로 설정합니다.

36 Render(🖼)를 클릭해 결과를 확인합니다. History 패널에서 Save to history(🖼)를 클릭해 현재 렌더 이미지를 저장합니다.

37 요철 효과(Bump)

스케치업 작업화면에서 페인트 통 B를 누르고 Alt를 누릅니다. 재질을 편집할 외벽 마감(콘크리트)을 클릭합니다. Asset Editor(⨀)를 클릭하면 추출된 외벽 재질(Concrete_Squares)의 정보가 나타납니다. Bump에서 Texture Slot(▦) ❶을 클릭하고 Cellular 효과 ❷를 클릭합니다.

38 Type은 Chess cells, Spread는 2로 설정하고 상위 설정으로 돌아가기 위해 Up the Assets Hierarchy(⬆)를 클릭합니다. 재질 미리보기에서 콘크리트의 표면 질감이 변경된 것을 확인합니다.

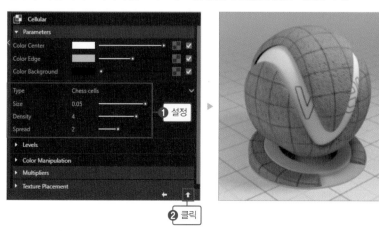

39 Render()를 클릭해 결과를 확인합니다. History 패널에서 Save to history(圖)를 클릭해 현재 렌더 이미지를 저장합니다. Cellular 효과를 해제하려면 Texture Slot(▓)을 마우스 오른쪽 버튼으로 클릭하고 Clear를 클릭합니다.

마우스 오른쪽 버튼 클릭

Tip **Bump 효과의 예**

① Checker   ② Noise B   ③ Cellular

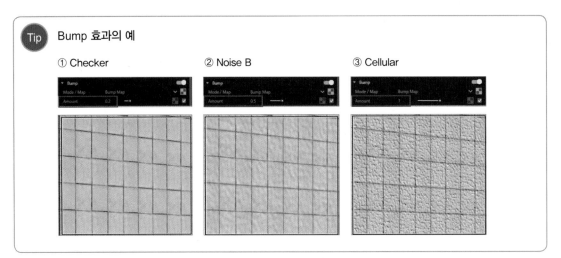

Tip **Bitmap 이미지 적용하기**

타일, 벽돌, 보도블록 등 줄눈과 같이 오목하게 들어간 부분과 돌출된 부분을 표현하는 데 있어 좀 더 입체적이고 사실적인 표현이 가능합니다. 착시를 활용한 Bump가 렌더 타임은 유리하지만, 이미지에 직접 적용되는 Displacement가 표현 결과는 탁월합니다. 포토샵과 같은 이미지 편집 프로그램을 설치하고 스케치업의 재질 이미지 편집도구를 지정해야 활용이 가능합니다.

1. 재질 이미지 편집도구 지정

메뉴 Window의 Preferences를 클릭하고 좌측 카테고리에서 Applications를 클릭합니다. [Choose] 버튼을 클릭하고 재질 이미지 편집도구(포토샵)의 실행 파일을 선택합니다.

---

2. Bump

① [예제파일/P05/Ch02/요철 효과] 파일을 불러옵니다. Materials 패널 In Model에서 벽체에 적용된 재질 이미지를 마우스 오른쪽 버튼으로 클릭하고 Edit Texture Image를 클릭합니다. 이미지 편집도구(포토샵)에서 Ctrl+Shift +Alt+B를 누르고 흑백 설정 창에서 확인 버튼을 클릭해 이미지를 흑백 이미지로 변경합니다.

Bump 효과는 이미지의 어둡고 밝은 명암 차이에 의해 효과가 적용됩니다.

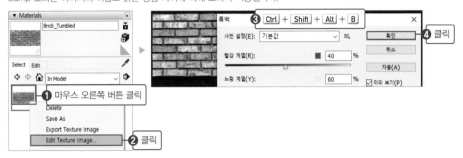

② 명암비를 조정하기 위해 이미지 편집도구(포토샵)에서 Ctrl+L을 누르고 레벨 값을 20, 150 정도로 설정하고 [확인] 버튼을 클릭합니다. 변경한 이미지를 '다른 이름으로 저장'(Save as)합니다.

흑백 이미지는 [예제파일/P05/Ch02] 폴더의 '벽돌(흑백).jpg'를 사용해도 됩니다.

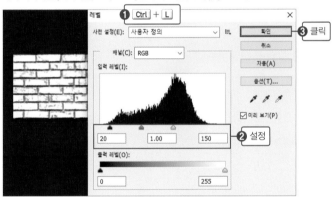

③ V-Ray Asset Editor의 Materials를 클릭합니다. Bump 효과를 적용할 Brick_Tumbled 재질을 클릭합니다. Bump에서 Texture Slot(■)을 클릭하고 Bitmap을 클릭합니다.

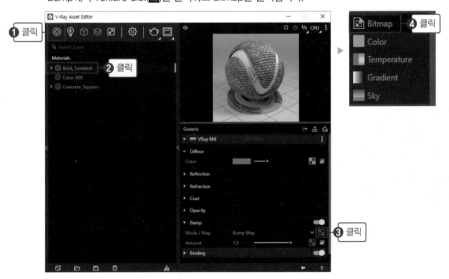

④ 흑백 이미지 '벽돌(흑백)'을 선택하고 [열기] 버튼을 클릭합니다. 상위 설정 Up the Assets Hierarchy(⬆)를 클릭합니다.

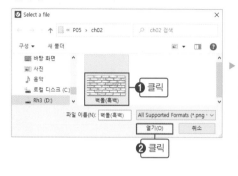 

⑤ Amount 값을 1~1.5 정도로 설정하고 Render(📷)를 클릭합니다.

흑백 Bitmap 이미지를 적용한 Bump 효과의 이미지가 더 사실적으로 보임을 확인합니다.

▲ Bump 적용 전   ▲ Bump 적용 후

2. Displacement

① Displacement 효과를 적용하기 위해서는 그룹된 객체에 재질을 적용해야 합니다. 흑백 이미지를 사용하는 것은 Bump와 동일합니다. [예제파일/P05/Ch02] 폴더의 '포도벽돌(흑백).jpg'를 사용하겠습니다. V-Ray Asset Editor의 Materials를 클릭하고 Concrete_Squares 재질을 클릭합니다. Add Attribute(⬆)를 클릭하고 Displacement를 클릭합니다.

② Displacement 항목을 확장하고 활성화합니다. Texture Slot(■)을 클릭하고 Bitmap를 클릭합니다.

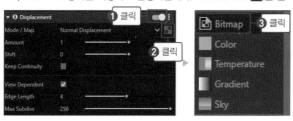

③ 흑백 이미지 '포도벽돌(흑백)'을 선택하고 [열기] 버튼을 클릭합니다. 상위 설정 Up the Assets Hierarchy(⬆)를 클릭합니다.

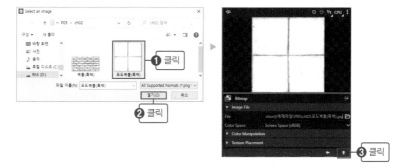

④ Amount 값을 0.7~1 정도로 설정하고 Render(◎)를 클릭합니다. 명암을 경계로 솟아오름을 확인합니다. Displacement 효과는 표면을 들어 올려 표현하므로 실제 바닥보다 이미지가 높아집니다. 표면에 배치된 경우 솟아오른 이미지만큼 묻히게 됩니다.

▲ Displacement 적용 전   ▲ Displacement 적용 후

⑤ 거친 표면을 부드럽게 처리하기 위해 Texture Slot(▦)을 클릭하고 옵션 확장(☰)을 클릭합니다. Filter Blur 값을 5로 수정하고 Render(📷)를 클릭합니다.

▲ Filter Blur : 1　　　　　　　▲ Filter Blur : 5

STEP **2** V-Ray의 조명 효과 익히기

01 인공조명

외부 렌더링 결과 내부가 어둡게 표현되어 실내에 인공조명을 설치하겠습니다. 내부 시야를 확보하기 위해 건물 ❶을 더블 클릭합니다. 벽면 ❷를 마우스 오른쪽 버튼으로 클릭하고 Hide를 클릭합니다. 빈 공간을 클릭해 그룹 편집을 종료합니다.

02 2층 천장 부분을 확대하고 V-Ray Lights 도구막대에서 Rectangle Light() **❶**을 클릭합니다. **❷**지점을 클릭하고 **❸**지점을 클릭해 광원의 크기를 지정합니다. Space Bar 를 눌러 광원을 클릭하고 Asset Editor의 Lights를 클릭하면 설치한 Rectangle Light의 정보를 확인할 수 있습니다.

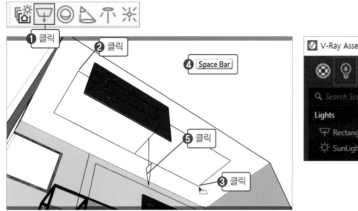

Tip **Rectangle Light 방향 설정**

마우스 오른쪽 버튼으로 광원을 클릭하고 Flip Along의 축 반전을 사용하면 빛의 발산 방향을 변경할 수 있습니다. 또는 Scale 도구의 대칭(-1)을 사용합니다.

Flip Along ❷ 클릭 >	Component's Red
Zoom Selection	Component's Green
V-Ray Object ID >	Component's Blue ❸ 클릭

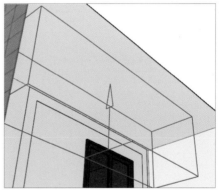

03 2층 천장에 설치한 광원을 아래쪽으로 2700 거리를 두고 복사합니다. 신규로 추가한 광원이 아니므로 V-Ray Lights 항목에 추가되지는 않습니다.

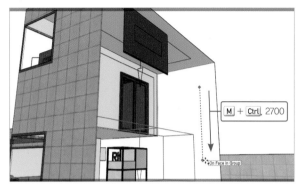 

04 1층 천장 부분을 확대하고 Rectangle Light()를 클릭합니다. ❶지점을 클릭하고 ❷지점을 클릭해 광원의 크기를 지정합니다. 신규로 추가한 광원으로 V-Ray Lights에 'Rectangle Light#1'이 추가됩니다.

05 V-Ray Lights에 추가된 Rectangle Light 항목을 클릭하고 마우스 오른쪽 버튼으로 클릭합니다. Rename을 클릭해 '거실'과 '룸'으로 변경합니다.

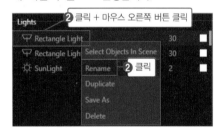 

06 건물 ❶을 더블 클릭합니다. Edit의 Unhide에서 All을 클릭해 Hide를 해제하고 편집 모드를 종료합니다.

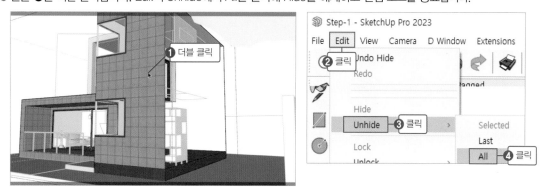

07 '실외' 장면 탭을 클릭하고 Render(🔲)를 클릭합니다. History 패널에서 Save to history(🔲)를 클릭해 현재 렌더 이미지를 저장합니다. 실내는 약간 밝아졌으나 2층에 설치한 광원의 형태가 그대로 드러납니다.

08 거실과 룸의 광원 세기를 50으로 변경하고 룸은 Options에서 Invisible 항목을 체크해 광원의 형상을 숨겨줍니다.

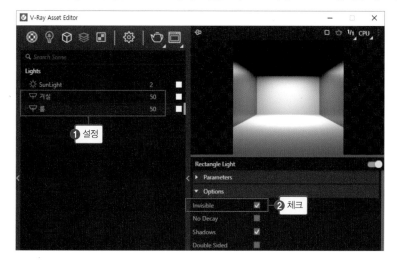

09 Render(📷)를 클릭합니다. History 패널에서 Save to history(🖼️)를 클릭해 현재 렌더 이미지를 저장합니다. 실내는 좀 더 밝아지고 2층의 광원 형상이 보이지 않음을 확인합니다.

10 차량과 화단, 인물 등을 배치해 최종적으로 렌더링 후 PNG 또는 TIF 이미지로 저장합니다. 화단과 차량은 [예제파일/P05/Ch01] 폴더의 컴포넌트를 사용하고 인물은 기본 컴포넌트 People의 2D_Silhouettes를 사용합니다.

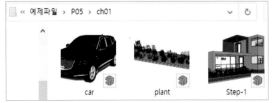  

11 야간 렌더링

외부의 조명기구는 기본 컴포넌트를 사용해 배치하겠습니다. 컴포넌트 패널의 Architecture에서 Lighting_Interior 폴더의 'Light_Fluorescent_Ceiling_48in'을 선택해 2층 캔틸레버에 배치합니다.

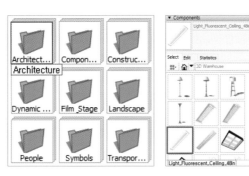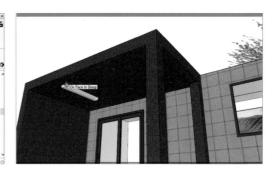

12 Rectangle Light(⍦) ❶을 클릭합니다. ❷지점을 클릭하고 ❸지점을 클릭해 광원의 크기를 지정합니다. 빛을 발하는 면이 조명기구 아래쪽에 오도록 이동합니다.

13 추가된 Rectangle Light의 이름을 외부로 변경하고 밝기는 1000, SunLight는 0.2로 어둡게 설정합니다. 조명의 색을 변경하기 위해 ❹를 클릭합니다.

14 Color Picker 설정에서 광색 조절 막대 ❶을 노랑 부분으로 이동합니다. 원형 표식은 ❷지점을 클릭하고 창을 닫습니다.

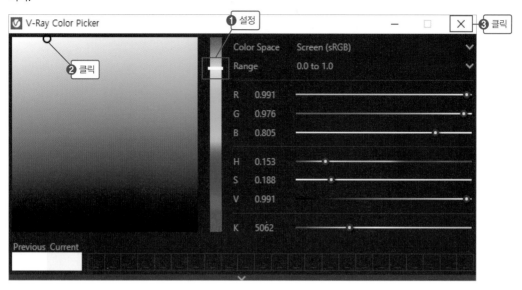

15 앞서 배치한 조명기구와 광원 ❶을 선택해 2층과 1층 테라스로 복사합니다.

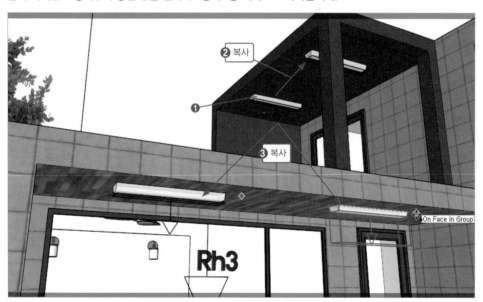

16 '실외' 장면 탭을 클릭하고 Render()를 클릭합니다. History 패널에서 Save to history(■)를 클릭해 현재 렌더 이미지를 저장합니다.

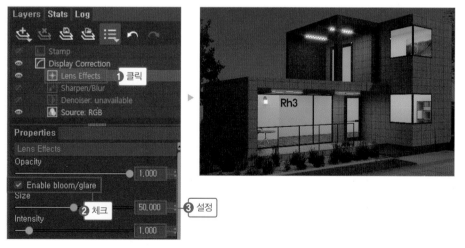

② Sharpen/Blur

상단 보정 항목(Correction)에서 Sharpen/Blur를 클릭하고, 하단 특성(Properties)에서 Calculate Sharpen/Blur를 체크해서 활성화한 후 amount 값을 조정합니다.

▲Sharpen/Blur 적용 전

▲Sharpen/Blur 적용 후

③ 보정 항목 추가

Create layer()를 클릭하면 포토샵에서 사용할 수 있었던 Curves, Color Balance, Hue/Saturation 등의 색상 보정 항목을 추가하여 사용할 수 있습니다. 추가한 항목을 마우스 오른쪽 버튼으로 클릭하면 보정 값 Reset 및 삭제가 가능합니다.

STEP 3 아이소메트릭 렌더링

아이소메트릭은 실내지만 지붕이 없어 태양광에 그대로 노출됩니다. 실내/실외 렌더링과는 다른 설정이 필요합니다.

01 기본 설정 불러오기

[예제파일/P05/Ch02/아이소메트릭] 파일을 더블 클릭해 스케치업을 실행합니다. V-Ray Asset Editor(🖸)의 Settings(⚙)에서 🖻를 클릭하고 [예제파일/P05/Ch02] 폴더에서 이전 **STEP 2** 에서 적용한 기본.vropt 파일을 불러옵니다.

V-Ray vropt 파일은 로드 후 적용까지 다소 시간이 소요될 수 있습니다.

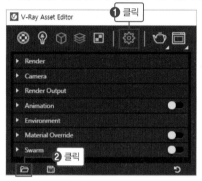

02 SunLight를 1로 설정합니다. Render Output에서 Aspect Ratio를 Match Viewport로 설정 후 Render(🖸)를 클릭합니다. 태양광이 그대로 노출되어 그림자가 생깁니다.

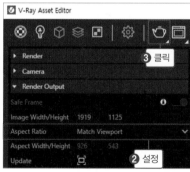
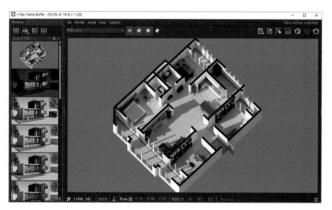

03 GI 적용(전역 조명)

SunLight를 0으로 설정합니다. 빛이 없으므로 Settings(⚙)에서 Environment의 GI 항목을 체크하고 값을 60으로 설정합니다.

04 Render(⬜)를 클릭합니다. 그림자가 없음을 확인합니다. 약간 밝게 하기 위해 노출 값을 14로 조정합니다.

노출값 설정

05 장면 탭의 'Scene 1'과 'Scene 2'를 렌더링하여 png 포맷으로 저장합니다.

아이소메트릭과 같이 천장 및 지붕이 없는 경우 GI 조명을 사용하거나 인공조명을 설치해 렌더링합니다.

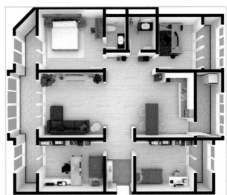

▲ Scene 1   ▲ Scene 2

03 Twinmotion 활용하기

트윈모션은 건축, 인테리어, 조경 등 건설 분야에 특화된 리얼타임 렌더러입니다. 언리얼 엔진을 기반으로 구동되는 트윈모션은 고화질 이미지와 동영상을 빠르게 추출할 수 있으며 간단한 인터페이스로 누구나 쉽게 사용할 수 있는 실시간 3D 시각화 도구입니다. 유사한 시각화 도구로는 루미온, D5렌더, 엔스케이프 등이 있습니다. (교재에서 사용된 Twinmotion 버전은 2022.1.2.입니다)

▲ Twinmotion 홈페이지(https://www.twinmotion3d.co.kr/gallery)

STEP 1 Twinmotion 2022 시스템 요구사항 확인

트윈모션은 실시간 시각화 도구로 고사양의 하드웨어를 필요로 합니다.

1 Windows용 트윈모션 시스템 요구사항

① **최소 사양**
- 활용 기준 : 소규모 프로젝트(데이터 1GB 미만)
- 운영체제 : 64비트 Windows 10 또는 11
- 그래픽 카드 : 그래픽 메모리 6GB 이상(GeForce GTX 1060, Radeon RX 5600)
- CPU(프로세서) : Intel Core i3-8300T, AMD Ryzen 7 1700
- 시스템 메모리(RAM) : 16GB 이상
- 하드 드라이브 공간 : 사용 가능 공간 30GB 이상

※ 최소 사양 기준 미만이면 설치와 실행은 가능하지만 학습 및 작업이 원만하지 않을 수 있습니다.

② **고급 사양**
- 활용 기준 : 대규모 프로젝트(데이터 1GB 이상)
- 운영체제 : 64비트 Windows 10 또는 11
- 그래픽 카드 : 그래픽 메모리 12GB 이상(GeForce GTX 1080, Radeon RX 6600 XT)
- CPU(프로세서) : Intel Core i7-6700K, AMD Ryzen 5 3500
- 시스템 메모리(RAM) : 64GB 이상

• 하드 드라이브 공간 : 사용 가능 공간 30GB 이상의 SSD

※ 현실 기반 실시간 렌더링 도구인 Path Tracer를 사용하기 위해서는 그래픽 메모리 8GB 이상의 그래픽 카드를 사용해야 합니다.

STEP · 2 Twinmotion 무료 버전 설치

01 Twinmotion 무료 버전을 설치하기 위해 검색 사이트에서 '트윈모션'을 입력해 홈페이지(https://www.twinmotion.com/ko)에 접속하고 우측 상단에서 '로그인'을 클릭합니다.

02 에픽게임즈, Google, Steam 등의 계정으로 로그인합니다. 목록의 계정이 없다면 '가입'을 클릭해 계정을 만들고 로그인합니다.

03 '다운로드 & 체험'을 클릭하고 '무료 체험판'을 다운로드하여 설치합니다.

01 바탕화면의 트윈모션 단축 아이콘(🐞)을 더블 클릭해 실행합니다. 내비게이션 설정(탐색 방법) ❶을 클릭하고
SketchUp을 클릭합니다.

화면 탐색이 익숙해지면 Hide navigation panel을 클릭해 보이지 않게 설정합니다.

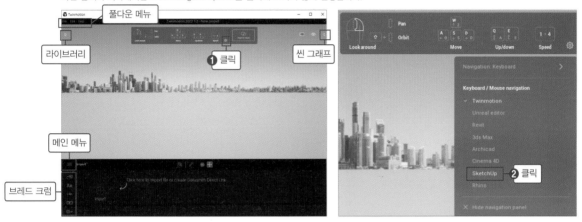

02 메뉴 Edit에서 Preferences를 클릭합니다. Language를 '한국어'로 변경하고 [OK] 버튼을 클릭합니다. 화면에 표시
되는 언어가 한글로 변경됨을 확인합니다.

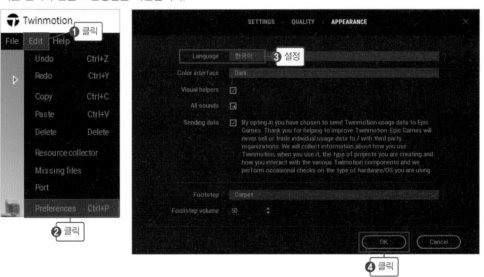

03 메인 메뉴를 클릭해 다시 환경설정을 클릭합니다. '퀄리티'의 '데스크톱'을 클릭하고 '자동'을 클릭해 효과 옵션을 현재 하드웨어에 맞춰줍니다.

필자의 랩탑 CPU : Ryzen9 5900 HX, GPU : RTX 3060, RAM : 16GB

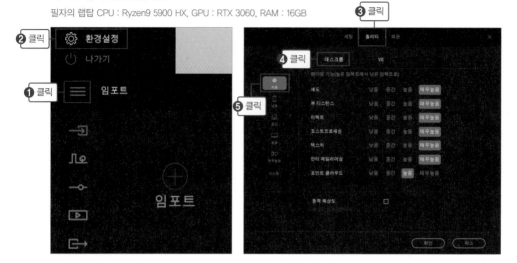

04 '세팅'을 클릭합니다. 설정 항목을 간단히 살펴본 후 [확인] 버튼을 클릭해 설정을 마칩니다. 메인 메뉴의 데모 씬에서 샘플 모델인 Materials room을 클릭합니다. 현재 파일은 저장하지 않습니다.

05 Materials room에서 내비게이션 기능을 사용해 공간을 탐색합니다. 단축키의 자세한 정보는 도움말의 단축키에서 한국어를 클릭하면 PDF 파일로 확인할 수 있습니다.

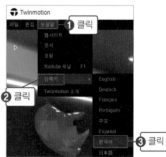

Tip

Twinmotion 단축키

단축키 PDF 파일은 [예제파일/P05/Ch03] 폴더에서 확인할 수 있습니다.

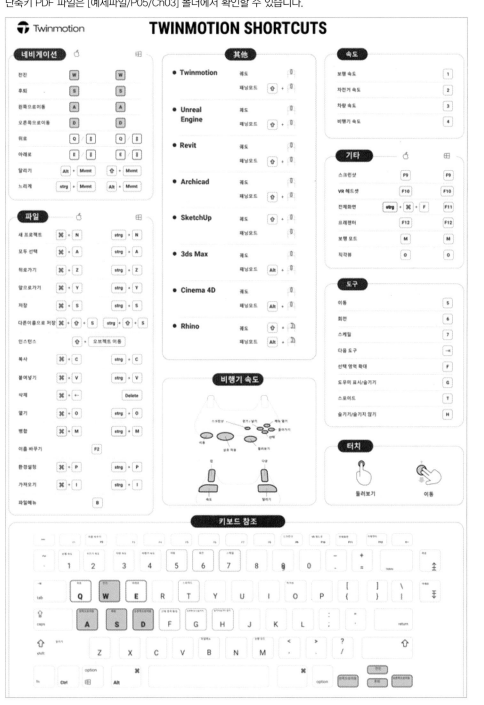

06 공간 탐색 – 내비게이션

F11을 눌러 전체화면으로 변경합니다. 마우스 오른쪽 버튼을 클릭한 상태로 움직이면 화면의 방향을 전환할 수 있고, A(좌), S(우), D(뒤), W(앞)를 눌러 이동할 수 있습니다. 이는 1인칭 슈팅 게임과 동일합니다. 이동 속도가 너무 빠르면 키보드 상단의 1을 누릅니다.

이동 속도 – 1 : 보행, 2 : 자전거, 3 : 자동차, 4 : 비행기

07

A(좌), S(우), D(뒤), W(앞), 마우스 오른쪽 버튼을 사용해 원형 공간을 두세 바퀴 돌아봅니다. 시점의 높이는 Q(높게), E(낮게)로 조정할 수 있습니다. 중간에 보이는 객체를 클릭(다중 선택 : Ctrl)하면 선택할 수 있고 Shift를 누른 상태로 이동하면 좀 더 빠르게 이동합니다.

08

이동하는 것이 적응되면 설정 ❶을 클릭하고 '내비게이션 패널 숨기기'를 클릭합니다. 다시 화면에 보이게 하려면 오른쪽 상단 눈 ❸을 클릭합니다. 내비게이션 ❹를 클릭하면 보이기를 선택할 수 있습니다.

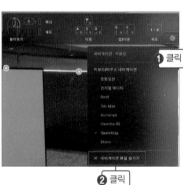 

STEP 4 Twinmotion 주요 도구 익히기

01 학습 모델 : Farnsworth House

메뉴의 파일에서 '새 씬'을 클릭하고 다시 '임포트'를 클릭합니다. 현재 샘플 파일은 저장하지 않고 '열기'를 클릭합니다.

임포트는 화면 하단 브레드 크럼 메뉴에서 ▒▒을 클릭해도 됩니다.

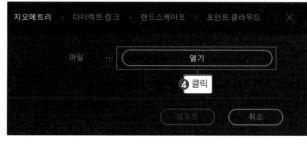

02 [예제파일/P05/Ch03] 폴더에서 'Farnsworth House' 모델을 선택하고 [열기] 버튼을 클릭합니다. 병합 옵션을 '계층구조 보존'으로 변경하고 '임포트'를 클릭합니다.

화면에 모델이 보이지 않는 경우 마우스 휠 또는 오른쪽 버튼을 클릭한 상태로 시점을 조정합니다.

 Tip **스케치업의 그룹, 재질, 계층구조**

스케치업 모델의 그룹 상태, 재질은 트윈모션에서도 그대로 유지됩니다. 트윈모션으로 임포트 전 트윈모션에서의 작업 유형에 따라 스케치업 모델의 그룹 및 재질 적용 상태를 다시 한번 확인합니다. 스케치업에서 그룹 및 컴포넌트로 작성되지 않은 객체는 하나로 인식되어 개별 작업을 할 수 없습니다.

임포트 옵션에서 병합은 '머티리얼별 병합'으로 되어있습니다. 이는 스케치업에서 다양한 객체에 사용한 동일한 재질을 기준으로 하나의 객체로 병합시킵니다. 스케치업에서 동일한 재질과 관계없이 독립적인 객체(그룹)를 유지하려면 '계층구조 보존'을 선택해야 합니다. 스케치업에서 재질의 구분이 명확하게 마무리된 상태라면 '머티리얼별 병합', 재질 관련 작업을 하지 않았다면 '계층구조 보존'이 유리합니다. 이는 트윈모션 작업에서 매우 중요한 부분입니다.

▲ 머티리얼별 병합 : 동일 재질의 객체를 병합   ▲ 계층구조 보존 : 스케치업의 그룹/컴포넌트 유지

03 장면 저장

장면을 저장하기 위해 조감도 시점으로 화면을 조정합니다. 미디어 ❶을 클릭하고 이미지 ❷를 클릭합니다. 이미지 생성 ❸을 클릭하면 현재 화면이 저장됩니다.

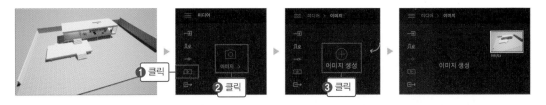

04 다음과 같이 실외 장면과 실내 장면을 추가합니다. 장면(카메라) 추가 후 각 장면을 클릭해 시점이 변경되는 것을 확인합니다.

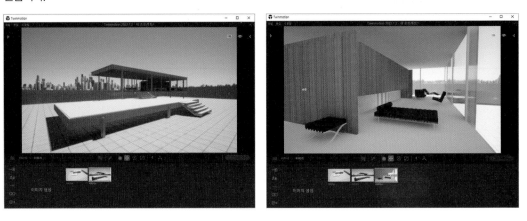

05 커서를 저장된 이미지로 이동해 메뉴 … ❶을 클릭하면 장면의 이름을 변경할 수 있습니다. 다음과 같이 '조감도', '실외 투시도', '실내 투시도'로 이름을 변경합니다.

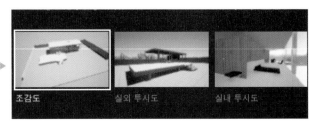

06 씬 그래프 패널

화면 오른쪽 상단의 화살표를 클릭해 씬 그래프를 확장합니다. Farnsworth House 폴더 ❶을 더블 클릭하거나 화살표(▷)를 클릭하면 재질 및 구성요소가 나열됩니다. 'cuero negro'를 클릭하면 화면에 주황색으로 표시되고 이어서 F를 누르면 객체가 확대됩니다.

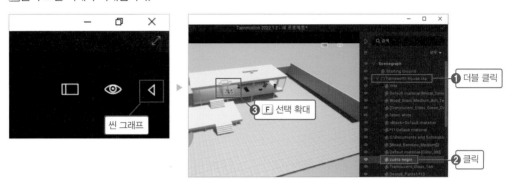

Tip 검색과 필터

씬 그래프는 스케치업의 아웃라이너와 유사합니다. 항목의 순서는 클릭 & 드래그로 위치를 변경할 수 있으며 상단의 '검색'과 '필터'를 사용하면 쉽게 찾을 수 있습니다.

---

07 'cuero negro'의 눈 ❶을 클릭해 Hide(숨김) 기능을 확인합니다. 씬 그래프 패널의 활용성을 높이면 효과적인 작업이 가능합니다.

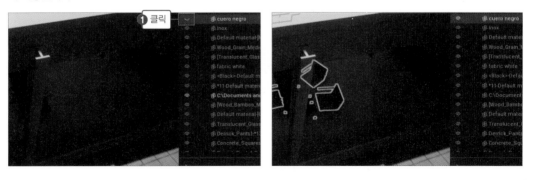

08 브레드 크럼의 미디어를 클릭하고 이미지를 클릭합니다. 조감도 장면을 클릭하고 모드 나가기(　　모드 나가기　)를 클릭합니다.

미디어의 이미지 모드 상태에서도 작업은 가능하지만 세팅 메뉴를 사용할 수 없습니다.

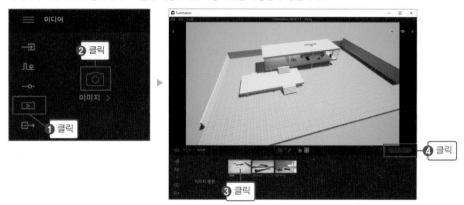

Tip **배경 설정**

멀리 보이는 배경 이미지의 변경은 세팅 메뉴 ❶ → 로케이션 ❷ → 백그라운드 ❸ → 사진 ❹를 클릭하면 변경할 수 있습니다.

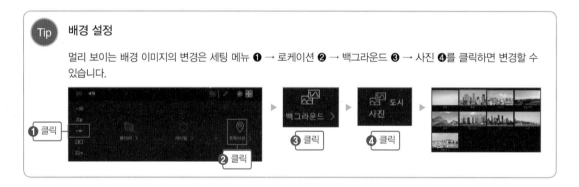

---

09 라이브러리 패널 – 머터리얼(재질)

라이브러리 패널은 재질 적용 및 가구, 식재, 차량 등 구성요소를 검색해 배치할 수 있습니다. 좌측 상단 화살표 ❶을 클릭하면 패널이 나타납니다. 머터리얼을 클릭합니다.

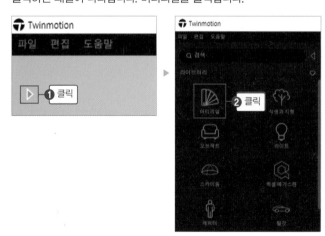

10 카테고리에 유리, 메탈, 타일, 벽돌 등 다양한 재질 목록을 클릭해 종류를 확인합니다. 재질 탐색은 뒤로 가기 화살표 와 검색도구를 활용합니다. 커서를 재질로 이동하면 미리보기가 표시됩니다.

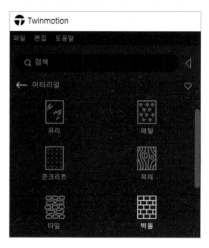 

11 재질 옵션 두 번째 아이콘을 길게 클릭해 '오브젝트에 적용'으로 변경합니다. 벽돌 'Clean brick 08' 재질을 담장 ❶ 부분으로 클릭 & 드래그하면 재질이 적용됩니다. 나머지 벽에도 재질을 적용합니다.

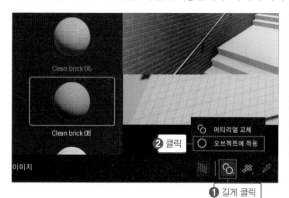 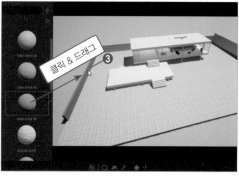

Tip **재질 적용 옵션**

'머티리얼 교체' 옵션으로 재질을 적용하면 동일한 재질로 된 모든 객체에 적용됩니다. 담장과 바닥, 지붕이 동일한 재질이므로 담장에 재질을 적용하면 바닥, 지붕에도 재질이 적용됩니다.

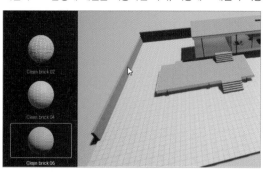

12 스케치업에서 적용한 재질을 수정하기 위해 머터리얼 픽커(⊤) ✏️를 클릭하고 콘크리트바닥 ❷를 클릭합니다. 컬러 ❸을 클릭하고 색상을 약간 어둡게 조정합니다.

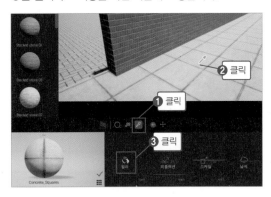
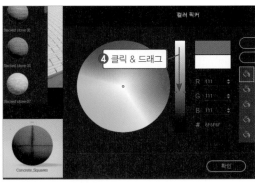

13 스케일 옵션의 슬라이더 ❶을 클릭 & 드래그 또는 직접 값을 입력해 1.5로 수정합니다. 리플렉션은 재질의 반사 값이 며 날씨는 현재 적용된 재질의 표현을 날씨와 시간에 따라 변화 여부를 설정합니다.

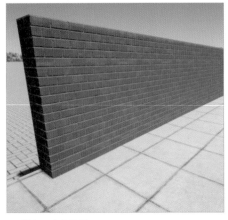

▲ 색상, 크기 수정 전

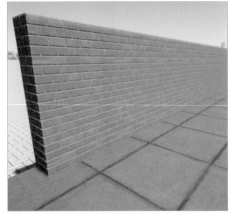

▲ 색상, 크기 수정 후

14 대리석의 'Marble01C' 재질을 선택해 바닥판 **❶**과 계단 **❸**에 적용합니다. 계단은 스케치업 모델링에서 별도의 재질을 적용한 상태이므로 재질 옵션을 머터리얼로() 변경 후 적용합니다.

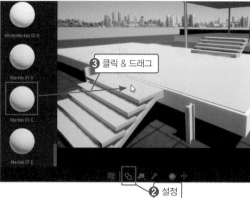

15 재질을 수정하겠습니다. 리플렉션 70, 스케일 3으로 설정하고 더보기 **❸**을 클릭합니다. 회전에 90을 입력해 재질의 방향을 변경합니다. 축은 재질을 이동해 줄눈이나 무늬를 이동할 수 있으며 속도는 움직이게 설정할 수 있습니다. 상위 설정으로 이동하기 위해 **❺**를 클릭합니다.

16 머터리얼 픽커(<kbd>T</kbd>) 를 클릭하고 바닥판 **❷**를 클릭해 계단과 동일하게 수정합니다.

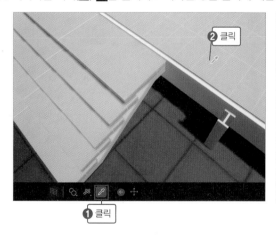
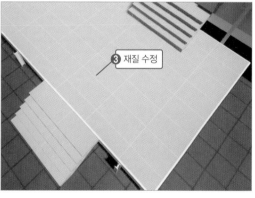

17 구조체와 가구에 자유롭게 재질을 적용합니다.

Tip 객체 모양에 따른 재질 옵션

좀 더 자연스러운 재질 표현을 위해 적용할 객체의 모양에 따라 UV 옵션을 설정할 수 있습니다. 큐빅, 실린더, 스피어, 오브젝트 옵션을 적절히 적용해야 합니다. 바닥, 벽 등 넓은 판상 형태는 '오브젝트 UV'를 사용하는 것이 적절하나 위의 판스워스 하우스 원목 테이블의 경우 '오브젝트 UV'를 적용한 것보다 '큐빅 UV'를 적용했을 때 자연스럽게 표현됩니다.

길게 클릭

18 작업 중인 저장 파일의 이름을 'study'로 저장합니다. 트윈모션은 종료하지 않은 상태에서 [예제파일/P05/Ch03] 폴더의 Farnsworth House 파일을 더블 클릭해 스케치업을 실행합니다.

① 클릭

② 클릭

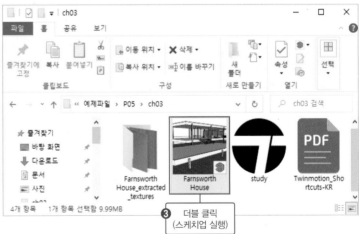

③ 더블 클릭
(스케치업 실행)

19 스케치업에서 수조를 추가하겠습니다. [File]–[Import]를 클릭하고 수조를 가져와 다음과 같이 배치합니다. 다시 Import로 실링팬을 배치하고 저장 후 스케치업은 종료합니다.

스케치업 다이렉트 링크를 설치하면 효율적인 작업이 가능합니다.

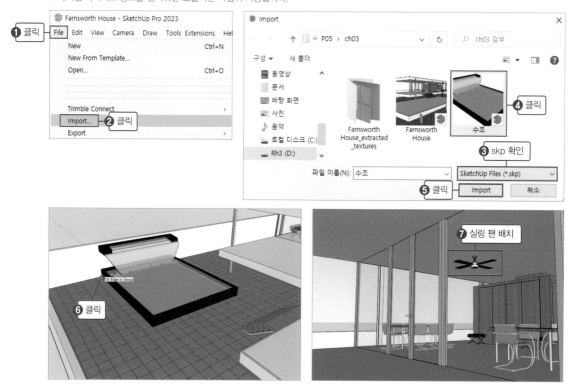

20 트윈모션에서 임포트(⊞)를 클릭하고 '다시 임포트'(⟳)를 클릭합니다. 물 재질에서 'Pool 01'을 선택해 수조에 담긴 물 ❸부분으로 클릭 & 드래그합니다.

21 물의 컬러, 수심, 파동 강도를 설정하고 '더보기'를 클릭합니다. 플로 방향을 0으로 설정해 물이 흐르는 방향을 수정합니다. 수조의 재질도 대리석으로 적용합니다.

22 라이브러리 패널 – 오브젝트

라이브러리 패널에서 뒤로 가기 ❶을 클릭하고 오브젝트 ❷를 클릭합니다.

23 하위 카테고리 집 → 거실 → 테이블로 이동합니다. 마음에 드는 테이블을 배치합니다. 집 → 오피스 → 스토리지로 이동합니다. Wood unit을 ❶부분에 배치합니다.

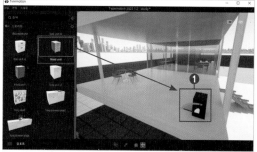

24 오브젝트를 클릭하면 축 모양의 기즈모가 표시됩니다. 기본 기능은 이동(⬛ ✎ ● ⊞)으로 표시됩니다. ❶부분을 클릭 & 드래그해 위치를 변경해 봅니다. [Shift]를 누른 상태로 ❷부분을 클릭 & 드래그하면 복사할 수 있습니다. 복사 설정 창에서 '확인'을 클릭합니다. 이동 및 복사의 거리 값을 직접 입력할 수도 있습니다.

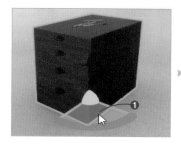 ▶  ▶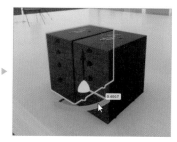

Tip **인스턴스와 복사**

인스턴스로 복사할 경우 하나의 클래스에 속하게 되어 재질 등 객체의 특성이 연동됩니다. 복사로 복사하면 원본과 별도의 독립성을 갖습니다.

▲ 특성을 변경하면 해당 클래스에 속하는 모든 오브젝트가 변경됩니다.

25 ❶을 클릭하고 Ctrl 을 누른 상태로 ❷를 클릭합니다. 커서를 ❸부분으로 이동해 '180'을 입력하고 Enter 를 누릅니다. 기즈모가 이동 상태에서도 xy 평면으로 회전이 가능합니다.

26 화살표 ❶을 클릭하면 회전, 스케일, 로컬축, 피봇 편집을 추가로 사용할 수 있습니다. 로컬축을 클릭합니다. z축으로 커서를 이동해 1.5배 늘려줍니다.

🔲(Tab)을 누르면 이동/회전/스케일 기능을 전환할 수 있습니다.

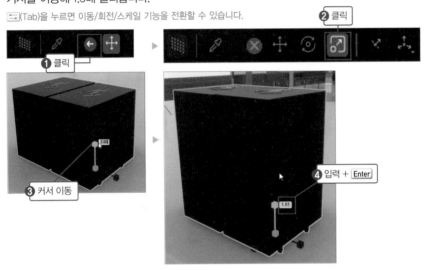

27 검색 창 ❶에 'Fish'를 입력하고 Enter 를 누릅니다. ❷를 클릭해 카테고리를 캐릭터로 변경하고 수조 안을 여러 번 클릭해 물고기를 배치합니다. 배치 후 −z축으로 약간 이동해 줍니다. 스케일을 사용하면 범위를 좁힐 수 있습니다.

검색 창을 활용하며 필요한 오브젝트를 빠르게 찾을 수 있습니다.

28 실내에 몇 가지 가구나 소품을 교체하거나 추가합니다. 인물과 차량도 배치합니다.

▲ 인물 배치 : 라이브러리 패널 → 캐릭터

▲ 차량 배치 : 라이브러리 패널 → 탈 것

Tip 라이브러리 설정 및 효과

① 씬 그래프의 활용

3인/8인 테이블을 삭제할 경우 씬 그래프에서 상위 계층을 삭제하면 됩니다. 삭제할 목록으로 커서를 이동해 …을 클릭하고 삭제를 클릭합니다.

② 인물 배치

캐릭터의 '사람'은 복장, 포즈, 애니메이션 효과를 사용할 수 있습니다. 포즈를 앉기로 바꾸고 이동과 회전을 사용해 의자나 소파에 앉아 있는 모습으로 연출이 가능합니다. 길거리에 많은 사람을 표현할 때는 '그룹', 움직임이 없는 사람은 '포즈', 2D(RPC) 이미지는 '컷아웃'을 사용합니다.

③ 비디오 파일 적용

TV, 벽면의 대형 디스플레이에 비디오 파일을 적용할 수 있습니다. 라이브러리 패널 → 머터리얼 → 비디오의
Video sample을 TV 화면으로 클릭 & 드래그하면 영상이 재생됩니다.

다른 비디오 파일을 불러오려면 비디오를 클릭하고 '열기'를 클릭합니다.

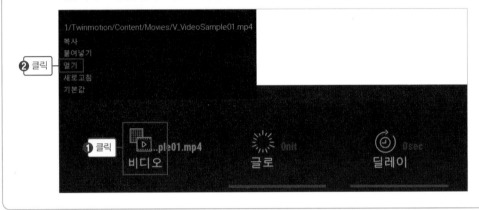

29 라이브러리 패널 – 식생과 지형

수조 주변으로 이동합니다. 라이브러리 패널의 식생과 지형을 클릭하고 잔디와 꽃을 클릭합니다. 잔디 'Long grass'
를 클릭하고 수조 주변을 여러 번 클릭해 봅니다. 심어지는 범위가 크지는 않습니다.

30 뒤로 가기 화살표(←)를 누르고 '관목'을 클릭합니다. 여러 가지 관목을 수조 주변에 배치합니다. 하나의 오브젝트를 연속적으로 클릭해도 크기, 방향이 다름을 확인합니다. 배치된 관목을 클릭하면 크기, 색조, 바람 적용 여부를 설정할 수 있습니다.

31 뒤로 가기 화살표(←)를 누르고 '나무'를 클릭합니다. 3~4가지 종류의 나무를 배치합니다.

Tip 랜덤 배치

라이브러리에서 Ctrl 을 누른 상태로 클릭하면 다수의 오브젝트를 선택할 수 있습니다. 선택된 오브젝트는 무작위로 배치됩니다.

32 식생 페인트와 스캐터

잔디, 나무 등 주변 식생을 페인트 도구로 빠르게 표현해 보겠습니다. 라이브러리 패널 머터리얼에서 지형의 네이처를
클릭합니다. 'Forest ground1'을 대지로 클릭 & 드래그합니다.

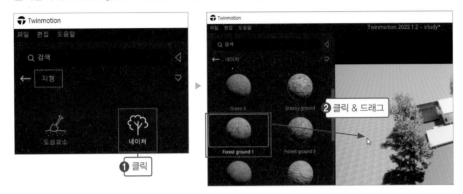

33 컨텍스트 메뉴를 클릭하고 식생 스캐터를 클릭합니다. 바닥에 적용할 잔디를 하단 드롭 패널로 클릭 & 드래그합니다.

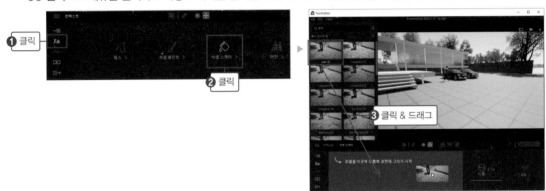

34 드롭한 잔디를 클릭하고 뿌리기(🔷)를 클릭합니다. 적용할 표면을 클릭하면 잔디가 적용됩니다. 추가로 여러 번 클릭
하면 다중으로 적용되며 제거(🔷)를 클릭하고 적용된 잔디를 클릭하면 밀집도가 낮아집니다. Esc를 눌러 기능을 취
소하고 잔디를 클릭해 Delete를 눌러 삭제합니다.

잔디는 거리가 멀어지면 원만한 작업성을 위해 화면에서 사라지므로 근거리에서 작업하는 것이 좋으며, 먼 거리에서
도 화면에 보이게 하려면 환경설정에서 잔디 페이딩을 '멀리'로 설정하면 됩니다.

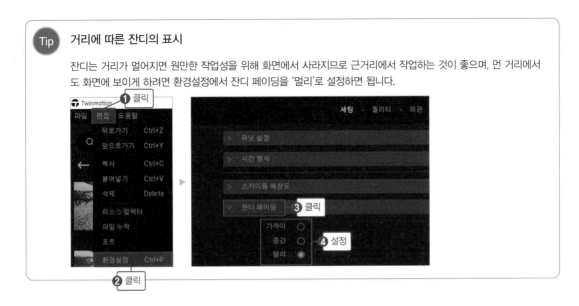

35 컨텍스트 메뉴를 클릭하고 식생 페인트를 클릭합니다. 대지에 적용할 나무 3가지를 하단 드롭 패널로 클릭 & 드래그
합니다. 지름을 20m 정도로 설정하고 ❺지점에서 ❻지점으로 클릭 & 드래그합니다.

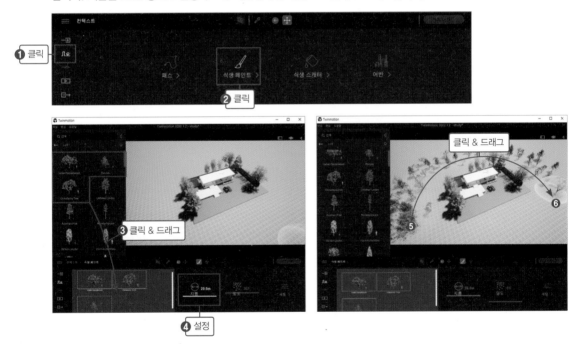

36 '관목' 3~4가지를 드롭해 건물 주변에 뿌려줍니다. 이후 대지 바닥에 불필요한 부분은 지우기()를 1~2m로 설정해 지워줍니다.

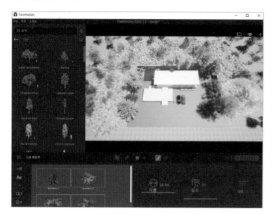

37 뿌리기로 배치한 나무나 관목을 선택해 밀집도와 크기, 수령(세팅)을 조정하고 저장된 이미지 뷰를 클릭해 적절한지 확인합니다.

밀집도는 뿌리기 전에도 드롭 영역에서 배치 항목을 선택해 설정할 수 있습니다.

▲ 조감도　　　　　　▲ 실외 투시도　　　　　　▲ 실내 투시도

38 애니메이터

출입문 부분을 확대합니다. 라이브러리 패널 '도구'에서 '애니메이터'를 클릭하고 '로테이터'를 클릭합니다.

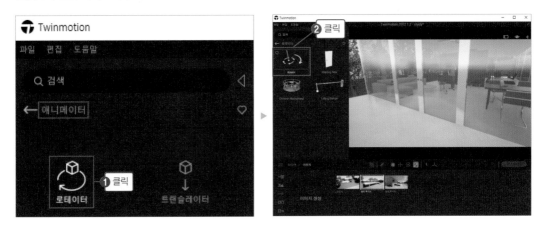

39 오른쪽 문틀의 힌지 부분인 ❶지점을 클릭합니다. Esc를 누르고 로테이터 표식(◉)을 클릭하면 회전축과 방향을 확인할 수 있습니다. 플레이 '켜짐', 각도 '90', 애니메이션 '한번', 속도 '0.3', 트리거 '켜짐'으로 설정하고 링크(▨)를 클릭합니다.

트리거를 켜면 시점이 가까워졌을 때 작동합니다.

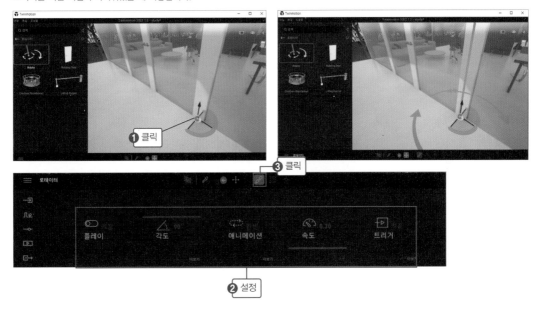

40 문틀❶, 유리❷, 문틀❸, 손잡이❹를 클릭하면 화살표 방향으로 90˚ 움직입니다. Esc를 눌러 선택을 해제하고 시점을 멀리한 후 다시 가까이하여 문이 반응하는지 확인합니다.

41 실내로 진입하여 천장의 실링팬 ❶에 로테이터를 배치합니다. 계속 회전되도록 각도 '360', 애니메이션 '루프', 속도 '1', 트리거 '꺼짐'으로 설정합니다. 링크(🔗)를 클릭하고 날개 4개를 클릭합니다.

 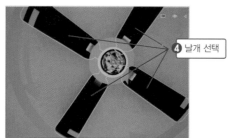

Tip **로테이터 회전축 변경**

로테이터를 클릭한 상태에서 ⇆(Tab)을 눌러 이동/회전/축적 기능을 전환시켜 회전으로 변경 후 각도를 입력하거나 도구를 확장해 회전을 클릭합니다.

미서기문(좌우)과 셔터(상하)의 경우 트랜슬레이터를 사용해 애니메이션을 적용할 수 있습니다.

42 스카이돔(하늘 및 배경 설정)

현재 하늘은 맑은 하늘입니다. 스카이돔 이미지(HDRI)를 다운로드하기 위해 파일 메뉴의 '에픽게임즈 로그인'을 클릭해 로그인합니다.

구글 계정 등으로 로그인 후 사용할 수 있습니다.

43 라이브러리 패널에서 '스카이돔' ❶을 클릭하고 '정오' → '오버캐스트'로 이동해 'Noon Overcast 03'을 다운로드하고 작업화면으로 클릭 & 드래그합니다.

44 태양의 강도, 매치, 회전 등을 설정해 적절한 밝기와 구름 위치를 설정합니다.

태양 매치를 끄면 태양을 회전시켜도 그림자 위치를 고정시킬 수 있습니다. 스카이돔의 설정 경로는 메뉴 세팅 → 라이팅 → 스카이돔의 '더보기'를 클릭합니다.

배경 처리

빌딩 배경이 어울리지 않는다면 세팅 메뉴에서 로케이션의 백그라운드를 클릭해 사진을 '없음'으로 변경하거나 세팅 메뉴의 날씨를 클릭해 성장 값을 높여 줍니다.

▲ 배경 : 도시

▲ 배경 : 없음

▲ 성장 : 0.5

▲ 성장 : 0.7

Tip

HDRI 이미지 무료 다운로드와 적용

① HDRI 이미지 무료 다운로드

Poly Haven, HDRI-SKIES, NOEMOTION HDRS 등의 사이트에서 무료로 다운로드 가능합니다.

▲ 회원 가입 없이 이용 가능한 폴리해이븐(https://polyhaven.com)

② HDRI 이미지 적용

스카이돔 설정에서 …을 클릭하고 '열기'를 클릭합니다. [예제파일/P05/Ch03] 폴더에서 'wide_street_01_4k' 파일 또는 직접 다운로드한 HDRI 파일을 클릭하고 [열기] 버튼을 클릭합니다.

 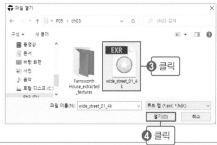

45 메뉴 세팅의 라이팅에서 스카이돔은 끕니다.

46 라이팅

침실로 들어와 라이브러리 패널 라이트의 Area Light를 클릭하고 ❸지점을 클릭합니다. Esc 를 누르고 배치한 라이트
❹를 클릭합니다.

47 라이트의 길이(3.0m), 너비(7.0m)를 설정하고 라이트 영역이 침실 중간에 위치할 수 있도록 기즈모의 축을 클릭해
이동해 줍니다.

48 배치한 라이트가 선택된 상태에서 강도의 '더보기'를 클릭합니다. 시간 설정에 따라 낮에는 켜지고 밤에는 꺼질 수 있
도록 주야식별을 켜짐으로 설정합니다.

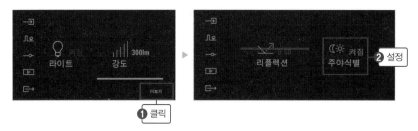

49 Shift 를 누른 상태로 축 ❶을 출입구 쪽으로 클릭 & 드래그합니다. 복사 설정 창에서 인스턴스, 2개, 12m로 설정하고 '확인' 버튼을 클릭합니다.

50 수조 위쪽으로 복사된 라이트 ❶을 클릭합니다. 축 ❷를 ❸지점으로 클릭 & 드래그합니다.

51 라이트 확인을 위해 오른쪽 상단 눈 ❶을 클릭하고 시간 ❷를 클릭해 0시로 설정합니다. 빛이 퍼지지 않고 바닥에는 자국이 선명합니다.

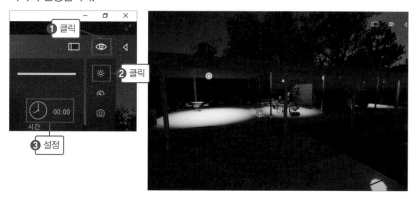

52 라이트 3개 중 하나를 클릭합니다. 감쇠를 15로 설정하고 그 외 강도, 컬러, 셰도(그림자)는 작업자 취향으로 설정합니다. 다시 시간을 14:00 정도로 설정합니다.

53 지붕 모서리 ❶부분에 네온 라이트를 배치합니다. 길이는 10m 정도, 강도는 1lm로 설정하고 주야식별을 '켜짐'으로 설정합니다. 모서리 ❷, ❸, ❹부분에 추가로 설치하고 시간을 0시로 설정해 분위기 및 밝기를 확인합니다.

네온 라이트

Tip **라이트 선택**

라이트는 거리가 멀거나 가려져 있는 경우 잘 표시되지 않습니다. 씬 그래프 목록을 사용해 선택하는 것이 용이합니다. 목록 좌측에 표시된 눈 ❶을 클릭하면 해당 라이트가 꺼지고 우측 '…' ❷를 클릭하면 상세 옵션을 사용할 수 있습니다.

54 이미지 저장

탐색을 목적으로 저장한 뷰 외에 결과물 출력을 위한 이미지를 저장하겠습니다. 미디어에서 생성한 이미지는 스카이돔, 시간, 날씨를 별도로 설정하여 저장이 가능합니다. 메뉴 미디어의 이미지를 클릭하고 이전에 생성한 조감도를 클릭합니다. 시점을 조정하고 '미디어 새로고침'을 클릭하면 현재 환경과 시점으로 갱신됩니다.

55 실외 투시도의 'More'를 클릭하고 라이팅을 클릭합니다. 스카이돔을 켜고 너무 밝으면 노출 값을 '−1.5' 정도로 줄여줍니다. 설정 위치에서 '실외 투시도'를 클릭해 상위 설정으로 이동합니다.

56 카메라를 클릭합니다. 적절한 화각(FOV)을 설정하고 패러랠리즘을 켜서 수직 형태가 왜곡되지 않도록 합니다. 설정 위치에서 '실외 투시도'를 클릭하고 '실외 투시도'의 '미디어 새로고침'을 클릭합니다. 완료 후 █모두 나가기█를 클릭합니다.

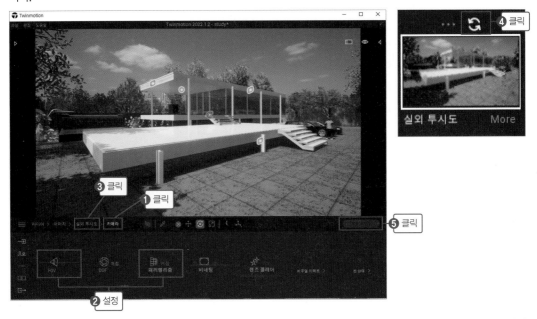

57 메뉴 세팅을 클릭하고 날씨를 클릭합니다. 계절을 가을이나 겨울로 설정하고 미디어에서 이미지를 생성합니다. 이미지의 이름은 '실외 투시도(겨울)'로 변경합니다.

58 …을 클릭하고 '복제'를 클릭합니다. 복제된 이미지의 이름은 '실외 투시도(야간)'으로 변경합니다.

59 '실외 투시도(야간)' 이미지의 'More'를 클릭하고 '로케이션'을 클릭해 시간을 야간으로 설정합니다. 설정 위치에서 '이미지'를 클릭하고 실외 투시도(야간) 이미지 설정을 갱신한 후 로드 나가기 를 클릭합니다.

60 메뉴 세팅에서 계절(날씨)을 봄으로 설정하고 '카메라'를 클릭합니다. 카메라 정렬(📐) ❶을 클릭하고 수직으로 주시할 면 ❷를 클릭합니다. 현재 장면을 이미지로 추가하고 이름을 정면으로 수정합니다.

61 출력하기 위해 익스포트의 '이미지'를 클릭합니다. '모두 선택'을 클릭하고 '익스포트'를 클릭합니다.

62 저장 폴더를 선택하면 익스포트가 진행되고 이미지가 저장됩니다.

▲ 출력 이미지 : 실외 투시도(겨울)

▲ 출력 이미지 : 정면

Tip 이미지 해상도 설정

이미지의 'More'를 클릭하고 포맷을 클릭해 해상도를 설정할 수 있습니다('아웃풋 크기'의 '더보기'를 클릭하면 값을
직접 입력할 수 있습니다).

클릭

63 영상 출력

메뉴 세팅에서 '라이팅'을 클릭하고 스카이돔을 '켜기'로 설정합니다. 건축물을 내려다보는 시점으로 조정하고 미디어의 '비디오'를 클릭합니다. '비디오 생성'을 클릭하면 비디오의 시작 키프레임(장면)이 등록됩니다.

Tip 키 프레임 옵션

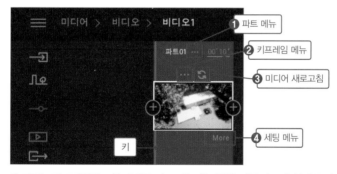

① 파트는 키 프레임의 그룹 단위로 파트 메뉴에는 병합, 이름 바꾸기, 복사 등의 옵션을 사용할 수 있습니다.

② 키 프레임 메뉴로 장면을 복사하고 삭제하는 옵션을 사용할 수 있습니다.

③ '미디어 새로고침'은 수정한 장면의 정보를 갱신합니다.

④ 'More'를 클릭하면 세팅 메뉴로 연결되어 각 장면에 적용할 환경을 설정할 수 있어 각 키 프레임/파트 구간별 날씨, 시간 등의 조건을 달리 설정할 수 있습니다.

64 시점을 오른쪽 방향으로 이동하고 키 프레임 추가(➕) ❷를 클릭합니다. 추가한 장면은 영상의 끝부분이 됩니다. 각 장면 간 카메라가 이동하면서 영상을 만들어 내므로 선홍색 수직선(키)를 클릭 & 드래그로 이동하면서 영상을 확인합니다. 장면의 시작과 끝이 마음에 들지 않으면 시점을 수정 후 '미디어 새로고침'(🔄)을 클릭합니다.

65 두 번째 장면의 위치에서 그대로 지상으로 내려오기 위해 오른쪽 상단(👁) ❶을 클릭하고 탐색모드를 보행모드로 변경합니다. 현재 위치가 지상으로 내려오면 시선이 건물 쪽을 향하도록 변경하고 키 프레임 추가(➕)를 클릭합니다. 3개의 키 프레임으로 첫 번째 파트를 구성했습니다. '재생'을 클릭해 영상을 확인합니다. 파트를 추가하기 위해 '새 동영상 파트'(➕)를 클릭합니다.

각 키 프레임의 기본 재생 시간은 10초입니다.

66 보행모드 상태에서 담장 쪽으로 이동해 '미디어 새로고침'(⟳)을 클릭합니다. 두 번째 파트의 시작 키 프레임이 등록되었습니다.

67 수조와 건물이 보이도록 이동하고 키 프레임 추가(⊕)를 클릭합니다. 선홍색 수직선(키)를 클릭 & 드래그로 이동하면 영상을 확인합니다.

68 수조 앞까지 이동하고 키 프레임 추가(●)를 클릭합니다. 두 번째 파트의 키 프레임을 모두 저장했습니다. 미디어 접기를 클릭해 파트의 프레임을 압축합니다.

69 파트 간 경계지점에 페이드 효과를 넣기 위해 가위 모양(✂) ❶을 클릭하고 검은색으로 페이드를 클릭합니다. 이후 재생(●) 버튼을 클릭하거나 선홍색 수직선(키)를 경계지점에 두고 좌우로 이동해 장면 전환 시 검정색으로 바뀌는 것을 확인합니다.

70 ⊞ ❶을 클릭해 새 파트를 추가합니다. 보행모드 상태에서 건물 정면으로 이동해 '미디어 새로고침'(🔄)을 클릭합니다. 세 번째 파트의 시작 키 프레임이 등록되었습니다.

71 눈높이로 이동해야 하므로 보행모드로 출입문 앞까지 이동합니다. 실내가 보이도록 하고 키 프레임 추가(⊕)를 클릭합니다.

콘크리트 바닥 턱에 걸린 경우 앞으로 이동되지 않습니다. 비행모드로 변경해 앞으로 조금 이동 후 다시 보행모드로 변경하면 됩니다.

72 실내로 들어가 키 프레임 추가(⊕)를 클릭합니다. 선홍색 수직선(키)을 클릭 & 드래그로 이동하면서 영상을 확인합니다.

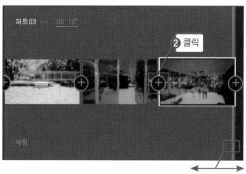

73 페이트 설정을 위해 미디어 접기 ❶을 클릭합니다. 가위 모양(✂)을 클릭하고 검은색으로 페이드를 클릭합니다. 영상 전체를 재생(▶) 버튼을 클릭해 확인합니다. 각 파트의 시간 및 효과(계절, 시간 등)를 추가로 보완하고 익스포트(➡) 를 클릭합니다.

74 '비디오'를 클릭합니다. 작성한 '비디오1'을 클릭하고 익스포트(▶)를 클릭합니다.

75 저장 폴더를 선택하면 익스포트가 진행되고 이미지가 저장됩니다. 출력된 영상을 재생시켜 확인합니다.

SketchUp 2023

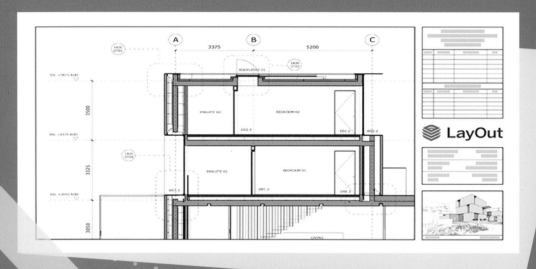

Chapter 01   프레젠테이션 자료 작성

LayOut 2023 활용
프레젠테이션

01 프레젠테이션 자료 작성

LayOut은 SketchUp Pro(유료 버전)를 설치하면 자동으로 추가 설치되는 프로그램으로 SketchUp과 연동되어 사용됩니다. LayOut은 SketchUp의 모델 데이터를 그대로 가져오거나 이미지 자료를 첨부하여 도면화, 문서화를 목적으로 사용됩니다. 이전 파트에서 진행한 판스워스 하우스의 모델링/렌더링 자료를 사용해 프레젠테이션 자료를 LayOut을 활용해 작성해 보겠습니다.

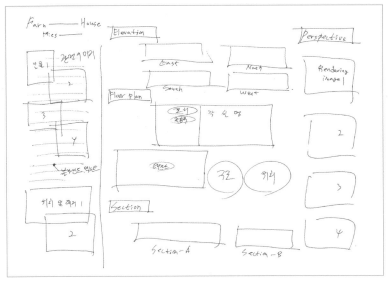

▲ 배치 계획 스케치(예시)

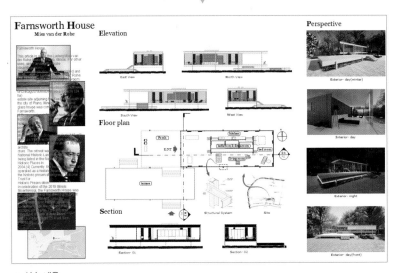

▲ 실습 내용

01 모델링과 렌더링 이미지 외에 필요한 자료는 관련 서적이나 인터넷 등에서 찾아 저장합니다. 편의상 교재 진행에 필요한 자료는 [예제파일/P06/Ch01] 폴더의 파일을 사용합니다. 자료 폴더를 열어 이미지를 확인합니다.

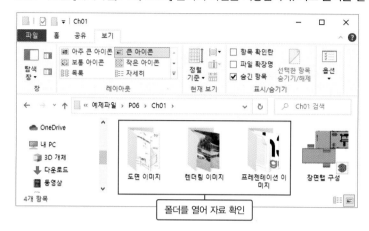

폴더를 열어 자료 확인

01 LayOut을 실행하고 우측 'More templates'를 클릭합니다. 템플릿 유형에서 'Titleblock'을 클릭하고 Traditional에서 'A3 Landscape'를 클릭합니다.

02 우측 트레이의 Pages 패널에서 Cover Page를 클릭합니다. 하단 표제란 중간에 있는 로고를 클릭하고, Delete 를 눌러 삭제합니다.

03 새로운 로고를 삽입하기 위해 [File]–[Insert]를 클릭합니다. 삽입할 logo 파일을 클릭하고 [열기] 버튼을 클릭합니다.
여러분이 만든 이미지 로고를 사용해도 됩니다.

04 커서를 조절점 ❶로 이동합니다. Shift 를 누른 상태에서 클릭 & 드래그로 크기를 조정한 후 하단 중앙으로 이동합니다.
객체가 선택된 상태에서 ⬅, ➡, ⬆, ⬇를 누르면 조금씩 움직일 수 있습니다.

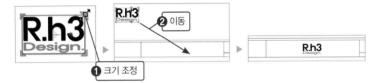

 Tip **객체의 이동, 복사, 축척, 신축, 회전**

선택된 객체는 파란 조절점을 사용해 이동은 물론, 복사, 축척, 신축, 회전 기능을 사용할 수 있습니다.

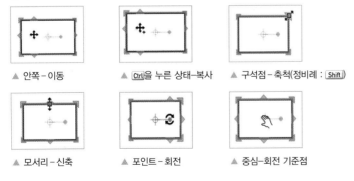

▲ 안쪽 – 이동　　　▲ Ctrl 을 누른 상태-복사　　　▲ 구석점 – 축척(정비례 : Shift)

▲ 모서리 – 신축　　　▲ 포인트 – 회전　　　▲ 중심-회전 기준점

- Ctrl 은 축척, 신축, 회전에 적용
- Alt 는 축척, 신축, 변형이 중심을 기준으로 변형
- Shift 는 이동, 복사 시 수평이나 수직을 유지

05 좌측 하단의 'PROJECT TITLE'을 더블 클릭하고 Text Style 패널에서 문자 높이 20pt, 11pt로 제목을 다음과 같이 수정합니다.

06 계속해서 기본 도구의 [Text] 도구를 클릭하고 우측 하단 ❷부분을 클릭합니다. Text Style 패널에서 문자 높이를 '9pt'로 설정하고 다음과 같이 작성합니다.

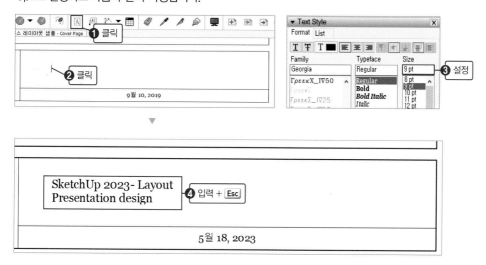

07 좌측 문자를 시트 중앙으로 복사한 후 '48pt', '24pt'로 크기를 수정합니다.

문자를 클릭한 후 이동 표식이 나올 때 Ctrl을 누른 상태로 드래그합니다.

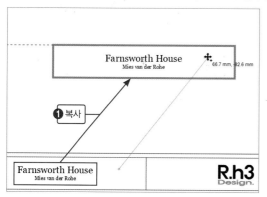
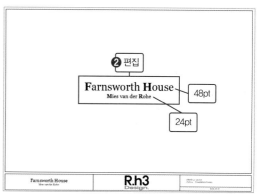

STEP · 3 이미지 자료 레이아웃

01 STEP · 2 까지의 작업 내용을 저장하고 Pages 패널에서 Inside Page를 클릭해 다음 페이지로 이동합니다.

페이지 추가 및 이동은 상단의 ⊞ ⊞ ⊞ 아이콘을 클릭해도 됩니다.

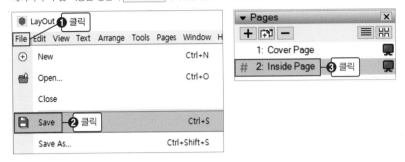

02 페이지 하단 내용을 다음과 같이 수정합니다. 하단 중앙의 로고는 이전 페이지(Cover Page)에서 Ctrl + C 로 복사 후 현재 페이지(Inside Page)에서 Ctrl + V 로 붙여넣기할 수 있습니다.

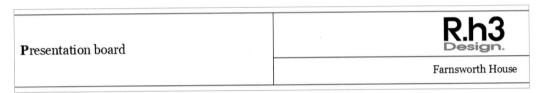

03 좌측에 배치할 미스반데어로에 인물 이미지, 블라인드 텍스트와 지도 이미지를 [예제파일/P06/Ch01/프레젠테이션 이미지] 폴더에서 불러옵니다.

파일 선택 시 Ctrl 을 누른 상태로 클릭하면 여러 장을 한 번에 삽입할 수 있습니다.

04 이미지는 구석점에서 클릭 & 드래그로 크기를 작게 조정해 우측에 펼쳐 놓습니다. 이미지 비율을 유지하기 위해 Shift 를 누른 상태로 조정합니다.

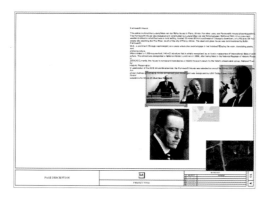

05 작업의 편의를 위해 Grid를 활성화합니다. 좌측 상단에 제목(큰 글자 28pt, 작은 글자 14pt)을 쓰고 다음과 같이 하나씩 배치해 나갑니다.

조금씩 움직일 때는 방향키 ←, →, ↑, ↓를 사용하며, 제목은 전 페이지에서 복사 후 크기를 수정해도 됩니다.

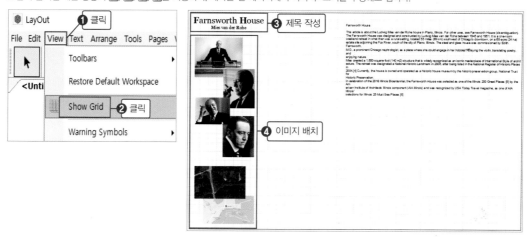

06 이미지에 검정 테두리를 씌우겠습니다. 6장의 이미지를 모두 선택하고 Shape Style 패널의 [Stroke] 버튼을 클릭합니다.

Ctrl 을 누른 상태로 클릭하면 다중 선택이 가능합니다.

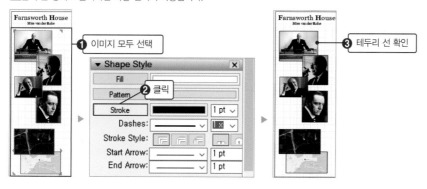

07 인물 사진의 순서를 변경하겠습니다. 이미지 ❶, ❷를 선택하고 마우스 오른쪽 버튼을 클릭합니다. [Arrange]의
[Bring to Front]를 클릭해 맨 앞으로 가져옵니다.

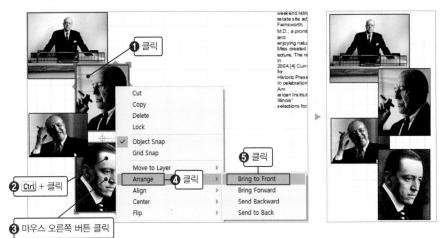

Tip **Arrange(정렬 순서)**

• Bring to Front : 맨 앞으로 가져오기
• Bring Forward : 한 단계 앞으로 가져오기
• Send Backward : 한 단계 뒤로 보내기
• Send to Back : 맨 뒤로 보내기

---

08 블라인드 텍스트 파일의 조절점을 이용해 좌측에 배치한 이미지의 폭과 높이로 수정합니다.

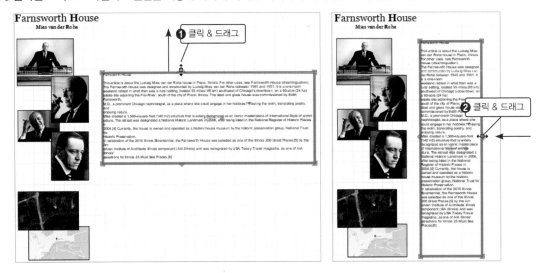

09 블라인드 텍스트를 클릭합니다. Text Style 패널에서 문자 색상 ❷를 클릭하고 상단의 Colors 패널에서 밝기를 중간 정도로 수정합니다.

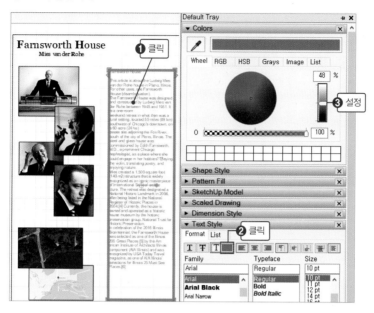

10 블라인드 텍스트를 사진 위로 이동하고 개인 성향에 따라 텍스트의 크기나 위치를 자연스럽게 조절합니다. 다음 작업을 위해 [File]–[Insert]를 클릭한 후 렌더링 이미지 4장을 [예제파일/P06/Ch01/렌더링 이미지] 폴더에서 모두 불러옵니다.

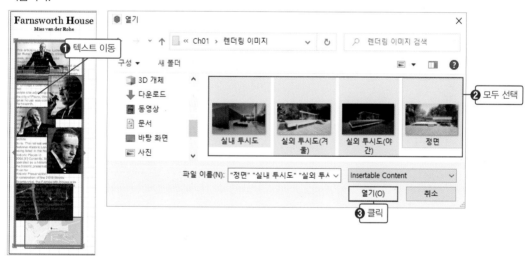

11 구석점에서 클릭 & 드래그로 크기를 작게 조절한 후 중앙에 펼쳐 놓습니다. Text 도구를 사용해 ❷지점에 'Perspective'를 '20pt' 크기로 작성하고, 이미지 크기를 맞춰 보기 좋게 배치합니다.

이미지 비율을 유지하기 위해 Shift 를 누른 상태로 조정하고, 크기와 위치는 그리드를 기준으로 합니다.

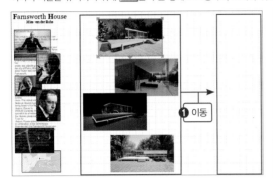
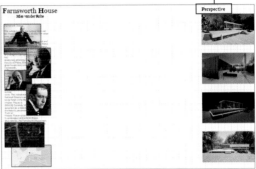

12 이미지의 내용을 Text 도구를 사용해 '9pt'로 하나만 작성합니다. 나머지는 복사 후 더블 클릭으로 수정합니다.

위쪽부터 ❶ Exterior–day(winter), ❷ Interior–day, ❸ Exterior–night, ❹ Exterior–day(front)

Exterior- day(winter)

13 앞서 작성한 'Perspective' 문자를 다음과 같이 복사 후 수정합니다.

위쪽부터 Elevation, Floor plan, Section

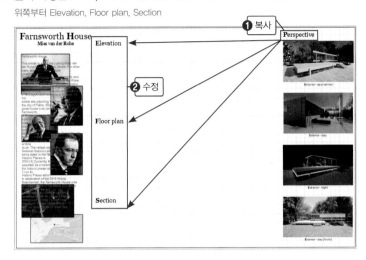

14 다음 작업을 위해 [File]–[Insert]를 클릭한 후 도면 이미지 9장을 [예제파일/P06/Ch01/도면 이미지] 폴더에서 모두 불러옵니다. 모든 이미지는 크기를 작게 조정해 우측이나 좌측 여백에 펼쳐 놓습니다.

15 Elevation(입면도)를 다음과 같은 크기로 조정해 배치하고 문자는 우측의 렌더링 뷰에서 복사한 후 수정합니다.

좌측 위부터 시계방향 ❶ East View, ❷ North View, ❸ South View, ❹ West View

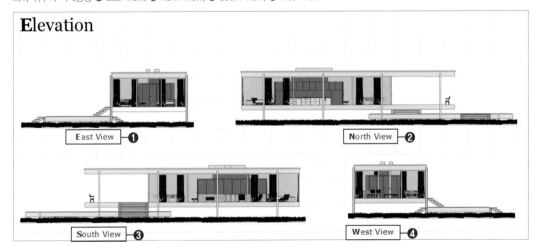

16 아래쪽 Section(단면도)을 다음과 같은 크기로 조정해 배치하고 문자는 우측의 렌더링 뷰나 Elevation(입면도)에서 복사한 후 수정합니다.

좌측부터 Section–01, Section–02

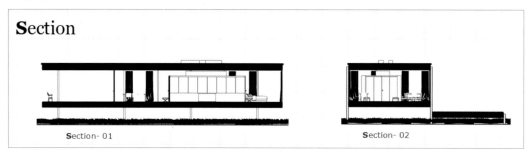

17 중앙의 남은 공간에 맞춰 평면도와 나머지 도면 이미지를 배치합니다. 평면도가 'Floor plan' 문자와 다른 도면 이미지를 가리면 마우스 오른쪽 버튼을 클릭해 [Arrange]–[Send to Back(맨 뒤로 보내기)]으로 정렬 순서를 조정합니다.

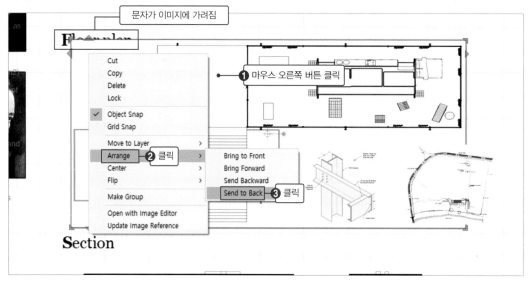

18 출입구 화살표, 방위 기호, 단면 기호를 Scrapbooks에서 찾아 표시하겠습니다. Scrapbooks 패널의 화살표 **❶**을 클릭하고 'Arrows'를 클릭합니다. 다시 **❶**을 클릭하고 Straight **❸**을 클릭하면 심볼을 확인할 수 있습니다.

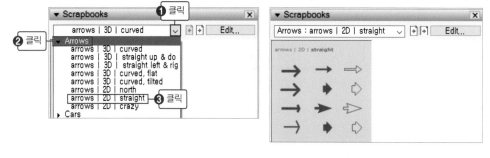

19 화살표 ❶을 클릭 & 드래그로 ❸지점에 끌어다 배치합니다.

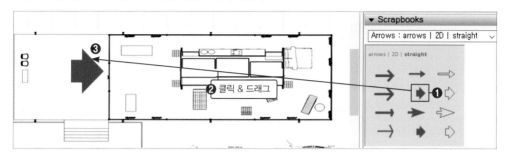

20 배치된 화살표를 클릭하고 적당한 비율과 크기로 조절합니다. 수정된 화살표를 아래쪽 테라스 계단 앞에 복사한 후 90° 회전시킵니다.

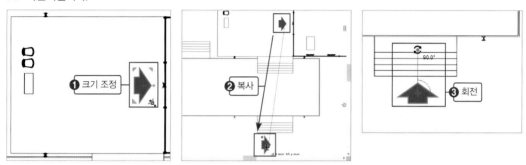

21 Scrapbooks 패널의 화살표 ❶을 클릭한 후 'TB-Simple'을 클릭합니다. 방위기호 ❷를 클릭 & 드래그로 ❹지점에 끌어다 배치합니다.

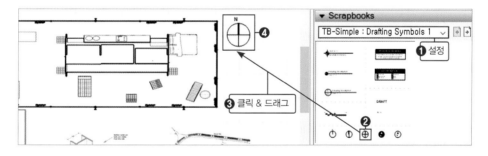

22 상단 기본 도구에서 Rectangles의 화살표를 클릭하고 Rectangle을 클릭합니다. Shape Style 패널에서 [Fill] 버튼 을 클릭해 채우기를 해제합니다. 색상 설정 ❹를 클릭하고 Colors 패널의 List에서 'Red'를 클릭합니다.

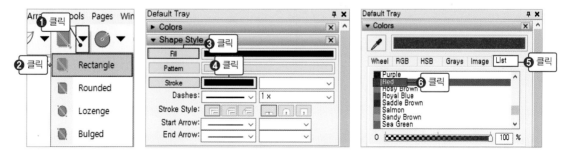

Tip Shape Style, Color 설정

① Color 패널

색상 설정은 Wheel, RGB, HSB, Grays, Image, List 탭 중 사용자가 운영하기 편한 곳에서 설정합니다. 모든 설정의 하단에는 투명도를 설정하는 Opacity 항목이 있습니다. 0%에 가까우면 투명, 100%에 가까우면 불투명으로 채색됩니다.

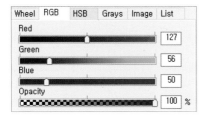

② Shape Style 패널

선이나 도형의 선 유형과 내부 채움의 유형을 설정합니다. 좌측의 [Fill], [Pattern], [Stroke] 버튼이 푸른색이면 활성화된 상태입니다.

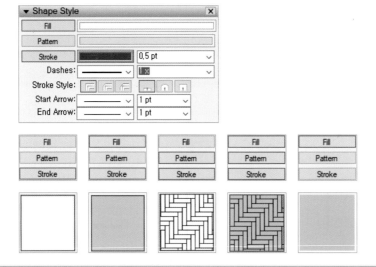

23 Stroke의 가중치는 '1.5pt', 선 유형은 파선에 '0.25x'로 변경합니다. 기둥 근처 ❷, ❸지점을 클릭해 사각형을 그립니다.

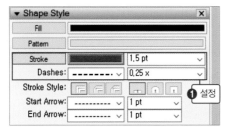

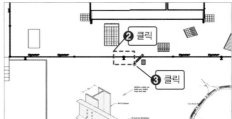

24 Scrapbooks 패널의 화살표 ❶을 클릭하고 Arrows를 클릭합니다. 화살표 ❷를 클릭해 2D crazy를 선택합니다. 화살표 ❸, ❹를 작업화면에 클릭 & 드래그로 끌어다 놓습니다.

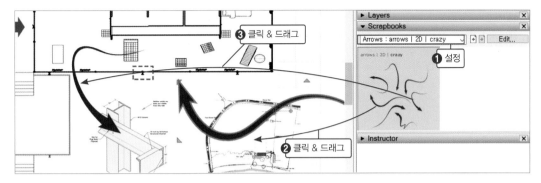

25 Fill 항목의 색상 선택을 클릭해 Colors 패널에서 List의 'Red'를 클릭합니다.

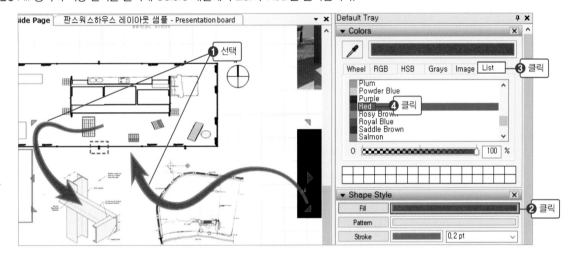

26 조절점을 이용해 크기를 조절하고 회전시켜 다음과 같이 배치합니다.

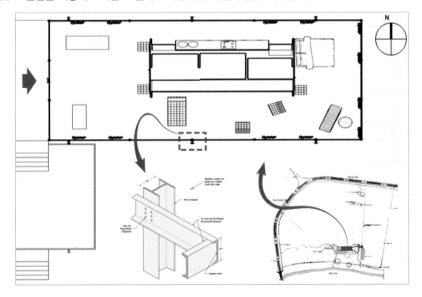

27 단면 표시 기호를 넣기 위해 Scrapbooks 패널의 화살표 ❶을 클릭하고 'TB-Elegant'를 클릭합니다. 다시 ❶을 클릭해 'Section & Elevations'를 클릭합니다. ❷, ❸ 화살표를 작업화면으로 클릭 & 드래그합니다.

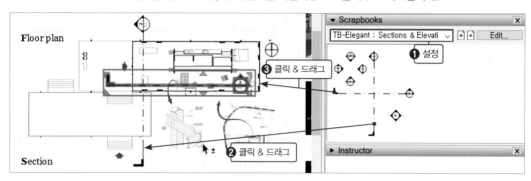

28 수평으로 배치된 단면 기호는 표시된 길이가 짧고, 수직으로 배치된 단면 기호는 방향이 반대로 되어있어 이를 수정하겠습니다. 먼저 다음과 같이 단면 기호를 배치합니다.

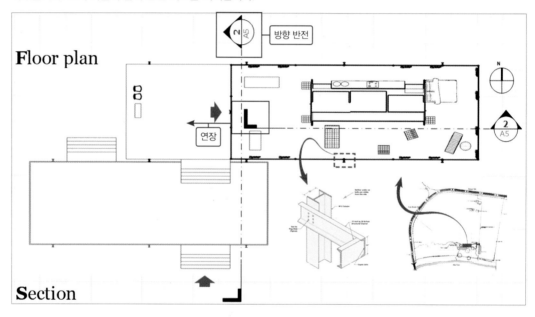

29 수평 단면 기호 ❶을 더블 클릭하고 좌측 ❷부분을 클릭 & 드래그로 계단 앞까지 이동합니다. 표시선 ❸을 클릭하고 좌측 끝점 ❹에서 클릭 & 드래그로 ❺지점까지 연장합니다.

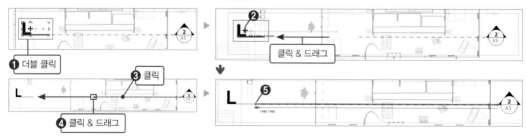

30 계속해서 우측 헤드를 더블 클릭합니다. 한 번 더 더블 클릭해 문자를 01, A1로 수정합니다. 편집 후 Esc를 3번 누르거나 빈 공간을 클릭합니다.

LayOut의 객체도 스케치업과 같이 더블 클릭해 편집합니다.

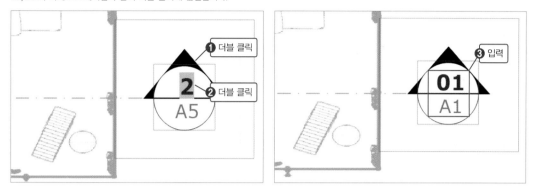

31 수직 단면 기호를 클릭합니다. 중앙의 회전 표식으로 커서를 이동해 클릭 & 드래그로 180° 회전시킵니다.

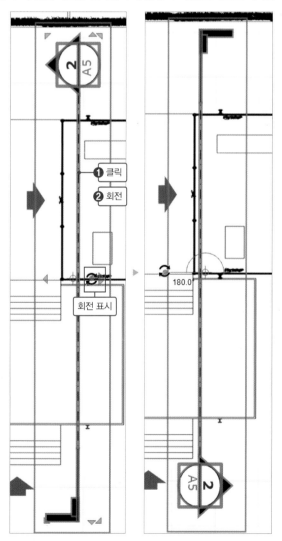

32 하단의 헤드를 더블 클릭합니다. 다시 더블 클릭하고, 한 번 더 더블 클릭해 문자를 02, A1로 수정합니다. 편집 후 Esc를 3번 누르거나 빈 공간을 클릭합니다.

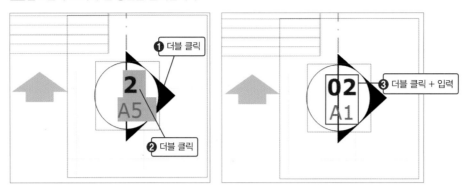

33 평면도에 배치한 요소를 하나로 묶어 관리를 쉽게 하겠습니다. ❶지점에서 ❷지점까지 클릭 & 드래그로 객체를 선택합니다. 마우스 오른쪽 버튼을 클릭하고 [Make Group]을 클릭합니다.

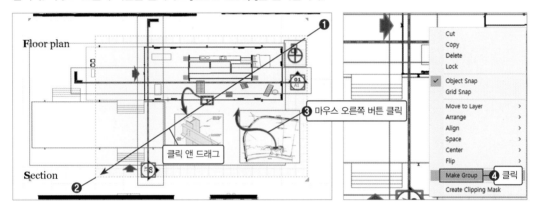

34 실명을 표기하기 위해 기본 도구의 Text 도구를 클릭합니다. 테라스 한 부분을 클릭하고 '검정색', '9pt'의 크기로 'terrace'라 표기합니다. [Rounded] 도구를 클릭하고 Shape Style 패널에서 다음과 같이 설정한 후 문자 외곽에 사각형을 그리고 방향키 ↑, ↓를 눌러 모서리의 둥근 정도를 조정합니다.

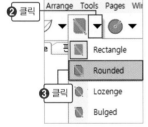
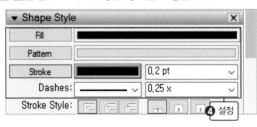
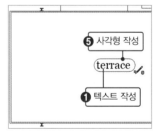

35 작성한 실명을 각 실에 복사한 후 다음과 같이 수정합니다.

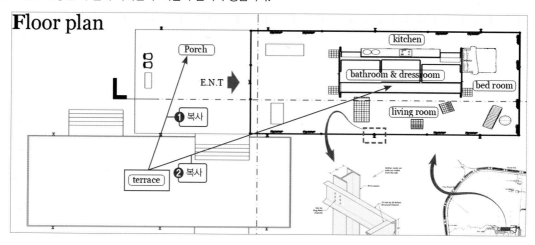

36 Grid를 해제하고 Presentation board 결과물을 확인합니다.

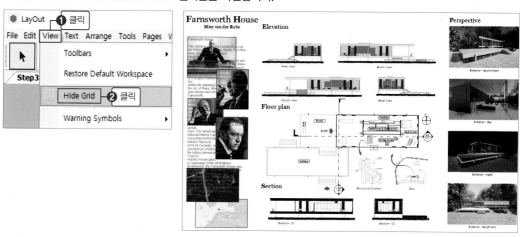

▲ 완성파일 : [예제파일/P06/Ch01/Step3 완성파일]

STEP **4** 도면 작성(스케치업 모델링 파일 활용)

01 도면을 추가하고 치수를 기입하겠습니다. Pages 패널에서 🖼를 클릭해 페이지를 복사합니다. 저장된 파일이 없는 경우 [예제파일/P06/Ch01/Step3 완성파일]을 불러옵니다.

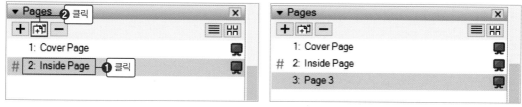

🔲(Add a new page)은 빈 페이지를 추가하고, 🖼(Duplicate selected page)는 선택한 페이지의 내용을 복사해 페이지를 추가하므로 일부 내용을 그대로 사용할 경우 🖼를 사용합니다.

02 좌측 상단의 제목을 제외한 나머지를 모두 삭제합니다. 클릭 & 드래그를 사용해 선택하고 남은 객체는 하나씩 선택해 Delete를 눌러 삭제합니다.

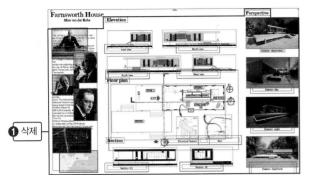 

03 좌측 상단은 'Floor plan'으로 수정하고 좌측 하단은 'Drawing'으로 수정합니다.

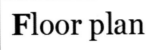 

04 현재 페이지에 배치할 스케치업 파일 '장면탭 구성'을 [예제파일/P06/Ch01] 폴더에서 불러옵니다.

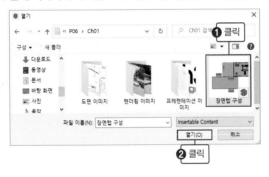 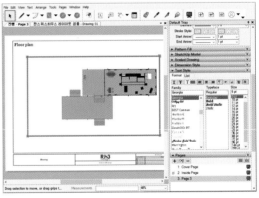

불러온 '장면탭 구성' 예제파일은 사전에 필요한 장면을 추가해 그림과 같이 저장한 상태입니다.

| 레이아웃 평면 | 레이아웃 남 | 레이아웃 동 | 레이아웃 북 | 레이아웃 서 | 레이아웃 단면1 | 레이아웃 단면2 |

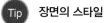 **Tip** 장면의 스타일

• **Styles 도구**

Styles 도구에는 X-Ray, Back Edges, Wireframe, Hidden Line, Shaded, Shaded With Textures, Monochrome 등 스케치업 모델을 다양한 스타일로 변경할 수 있습니다. Hidden Line 모드로 변경하면 AutoCAD와 같은 도면 스타일로 변경이 가능합니다.

▲ Shaded With Textures(기본 스타일)　　　▲ Hidden Line

---

05 SketchUp Model 패널의 Scenes에서 '레이아웃 평면'을 클릭합니다.

스케치업 모델에서 '레이아웃 평면'의 시점은 Top 뷰, 스타일은 Hidden Line으로 설정되어 있습니다.

 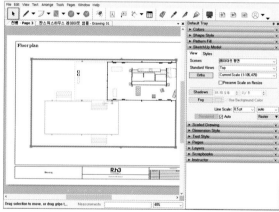

06 SketchUp Model 패널의 축척 설정에서 '1mm:100mm(1:100)'을 클릭합니다. 뷰가 축척 1/100로 변경됩니다. 뷰의 크기가 도면보다 작아 뷰의 일부가 잘렸습니다.

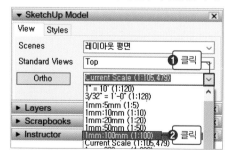 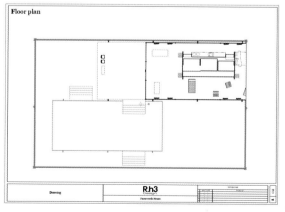

07 커서를 조절점 ❶로 이동해 클릭 & 드래그로 뷰의 크기를 늘려주고 뷰를 시트 중앙으로 이동합니다. ❶부분 이외에 가려진 부분이 있다면 모두 늘려줍니다.

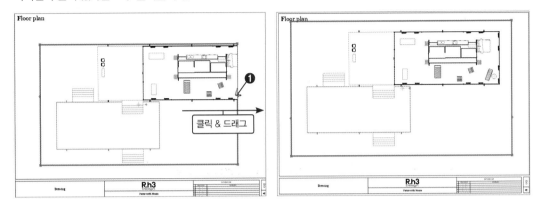

08 기본 도구에서 [Dimensions] 도구의 [Linear]를 클릭하고 Dimension Style 패널을 다음과 같이 설정합니다.

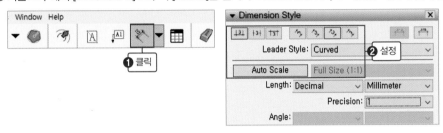

09 테라스 뒤편에서 치수 보조선이 시작되는 ❶지점과 ❷지점을 클릭하고 ❸지점을 클릭합니다.

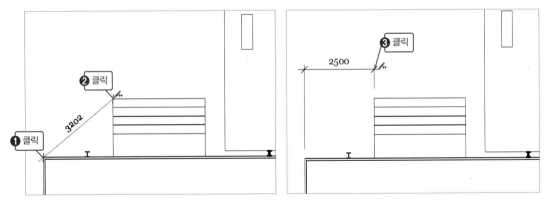

10 계속해서 ❶지점과 ❷지점을 클릭하고 ❸지점을 클릭합니다.

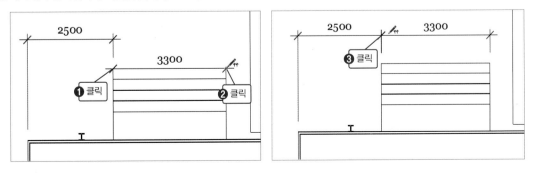

11 동일한 방법으로 평면도 주요 부분에 치수를 기입합니다.

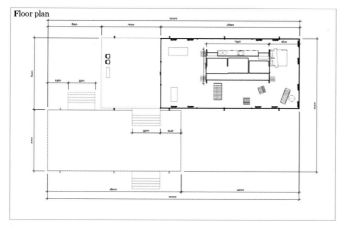

치수 위치를 클릭할 때 화면을 충분히 확대한 후 클릭합니다. 치수 기입 시 클릭 위치에 따라 값이 달라질 수 있습니다. 치수 도구를 사용하는 연습이므로 치수의 값이 교재와 동일할 필요는 없습니다.

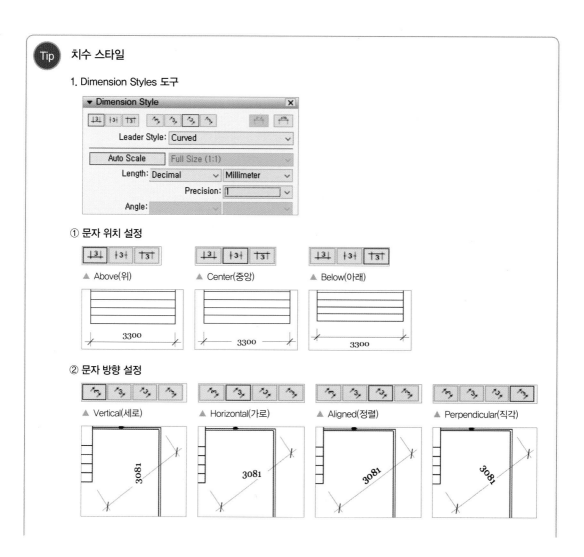

③ 단위 표시 유무

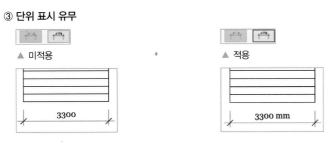

▲ 미적용   ▲ 적용

④ 지시선 설정(공간이 좁은 경우)

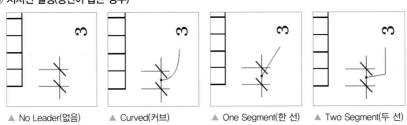

▲ No Leader(없음)   ▲ Curved(커브)   ▲ One Segment(한 선)   ▲ Two Segment(두 선)

⑤ 단위 설정

단위는 Decimal(십진), Architectural(건축), Engineering(공학), Fractional(분수)까지 4가지를 적용할 수 있습니다. 일반 사용자는 Decimal(십진), Millimeter(mm)를 사용하면 됩니다.

⑥ 정밀도 설정

소수점 표기의 자릿수를 설정합니다. 1mm는 소수점을 표시하지 않으며 0.1mm는 소수점 한 자리까지, 0.01mm는 소수점 두 자리까지 표시합니다.

12 제목 블록을 삽입하기 위해 Scrapbooks 패널의 화살표 ❶을 클릭하고 TB-Contemporary를 클릭합니다. 제목 블록 ❷를 클릭 & 드래그로 평면도 아래 ❸부분에 끌어다 배치합니다.

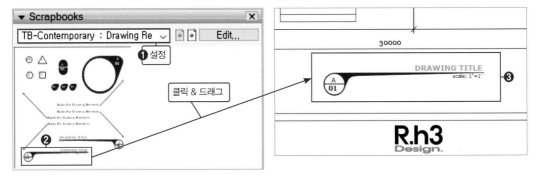

13 제목 'DRAWING TITLE'을 더블 클릭합니다. 한 번 더 더블 클릭해 문자를 'Floor plan'으로 수정하고, scale도 '1/100'로 수정해 평면도를 완성합니다.

치수 외에 실명과 지시선을 사용해 마감재나 집기의 명칭을 기입해도 좋습니다.

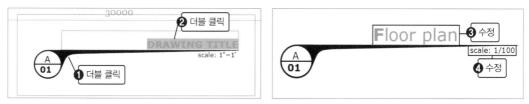

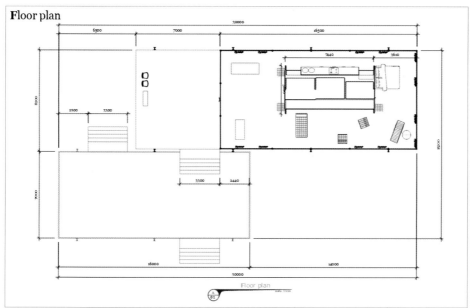

제목 블록은 취향과 디자인 주제에 따라 개인이 선호하는 스타일로 통일해 사용하면 됩니다.

• Scrapbooks에서 사용 가능한 다양한 제목 블록

14 입면도 페이지도 추가하겠습니다. Pages 패널에서 📭를 클릭해 페이지를 복사합니다.

15 페이지의 내용을 확인하기 쉽도록 각 페이지 이름에서 마우스 오른쪽 버튼을 클릭하고 [Rename]을 클릭합니다. 각 페이지 이름을 다음과 같이 변경합니다.

16 좌측 상단 제목과 하단 제목 블록을 제외한 나머지 모두를 삭제합니다. 클릭 & 드래그를 이용해 선택하고 남은 객체는 하나씩 선택해 Delete를 눌러 삭제합니다.

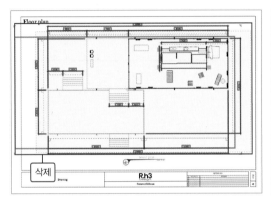
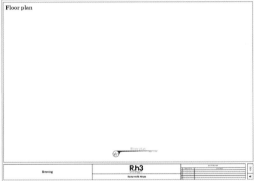

17 좌측 상단의 문자를 더블 클릭해 'Elevation'으로 수정합니다.

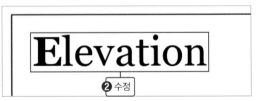

18 현재 페이지에 배치할 스케치업 파일 '장면탭 구성'을 [예제파일/P06/Ch01/] 폴더에서 불러옵니다.

이전 페이지인 평면도에서 뷰를 Ctrl + C로 복사해 입면도 페이지에서 Ctrl + V로 붙여넣어도 됩니다.

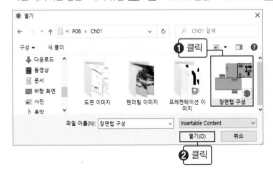
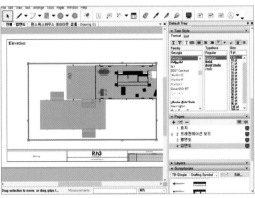

19 SketchUp Model 패널의 Scenes에서 '레이아웃 남'을 클릭합니다.

스케치업 모델에서 '레이아웃 남'의 시점은 Front 뷰, 스타일은 Hidden Line으로 설정되어 있습니다.

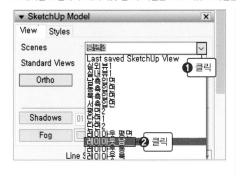
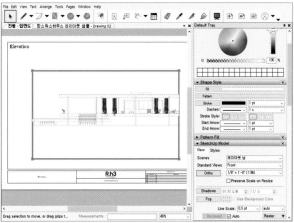

20 SketchUp Model 패널의 축척 설정에서 '1mm:100mm(1:100)'을 클릭합니다. 뷰가 축척 1/100으로 변경됩니다. 뷰의 크기가 도면보다 작아 일부가 잘린 것을 확인할 수 있습니다.

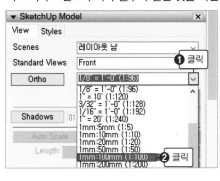
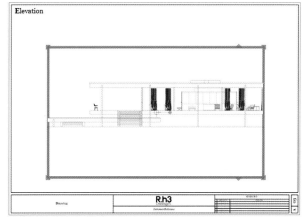

21 조절점 ❶, ❷, ❸, ❹로 커서를 이동해 클릭 & 드래그로 뷰의 크기를 도면에 맞도록 조정하고 뷰를 시트의 위쪽 중앙으로 이동합니다. 아래쪽으로는 동측 입면도가 배치됩니다.

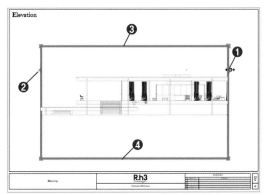
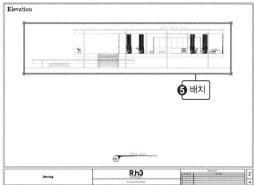

22 제목 블록을 위쪽으로 복사합니다. 위쪽에 배치된 제목 블록을 'South view'로, 아래쪽은 'East View'로 수정합니다.

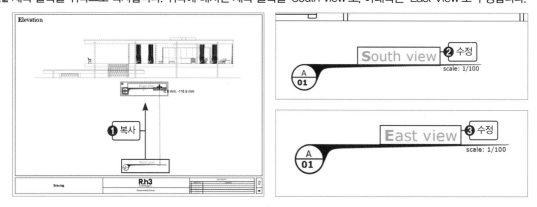

23 기본 도구에서 [Dimensions] 도구의 [Linear]를 클릭하고 Dimension Style 패널을 다음과 같이 설정합니다.

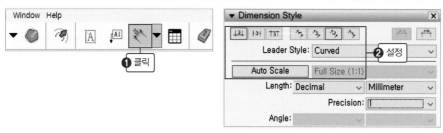

24 평면도에 기입한 방법과 동일하게 주요 부분에 다음과 같이 치수를 기입합니다.

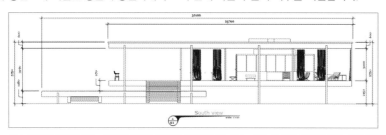

치수 위치를 클릭할 때는 화면을 충분히 확대해 클릭합니다. 치수 기입 시 클릭 위치에 따라 값이 달라질 수 있습니다. 치수 도구를 사용하는 연습이므로 치수의 값이 교재와 동일할 필요는 없습니다.

25 아래쪽에 동측 입면도를 배치하기 위해 남측 입면 뷰를 클릭합니다. Ctrl을 누른 상태로 클릭 & 드래그로 아래쪽에 뷰를 복사해 배치합니다.

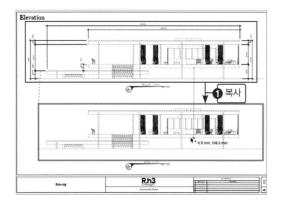

26 SketchUp Model 패널의 Scenes은 '레이아웃 동'을 선택하고 축척 설정은 '1mm:100mm(1:100)'을 선택합니다.

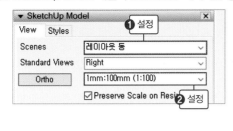

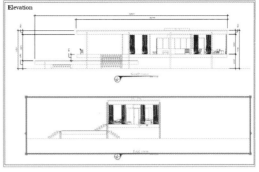

27 뷰의 크기를 도면에 맞게 조정하고 치수를 기입해 도면을 완성합니다.

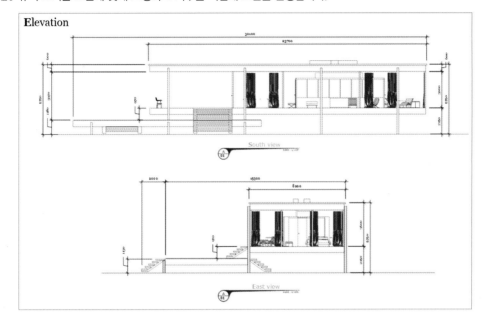

28 건축물의 크기와 사용 목적을 이해하기 쉽게 인물과 차량을 배치해 보겠습니다. 차량을 배치하기 위해 Scrapbooks 패널의 화살표 ❶을 클릭하고 'Cars'를 클릭합니다. 다시 화살표 ❶을 클릭해 'SUV, Detailed'를 클릭합니다.

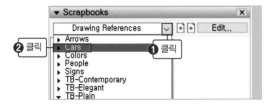

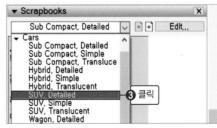

29 도면 축척에 맞는 ❶을 클릭한 후 동측 입면도 우측 ❷부분을 클릭합니다.

배치된 상태에서 ⬅ ➡ ⬆ ⬇를 누르면 조금씩 움직일 수 있습니다.

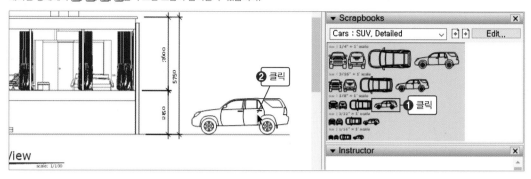

30 인물을 배치하기 위해 Scrapbooks 패널의 화살표 ❶을 클릭하고 'People'을 클릭합니다. 다시 화살표 ❶을 클릭해 'Small Metric(Translucent)'을 클릭합니다.

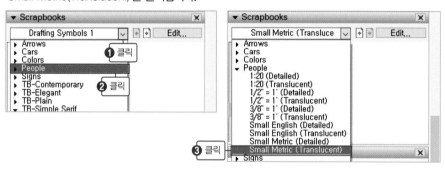

31 1:100 축척에서 세 번째 인물을 테라스에 배치하고, 첫 번째 인물은 실내에 배치합니다.

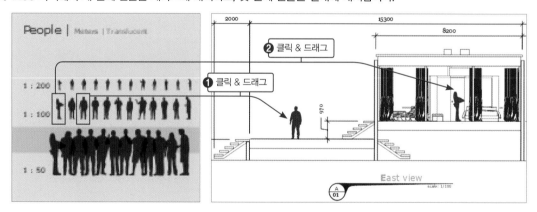

STEP 5 PDF 출력

01 완성된 결과물을 PDF로 출력해 보겠습니다. [File]–[Export]를 클릭하고 [PDF]를 클릭합니다.

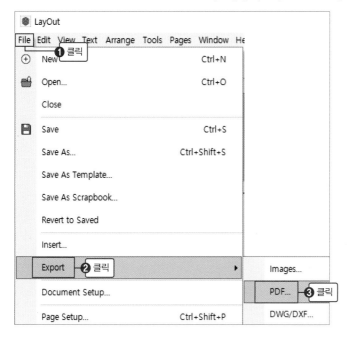

02 바탕 화면으로 저장 경로를 설정한 후 '판스워스하우스' 이름을 입력하고 [저장] 버튼을 클릭합니다. 품질을 설정하고 [Export] 버튼을 클릭합니다. PDF 뷰어가 설치되어 있다면 뷰어가 바로 실행됩니다.

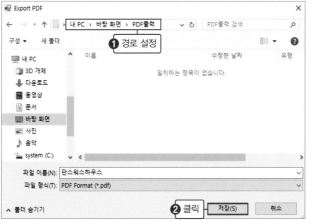 

스케치업 2023 with V-Ray+Twinmotion

초판2쇄발행	2024년 05월 30일
초 판 발 행	2023년 07월 25일
발 행 인	박영일
책 임 편 집	이해욱
저 자	황두환
편 집 진 행	염병문
표 지 디 자 인	김지수
편 집 디 자 인	김세연 · 강정자
발 행 처	시대인
공 급 처	(주)시대고시기획
출 판 등 록	제 10-1521호
주 소	서울시 마포구 큰우물로 75 [도화동 538 성지 B/D] 6F
전 화	1600-3600
홈 페 이 지	www.sdedu.co.kr
I S B N	979-11-383-5417-2(13000)
정 가	25,000원

시대인은 종합교육그룹 (주)시대고시기획 · 시대교육의 단행본 브랜드입니다.